本书获国家社会科学基金项目"提升平台企业全球竞争力"（23BJY052）、江西省高校人文社科项目"江西省构建以数字经济为引领的现代化产业体系的机制与路径研究"（JJ23103）、国家社会科学基金重大项目"我国制造业低碳化发展的理论体系、政策框架与实践路径研究"（22&ZD102）资助

数字经济时代制造业
顾客价值创造机理研究：
基于双重属性的视角

Customer Value Creation Mechanism of Manufacturing Industry in the Digital Economy Era: Based on the Perspective of Dual Attributes

占 佳 著

经济管理出版社
ECONOMY & MANAGEMENT PUBLISHING HOUSE

图书在版编目（CIP）数据

数字经济时代制造业顾客价值创造机理研究 ： 基于双重属性的视角 ／ 占佳著. -- 北京 ： 经济管理出版社，2025．6. -- ISBN 978-7-5243-0137-0

Ⅰ．F426.4

中国国家版本馆 CIP 数据核字第 2025ZC6514 号

组稿编辑：宋　娜
责任编辑：宋　娜
责任印制：张莉琼
责任校对：王淑卿

出版发行：经济管理出版社
　　　　　（北京市海淀区北蜂窝 8 号中雅大厦 A 座 11 层　100038）
网　　址：www. E-mp. com. cn
电　　话：(010) 51915602
印　　刷：唐山昊达印刷有限公司
经　　销：新华书店
开　　本：720mm×1000mm/16
印　　张：19.75
字　　数：304 千字
版　　次：2025 年 6 月第 1 版　　2025 年 6 月第 1 次印刷
书　　号：ISBN 978-7-5243-0137-0
定　　价：98.00 元

《中国社会科学博士后文库》
出版说明

为繁荣发展中国哲学社会科学博士后事业，2012年，中国社会科学院和全国博士后管理委员会共同设立《中国社会科学博士后文库》（以下简称《文库》），旨在集中推出选题立意高、成果质量好、真正反映当前我国哲学社会科学领域博士后研究最高水准的创新成果。

《文库》坚持创新导向，每年面向全国征集和评选代表哲学社会科学领域博士后最高学术水平的学术著作。凡入选《文库》成果，由中国社会科学院和全国博士后管理委员会全额资助出版；入选者同时获得全国博士后管理委员会颁发的"优秀博士后学术成果"证书。

作为高端学术平台，《文库》将坚持发挥优秀博士后科研成果和优秀博士后人才的引领示范作用，鼓励和支持广大博士后推出更多精品力作。

《中国社会科学博士后文库》编委会

摘　要

　　制造业行稳致远是经济高质量发展的重要"压舱石"。特别是在全球贸易保护主义抬头、外部环境不确定性加剧的背景下，制造业对中国经济健康有序发展、社会就业大局稳定起到了重要支撑作用。制造业在国民经济平稳运行中的根本性作用和在全球供应链上的主导作用也得到了各界的高度重视。事实上，2008年国际金融危机后，再工业化浪潮蓬勃兴起，全球主要经济体均制定和实施了重大战略举措以推动制造业的转型升级。尽管各国在战略上高度重视制造业的发展，但是全球范围内的制造业均面临着不同程度的衰退现象。价值创造是实现企业可持续成长的关键。因此，如何实现价值创造以培育可持续竞争力是全球制造业共同面临的战略性难题。

　　此外，在数字经济时代，数字技术与制造业的深度融合发展正在深刻改变制造业的基础理念，制造业价值创造在影响因素、模式、路径等方面也呈现出与以往经济形态下价值创造不同的特点。由于在数字经济环境下，顾客资源已然成为企业核心竞争力的关键来源，因此创造高质量的顾客价值、提高顾客满意度和忠诚度，是制造业企业获得可持续竞争优势的不二法门。当前关于顾客价值及其价值创造的研究大多基于顾客体验的视角，研究企业如何提高顾客感知质量和体验质量，从而为顾客创造更高质量的价值；还有一些研究则基于企业的视角，研究如何让顾客为企业创造更大的价值。事实上，顾客价值包括企业为顾客创造的价值和顾客为企业创造的价值两方面的内容，任何仅从单一视角所做的研究均难免失之偏颇。

为此，本书在系统梳理相关理论研究及政策文件的基础上，从顾客价值的双重属性这一综合视角出发，基于"能力→行为→结果"这一内在逻辑，构建了 B2C 价值和 C2B 价值创造机理的理论模型，探究"企业动态能力→企业价值创造行为→B2C 价值创造""顾客能力→顾客价值创造行为→C2B 价值创造"这两个概念模型主要构成要素之间的关系，并针对以上六个要素设计了测量量表。随后，通过问卷调查的方式对制造业企业及其顾客进行问卷调查获取相关数据，再通过 SPSS、AMOS、STATA 软件，运用验证性因子分析、结构方程和回归分析等实证分析方法来验证研究假设和理论模型。

研究表明：①企业的动态能力显著正向影响企业的价值创造行为，说明企业动态能力是影响企业价值创造行为的重要因素；②企业的价值创造行为显著正向影响 B2C 价值，说明企业价值创造行为是影响 B2C 价值的重要因素；③企业的动态能力显著正向影响 B2C 价值创造，说明企业的动态能力是影响 B2C 价值创造的又一重要因素；④企业的价值创造行为在动态能力和 B2C 价值创造之间具有中介效应，说明动态能力主要是通过企业的价值创造行为来影响 B2C 价值创造；⑤顾客能力对顾客价值创造行为有显著正向影响，说明顾客能力是影响顾客价值创造行为的重要因素；⑥顾客价值创造行为显著正向影响 C2B 价值创造，说明顾客价值创造行为是 C2B 价值的重要影响因素；⑦顾客能力对 C2B 价值创造有显著的正向影响，说明顾客能力是 C2B 价值创造的重要影响因素；⑧顾客的价值创造行为在顾客能力与 C2B 价值创造之间的中介效应只有部分通过，说明有些顾客能力并不是通过价值创造行为来影响 C2B 价值的。

　　本书可能的创新点主要体现在：①研究视角新。基于顾客价值双重属性这一综合性视角，运用理论与实证相结合的方式，系统探究数字经济时代制造业顾客价值创造的机理。②研究内容新。基于"能力→行为→价值创造"之间的内在逻辑和顾客价值双重属性的视角，构建了"企业动态能力→企业行为→B2C 价值创造"和"顾客能力→顾客行为→C2B 价值创造"的概念模型并运用实证分析方法检验各组概念模型构成要素之间的关系，从而实现了对顾客价值的企业属性与顾客属性这两种属性的价值创造机理问题进行系统分析。③研究结论新。结合前述研究结论可知，着力提升企业动态能力和企业价值创造行为效果是显著提升 B2C 价值创造的重要途径和主要内容；提高顾客能力和顾客行为效果是提升 C2B 价值创造的重要途径和主要内容，但由于顾客行为在顾客能力与 C2B 价值创造之间仅有部分中介效应，顾客的资源整合和社会情景行为在顾客能力与 C2B 价值之间的中介效应几乎都不显著，说明顾客的这两种行为未达到理想的效果，是今后改进顾客价值创造能力的重点。

　　关键词： 制造业；价值创造；顾客价值；B2C 价值；C2B 价值

Abstract

Manufacturing industry is an important ballast for high-quality development of Economy. Especially in the context of rising global trade protectionism, increasing uncertainty in the external environment, the manufacturing industry has played an important role in supporting the healthy and orderly development of China's economy and the overall stability of social employment. The fundamental role of the manufacturing industry in the national economy and its leading role in the global supply chain have also received great attention from all walks of life. In fact, after the International financial crisis in 2008, the wave of re-industrialization has flourished, and the world's major developed countries have taken a series of major measures to promote the transformation and upgrading of the manufacturing industry. Although countries attach great importance to the development of the manufacturing industry strategically, the global manufacturing industry is facing different degrees of recession. And value creation is the key to realizing the sustainable growth of an enterprise. Therefore, how to realize value creation to cultivate sustainable competitiveness is a strategic problem faced by the global manufacturing industry.

In addition, in the digital economy era, the deep integration and development of the digital technology and the manufacturing industry are profoundly changing the basic concept of the manufacturing industry, and the value creation of the manufacturing industry is also different from the previous economic form in terms of influencing factors, models, paths, etc. specialty. On the other hand, in the digital economy era, customer resources have become the key source of the core competitiveness of enterprises. How to create high-quality customer value and improve customer satisfaction and loyalty is the only way for manufacturing enterprises to achieve sustainable competitive advantage. However, most of the current research on customer value and its value creation is based on the perspective of customer experience, studying how companies can improve customer perceived quality and experience quality to create higher quality of customer value; Other studies are based on the perspective of the enterprise, studying how to improve the value created by customers for the enterprise. In fact, customer value includes two aspects: the value created by the company for customers and the value created by customers for the company. Any content that is only studied from a single perspective will inevitably be biased.

Therefore, on the basis of overview relevant theoretical research and policy documents, this book starts from the comprehensive perspective of the dual attributes of customer value, and firstly based on the internal logic of "ability→behavior→results", constructs B2C value and C2B value. The theoretical model of the creation mechanism, explores the relationship between the main components of the two conceptual models of "enterprise dynamic capability→enterprise behavior→B2C value" "customer capability→customer value creation behavior→C2B value", and aims at the above six elements scale are designed to be measured. Then, the manufacturing enterprises and their customers are surveyed to obtain relevant data by means of questionnaire survey, and then through SPSS, AMOS, STATA, empirical analysis methods such as confirmatory factor analysis, structural equation and regression analysis are used to verify research hypotheses and theories model.

The research shows that: ①The dynamic capability of the enterprise has a significant positive impact on the value creation behavior of the enterprise, indicating that the dynamic capability of the enterprise is an important factor affecting the value creation behavior of the enterprise; ②The value creation behavior of the enterprise significantly and positively affects the B2C value, indicating that the value creation behavior is an important factor affecting the B2C value; ③The dynamic capability of an enterprise has a significant positive impact on B2C value creation, indicating that the dynamic capability of an enterprise is another important factor affecting B2C value creation; ④The value creation behavior of enterprises has a mediating effect between dynamic capabilities and B2C value creation, indicating that dynamic capabilities mainly affect B2C value creation through the value creation behaviors of enterprises; ⑤Customer capability has a significant positive impact on customer value creation behavior, indicating that customer capability is an important factor affecting customer value creation behavior; ⑥Customer value creation behavior has a significant positive impact on C2B value creation, indicating that customer value creation behavior is an important factor affecting C2B value; ⑦Customer capability has a significant positive impact on C2B value creation, indicating that customer capability is an important factor in C2B value creation; ⑧The mediating effect of customer value creation behavior between customer capability and C2B value creation is only partially passed, indicating that some customer capabilities do not affect C2B value through value creation behavior.

The possible innovations of this book are mainly reflected in: ①Based on the comprehensive perspective of the dual attributes of customer value, using a combination of theory and empirical methods, the mechanisms of Internet+manufacturing customer value creation were systematically explored; ②This book was based on the internal logic between "capability-behavior-value creation", and from the perspective of the dual attributes of customer value, it constructed "enterprise dynamic capability→enterprise behavior→B2C value creation" and "customer capability→customer behavior→C2B value creation" conceptual model and used the empirical analysis method to test the relationship between the components of each group of conceptual models, so as to realize the systematic analysis of the value creation mechanism of the two attributes of customer value, the enterprise attribute and the customer attribute; ③Combining the above research conclusions, it can be seen that focusing on improving the dynamic capabilities of enterprises and the effect of enterprise value creation behaviors are an important way and main content to significantly improve B2C value creation. Improving customer capabilities and customer behavior effects are an important way and main content to enhance C2B value creation. However, since customer behavior has only a partial mediating effect between customer capability and C2B value creation, the mediating effect of customer resource integration and social situational behavior between customer capability and C2B value is almost insignificant. It shows that these two behaviors of customers have not achieved the desired effect, which is the focus of improving the ability of customer value creation in the future.

Key Words: Manufacturing Industry; Value Creation; Customer Value; B2C Value; C2B Value

目　录

Contents

第一章　绪论

第一节　研究背景

制造业是中国经济高质量发展的"压舱石"。2022 年，中国制造业增加值占全球制造业的 30% 左右，并已连续十余年蝉联全球榜首。近年来，在贸易摩擦和新冠疫情暴发的背景下，全球供应链受到影响，对中国制造业提出了更高的要求。与此同时，制造业也在稳定就业、提振国民需求、提供技术装备等方面为服务业发展作出了巨大支撑。中国越来越认识到制造业在国民经济平稳运行中的根本性作用及在全球供应链上的主导作用。我国"十四五"规划中明确提出"深入实施制造强国战略"，同时还首次强调要"保持制造业比重基本稳定"，并提出要将制造业作为中国未来五年发展的重要方向。在 2023 年 9 月召开的世界制造业大会上，全国政协副主席王勇在致辞中指出，制造业为稳定世界经济增长发挥了重要的"压舱石"作用；中国将坚定不移地推进高水平对外开放，共同推动全球制造业繁荣发展。

事实上，自 2008 年国际金融危机爆发后，全球新一轮产业变革蓬勃兴起，制造业重新成为全球经济发展的焦点。特别是近十来年，随着新一代数字技术的快速发展，数字技术与制造业融合创新发展的趋势日渐增强。在这场数字变革中，制造业及其经济功能将被重新定义，世界产业竞争格局也将被重新架构。为了争夺新型制造业的话语权和主动权，世界主要经济体均制定和实施了一系列重大战略政策措施以促进制造业的转型升级，（重新）构建制造强国的新优势。例如，德国实施的"工业4.0"战略、美国的"工业互联网"战略等，都是各国在新一轮科技革命和产业变革背景下针对制造业发展提出的重要战略举措。可见，在数字经济时代，制造业如何实现价值创造，以实现制造业在新生态体系中的话语权和主动权，成为世界各国面临的战略问题。

尽管各国在战略上高度重视制造业的发展，但是全球范围内的制造业均面临着不同程度的衰退现象。在中国，由于当前传统制造业的成本上升，效率提高相对缓慢，而新兴产业和先进制造业虽然发展较快，但体量总体较小，因此制造业增速整体趋缓，在国民经济中所占比重也出现了一定程度的下滑。此外，在全球范围内，包括大批世界500强企业在内的一些大型企业集团出现成长速度放缓，甚至走向衰退的现象。受这种衰退的影响，一些拥有较高国际知名度的企业都难逃裁员抑或破产的命运。对于制造业企业而言，它们面临的一大难题，即如何实现可持续成长，确保企业的基业长青。各界对此进行了大量的研究，一个趋同的结论是，企业要想实现可持续的成长，关键在于要实现价值创造；于是人们又提出"企业如何实现价值创造"这一新命题（王世权，2010）。深入研究数字经济时代制造业价值创造的机理问题则成为解题的关键所在。

在当前数字经济环境下，顾客资源已然成为企业核心竞争力的关键来源。创造高质量的顾客价值、提高顾客满意度和忠诚度，是制造业企业获得可持续竞争优势的不二法门。当前关于顾客价值及其价值创造的研究大多基于顾客体验的视角，研究企业如何提高顾客感知质量和体验质量以创造更高质量的顾客价值；还有一些研究则基于企业的视角，研究顾客能为企业创造的价值。事实上，顾客价值包含企业为顾客创造的价值和顾客为企业创造的价值两个方面的内容，任何仅从单一视角研究的内容均难免失之偏颇。因此，本书拟基于顾客价值双重属性的视角，深入探析数字经济时代制造业顾客价值创造的机理，从而为制造业企业制定相关战略管理制度以及政府部门制定相关政策提供理论依据。

第二节 研究目的与意义

在复杂的国际局势下，全球制造业的发展环境正在发生重大变革。制造业如何实现价值创造，成为世界各国面临的战略问题。此外，伴随经济与时代的发展，顾客需求呈现多元化态势，顾客角色发生了深刻转变，顾客已经成为构建企业竞争优势的新的重要来源。在此背景下，制造业顾客价值创造能力提升和价值实现问题成为各界关注的焦点。深入研究制造业顾客价值创造的机理问题则成为解题的关键所在。因此，本书具有较为重要的理论和实践价值。

理论价值：①本书从理论上研究数字经济时代制造业顾客价值创造这一主题，有利于推动经济学理论在数字经济时代的创新发展；②本书沿着"内涵界定→价值创造机理→实证检验→提升策略"的思路展开研究，丰富了制造业顾客价值创造理论和产业创新、产业融合理论；③本书研究数字经济时代制造业顾客价值创造机理，并根据当前数字经济时代制造业价值创造的新情况，站在企业的角度，分析制造业价值创造的提升策略，可以丰富管理策略理论。

实践价值：①本书详细梳理、分析和论证了以互联网为代表的新一代信息通信技术不断融入制造业顾客价值创造的理论、模式、路径、政策，有利于推动数字经济与制造业深度融合；②本书研究数字经济时代制造业的顾客价值创造问题，有利于促进中国传统制造业的转型升级和创新发展，提升我国制造业价值创造效率，重构我国制造业竞争优势，增强产业链韧性，从而实现高质量发展；③本书构建的制造业顾客价值创造的策略体系，为制造业企业实现顾客价值指明了方向和路径，也为政府制定相关政策体系提供了决策参考。

第三节 研究的创新点

一、研究视角新

本书通过对价值创造、顾客价值创造，以及数字经济时代的价值创造等相关文献的梳理发现，现有顾客价值创造领域的研究大多基于顾客价值的顾客属性展开，即研究企业为顾客创造的价值；仅有少数研究是基于顾客价值的企业属性展开，即研究顾客为企业创造的价值。实际上，顾客价值应该包含顾客属性和企业属性两个维度，任何仅从单一视角展开的研究都难免失之偏颇。遗憾的是鲜有基于双重视角展开的研究，基于双重视角实证检验顾客价值创造机理的研究就更少。本书则是基于顾客价值双重属性这一综合性视角，运用理论与实证相结合的方式，系统探究数字经济时代制造业顾客价值创造的机理。

二、研究内容新

以往关于价值创造的文章，要么基于商品主导逻辑来研究企业动态能力或某种企业行为策略（如创新、商业模式等）与价值创造、竞争优势等之间的关系，要么基于服务主导逻辑或顾客主导逻辑研究顾客参与能力或顾客参与行为与价值创造、顾客满意度、顾客忠诚度等之间的关系。鲜有研究基于"能力—行为—价值创造"之间的内在逻辑，将这三者纳入统一的分析框架。本书不仅尝试将能力、行为与价值创造这三种要素纳入统一的分析框架，而且还基于顾客价值双重属性的视角，构建了"企业动态能力→企业价值创造行为→B2C 价值创造"和"顾客能力→顾客价值创造行为→C2B 价值创造"的概念模型并运用实证分析方法检验各组概念模型构成要素之间的关系，从而实现了对顾客价值的企业属性与顾客属性这两种属性的价值创造机理问题进行综合、系统的分析。

三、得到一些新的见解

本书在理论模型构建和实证分析的基础上，探究"企业动态能力—企业价值创造行为—B2C 价值创造"和"顾客能力—顾客价值创造行为—C2B 价值创造"之间的关系。研究发现，企业动态能力显著正向影响企业行为，企业行为显著正向影响 B2C 价值创造，动态能力显著正向影响 B2C 价值创造，且企业行为在动态能力与 B2C 价值创造之间有显著的中介效应；顾客能力显著正向影响顾客行为，顾客行为显著正向影响 C2B 价值创造，顾客能力显著正向影响 C2B 价值创造，但是顾客行为在顾客能力与 C2B 价值创造之间仅有部分中介效应，顾客的资源整合和社会情景行为在顾客能力与C2B 价值创造之间的中介效应几乎都不显著，说明顾客的这两种行为未起到理想的效果，是今后改进顾客价值创造能力的重点。

第四节　研究技术路线与结构安排

首先，本书拟在充分把握数字经济、价值创造等相关理论研究的基础上，从价值创造的来源、链条和交付等角度深入分析数字经济对制造业价值创造的影响；其次，本书将从企业对顾客的价值（B2C 价值）和顾客对企业的价值（C2B 价值）双重视角，通过理论和实证分析相结合的方式，深入系统地分析数字经济时代制造业顾客价值创造的机理；最后，本书将在相关研究结论的基础上，立足中国实际，分析数字经济时代制造业顾客价值创造的提升策略。本书的技术路线如图 1-1 所示。

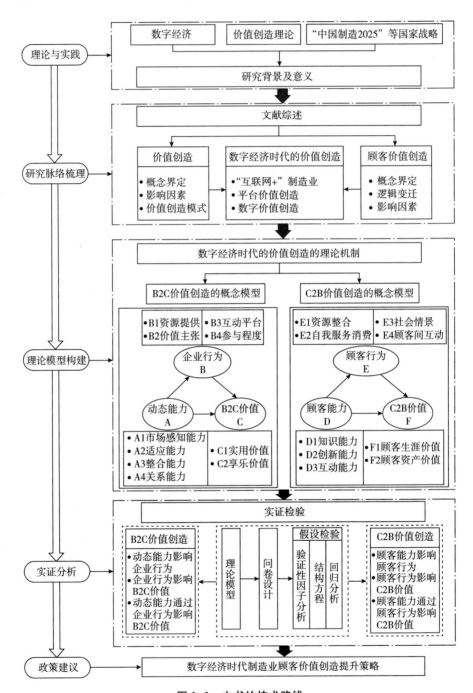

图 1-1　本书的技术路线

　　本书余下章节做如下安排：第二章，从价值创造、顾客价值及顾客价值创造、数字经济时代的价值创造等几个角度系统梳理价值创造理论的研究脉络，并进一步厘清（顾客）价值（创造）的内涵、影响因素、逻辑演变及模式路径，以期为后续的理论模型构建奠定基础；第三章，基于"能力→行为→价值创造"的内在逻辑，从顾客价值的双重属性的视角，并从"动态能力→企业行为→B2C 价值"和"顾客能力→顾客行为→C2B 价值"这两条逻辑主线出发，分别就其概念、维度进行界定，从而构建出了数字经济时代制造业的 B2C 价值创造概念模型和 C2B 价值创造概念模型，并从"能力→行为""行为→价值创造""能力→价值创造""能力→行为→价值创造"四个方面提出了一系列研究假设；第四章，根据相关研究中的理论模型，并借鉴当前成熟或较为成熟的量表，设计问卷调查表，以通过问卷调查的形式获取后续实证分析所需的数据信息；第五章和第六章为本书的实证分析部分，分别运用验证性因子分析、结构方程和回归分析对第三章中提出的关于 B2C 价值创造和 C2B 价值创造机理的假设进行检验；最后为本书的结论与讨论部分，总结本书的主要研究结论、提出相应的对策建议并指出本书的研究不足和今后的研究设想。

第二章 文献综述

第一节 价值创造

一、价值创造及相关概念界定

1. 价值的内涵及其来源

古义中，价值是指物的有用性，即能满足人们的某种需要。亚当·斯密首次提出商品具有使用价值和交换价值，从而奠定了价值理论的研究基础。可以说，价值理论在整个人文社会科学体系中占据相当重要的地位。不同学科领域、不同研究学派对价值及其来源有不同的解读。

从经济学的角度来看，主流的价值理论主要有三种：①劳动价值论。亚当·斯密最先提出，劳动是商品价值的源泉，且商品价值的大小是由生产商品所需劳动量的多少决定的。大卫·李嘉图在该理论的基础上进一步指出，商品价值主要是由在社会最差生产条件下生产商品所需的劳动决定的。在古典劳动价值理论的基础上，马克思进一步提出商品价值的二元性，即商品具有价值和使用价值，而商品价值的唯一源泉是凝结于商品的一般劳动。②要素价值理论。萨伊（2020）系统提出了要素价值理论，他指出价值是指人们对商品使用价值效用的一种主观评价，而劳动、资本和土地等生产要素是这种效用性价值的源泉。现代西方经济学继承发展了萨伊的思想并形成了生产要素价值论，"生产要素"的范围也随着时代的发展而不断扩展。当前，生产要素已从最初的劳动、资本、土地，逐步扩展到企业家才能、技术、知识、数据要素等新型生产要素。③边际效用价值理论。它是在边际效用递减规律的基础上形成的理论体系，通过消费者的主观判断来解释商品价值与价格的形成机制是其核心思想。该理论以人们的主观心理为基础，提出价值的本质在于商品能满足人们需求，并且价值会随着人们消费数量的增加而逐渐降低。人们通常运用边际效用来衡量商品的价值量。该理论同时认为效用是价值的源泉，稀缺性和效用性是价值形成的充分必要条件。

从管理学的角度来看，由于创造价值并实现价值增值是企业的终极目标。因而，随着产权市场的建立，人们提出了企业价值的概念，研究领域从企业价值评估扩展到以价值评估为手段、以价值最大化为目标、以价值创造为核心的价值管理（孙艳霞，2012）。就战略管理的视角而言，价值是指买方愿意为所购买商品支付的价格（Porter，1985）。随着体验经济学的兴起，人们主要从价值管理的有效途径和方式方面进行研究，提出了顾客感知价值等概念。Zeithaml（1988）提出，所谓顾客感知价值是指顾客在对利得（Benefit）和利失（Sacrifices）感知的基础上对商品效用作出的总体评价，它包括低价格价值（Value as Low Price）、消费者需求价值（Value as Consumer Wants）、优质性价值（Value as Quality）和效用交换价值（Value as an Exchange of Utilities）。但是，关于价值的内涵应在更广泛的实践和理论中，通过价值创造和管理过程中的参与者、参与过程及其互动关系来予以综合理解。在企业价值管理的实践中，如果单单基于顾客的视角理解价值会导致价值概念的应用趋于狭隘化（Woodruff，1997）。

2. 价值创造的内涵

同价值的概念一样，不同的学者基于不同的视角对价值创造的概念进行解读。从企业价值生产过程的角度来看，徐晔彪（2014）指出价值创造是指企业为生产、供应满足顾客所需产品（服务）而从事的系列业务活动以及它们的成本结构；价值创造的过程可以被分为物理学、工程学和社会学三个层面。其物理学创造，是指企业投入和使用人力、物力、财力、信息等资源创造出使用价值；其工程学创造，是指企业通过前述各种资源的投入持续创造出具有满足人们物质目标和精神目标的功能产品的过程；其社会学创造，是指企业为了促进社会的健康发展，基于对人性和社会的理解，确立企业自身价值的属性和来源，从而为社会创造有用的产品。

从顾客的角度来看，顾客是企业价值创造的重要来源之一，顾客的感知价值是衡量价值创造量的关键指标（Priem，2007）。因此，从这个意义上来说，价值创造是指顾客感知到使用价值的增加并且愿意为其支付一定成本，而且人们可以从顾客对产品（服务）的适用性、新颖性等维度的评价对这种使用价值予以量化（Lepak et al.，2007）。

有学者从顾客和企业等更为综合的角度进行解读。胡宗良（2007）认为，价值创造应从两个层面进行理解：一层含义是指价值创造要求价值要有增量，即对顾客而言，顾客从企业获得的产品（服务）的价值提高了，而对企业来说，企业会从该活动中增加销量和利润，并基于此进一步提高企业的整体价值；另一层含义是指价值创造形式不是在原来价值活动基础上的简单重复，而是要有新的成分。相应地，创造价值也可以从两条途径来实现：第一条途径是通过提供新的产品和服务来实现价值创造；第二条途径则是在不改变原有产品和服务表面价值形式的前提下，通过增加价值的量或减少生产产品或服务的投入成本等价值产生的内部机制来形成有效的价值创新。

还有学者从其他视角对价值创造的概念进行解读。Porter（1985）基于价值链的视角，提出价值创造是指通过管理、优化企业价值链中各个经营环节从而实现价值增值的过程。Brandenburger 和 Stuart（1996）试图对价值链中参与主体创造的价值予以量化，提出某一参与者创造的价值是垂直价值链中所有参与者创造的价值总和减去除该参与者之外其他所有参与者创造的价值之和。古典经济理论认为，价值创造是所有生产要素共同作用的结果；而后，随着社会经济及经济学理论的发展，人们对生产要素的认识进一步加深，知识、技术、数据等新的生产要素不断加入生产过程，每种生产要素在不同历史时期对价值创造的贡献和地位也会有所变化。在当前的数字经济时代，通用目的的技术是价值创造的关键（Maine and Garnsey，2006），而社群也可能成为企业价值创造的重要来源（Lepak et al.，2007）。

综上所述，本书倾向于从顾客和企业的双重视角界定价值创造的内涵，认为价值创造应包括两层含义，即从顾客的视角来看，价值创造是指顾客感知到的企业为其提供的产品（服务）的价值增加并愿意为其支付的成本；而从企业的视角来看，价值创造则体现为企业通过一系列的业务活动生产出能满足顾客需求的产品（服务），并使企业实现价值增值的过程。

3. 价值共创的内涵

随着经济社会的发展，经济活动参与主体越来越多样化，他们在价值创造过程中扮演的角色也开始多元化。企业不再是价值创造的唯一主体，它们通过与联合供应商或者顾客之间进行交互可以为顾客提供更具价值的产品（服务）。特别是在新经济背景下，包括互联网在内的信息技术使企业与交易对象的距离缩短了，市场交互过程被重构，企业交互对象在作为价值使用者的同时，也可能是价值的创造者。因此，传统由企业单独创造价值的理念和模式悄然演变成由企业与顾客、供应商、合作者等通过资源整合和多方互动，共同参与价值创造，"价值共创"的概念应运而生。

狭义的价值共创最先由 Vargo 和 Lusch（2004）提出，是专门指产品（服务）的使用价值（Value-in-use）共创；这一概念基于服务主导逻辑，认为价值共创仅发生在产品（服务）的消费、使用阶段。广义的价值共创则认为，顾客和企业在产品（服务）从设计到生产、消费等全产业链过程中的互动和合作均能共同创造价值。Prahalad 和 Ramaswamy（2004）基于顾客体验的视角，较早提出顾客通过与企业的互动，在整个消费过程中与企业共同创造价值；价值共创的核心是企业与顾客共同创造消费体验，而价值共创的基本实现方式则是价值网络中各成员间的互动。Doorn（2010）认为，价值共创是指消费者与企业通过共同采取创意、设计和其他自主行为，共同合作创造价值的过程。Payne 等（2008）则认为，价值共创是指企业及其利益相关者共同研发、生产产品（服务），体现的是它们之间的共生关系；价值共创发生在顾客使用、消费产品（服务）的过程中，而共创价值量则是企业生产产品（服务）的过程中与顾客消费产品（服务）过程中共同创造的价值之和。

在传统价值创造理论中，企业是价值创造的唯一主体。相比之下，价值共创的主体更具多元性。价值共创的主体从最初的只有顾客和企业逐渐发展至企业与利益相关者；价值共创更强调所有参与主体的资源禀赋，各价值共创主体倚借自身所拥有的资源与其他主体参与价值共创的活动，资源禀赋能力较大程度上决定了价值获取的能力；价值共创更具有动态性和网络性，价值共创系统为具有开放性、复杂性和动态性的网络系统，各参与主体之间也呈现出松散耦合的动态结构，并且随着互动环境的不断变化，价值共创参与者及其共创行为也会发生动态变化（武文珍、陈启杰，2012）。

二、价值创造的影响因素

1. 资源与能力

就单个企业内部的价值创造而言，价值创造的主要过程包括价值发现、获取与实现等。其中，价值发现本质上是对具有价值性、稀缺性、不完全流动性和不可完全模仿性等战略性资源的发现、识别、获取和利用。因此，从这个意义上来说，价值创造从本质上来说是对资源的占有、使用和收益（刘天、谢炜，2015）。从价值网络及后来的价值生态系统等视角来看，价值创造的过程是价值创造网络（生态系统）内各参与主体之间的互补性"创出"，价值创造活动得以顺利实施的关键在于拥有不同资源的参与主体"愿意"并且"能够"积极参与到价值创造的活动中来（王世权，2010）。

因此，企业所拥有的资源及其对资源的整合能力是影响其价值创造的一个重要因素。人们通常将企业资源整合分为三种类型：一是企业对自身拥有所有权的资源，即内部资源，进行直接调配以形成独特能力；二是对企业没有所有权的资源，即外部资源，进行间接使用，其整合效果取决于双方之间的联系程度；三是企业对内、外部资源的同时管理和配置以实现这些资源协同价值的最大化。王国红等（2020）研究发现，在企业发展的不同阶段，资源识取和资源配用交替发挥主导作用，并通过链式递进关系促进企业初始价值链的定位和后续动态价值链的延伸。

动态能力是企业为应对内、外部环境的动态变化整合利用内外部资源以及动态调整企业解决问题的方式或操作流程等活动的重要能力，也是企业为适应动态环境变化而调整相应的问题解决方式或操作流程的能力，是企业获得并保持竞争优势的关键因素（李彬等，2013）。因此，企业的动态能力也被认为是影响企业价值创造能力与效果的又一关键因素。刘婕等（2021）认为，动态能力是平台型企业演化的核心动力，它可以通过数字化促进平台企业不断演进，进而逐步实现平台价值共创模式的提升。动态能力的不同维度对价值创造活动产生不同影响，而且价值链是进行突破性重构抑或渐进性重构主要取决于企业在特定环境或发展阶段运用不同维度的动态能力（侯娜、刘雯雯，2019）。

2. 技术与创新

企业创新的本质是价值创造，它可以发生在企业价值创造活动的各个环节（胡宗良，2007）。为了更好地实现企业的价值主张，企业必须进行持续的创新。其中，技术创新是企业价值创造的动力源泉。张正和孟庆春（2017）的研究发现，在完全垄断条件下，供应链内制造（供应）商进行技术创新有利于供应链的价值创造。大数据、云计算、物联网等新一代数字技术的应用则有利于企业整合集体知识，从而更好地促进价值创造的实现（刘洋等，2020）。数字技术的发展使顾客等外部知识主体能有效地参与企业的创新过程和价值创造过程，他们在创新中的作用也日益凸显，从而出现了以顾客为核心并依托互联网的全新价值创造模式。Nambisan（2002）指出客户不仅能够为企业提供创造新产品的想法和构思，还可以与企业共同创造新产品、参与产品的测试、提供产品支持和持续改进等。孟庆春等（2021）运用双层规划构建消费者参与创新的供应链价值创造模型，通过分析发现：消费者参与制造商创新能够提升供应链、供应商以及消费者的价值，并且这些价值同消费者参与程度、参与比例皆呈同向变化关系。开放式创新社区（Open Innovation Community，OIC）是以创新为目标的互联网虚拟社区，它通过互联网来连接、调动、激活、整合分散化的外部人才等创新力量和资源，从而形成一个知识共享网络和较为开放的创新系统。以顾客参与为主的开放式创新社区的价值创造问题是目前的一个前沿问题。曹越和毕新华（2021）通过分析价值共创的主体、资源、情境和过程，构建了开放式创新社区价值共创的概念框架，它包括价值的主张、创造、传递和获取四个核心要素；在此基础上，从构建有效的知识获取、融合、共享和占有机制等方面，提出了开放式创新社区价值共创的知识治理机制。

在数字经济时代，企业创新协同化和价值创造系统化的趋势越来越明显，以全局性、整体性创新为主要特征的商业模式创新能提升企业价值创造的能力，逐渐成为价值创造的主要来源和持续价值创造的关键来源（Amit and Zott，2012；Martins et al.，2015）。商业模式创新是企业通过新的价值逻辑来为利益相关者提供创造和获取价值的新方法（Casadesus-Masanell and Zhu，2013）。商业模式创新补充了传统的价值创新主体，代表了一种全新的、更全面的组织创新形式（Foss and Saebi，2017）。徐蕾和颜上力（2019）从网络关系强度和技术信息来源广度这两个维度，刻画了商业模式创新促进价值创造的内在机理，并通过实证研究发现：效率型商业模式和新颖型商业模式均对价值创造具有显著的正向促进作用；网络关系强度、技术信息来源广度在"商业模式创新—价值创造"中具有中介作用，并且对两者所起的中介作用具有不同侧重，效率型商业模式主要通过网络关系强度促进价值创造，而技术信息来源广度则是新颖型商业模式影响价值创造的主要途径。

当前，企业创新生态系统是企业价值创造领域的一个前沿领域。所谓创新生态网络是新一代信息通信技术赋予企业进行平台战略创新的条件和能力，企业可以通过平台架构联结资源互补、功能异质的不同群体形成以顾客需求为核心的具有关系嵌入性、异质性和互惠性特点的生态网络（孙新波等，2019），助力企业在更广阔的时间和空间范围内整合、利用各种资源，从而形成生态竞争优势（Hein et al.，2019）。价值创新生态系统的价值创造是系统内各参与主体相互合作创造价值的过程（陈衍泰等，2015），他们通过开放协作的方式满足自身及其他参与主体价值目标以及生态系统整体目标，从而实现价值创造（戴亦舒等，2018）。可见，创新生态系统内的资源共享和开放创新是价值创造得以实现的关键，而创新生态系统内所有参与主体均能在此过程中获益是其得以存在和发展的关键（Vargo and Lusch，2008）。赵岩（2020）基于创新生态系统理论和价值共创理论，引入双元创新这一调节变量，构建了企业创新生态系统、双元创新与价值共创的关系模型，利用 189 家信息产业企业的调研数据进行的实证分析结果显示：企业创新生态系统对双元创新具有显著正向影响，企业创新生态系统和双元创新均对价值共创有显著正向影响，且双元创新在企业创新生态系统对价值共创的影响中发挥正向调节作用。

3. 商业模式

商业模式是由多种相互锁定的活动构成的完整活动体系，其核心构成要素包括价值主张、价值链、价值网络等（Johnson et al.，2008）。通过分析这些核心活动可以帮助人们理解商业模式价值创造的机理。就价值主张而言，它是商业模式价值创造的起点，它框定了企业为谁生产以及生产什么样的产品（服务）；它不仅会影响企业如何设计、运营和管理包括研发、制造和营销等关键流程在内的价值链活动，还会影响企业如何向目标市场传递价值主张所必备的核心资源，并最终影响企业的盈利模式（Johnson et al.，2008）。就价值链而言，企业的研发、生产运营、营销、物流等价值链条上的每一个环节都有可能成为价值创造的关键来源；并且，价值链各个环节是熊彼特创新的关键途径，也是企业创造和获得"熊彼特租金"的主要方式（Amit and Zott，2001）。就价值网络而言，企业可以通过设计、编制价值网络来创造价值（Chesbrough and Rosenbloom，2002），它能帮助企业突破自身边界，通过将供销商、合作者甚至竞争者集合到一个价值网络内，并整合利用该网络内的生产要素及其相互作用为目标顾客提供产品

（服务）从而创造新的价值（Hamel and Trudel，2001）。

商业模式是企业组织价值网络以及创造、传递和获取价值的基本原理（Suarez et al.，2013）。在不同的商业模式中，企业价值创造获取、分配的逻辑是不同的。将商业模式作为一个整体框架能帮助人们理解和解释竞争优势，它是企业运用其掌握的资源在为顾客创造更优价值的同时，获得更多企业价值的方式（Afuan，2004）。商业模式定义了企业从原材料到终端顾客间的一系列活动，正是这些活动构建了其独特的资源或竞争特性（Chesbrough，2010）。企业通过实施不同于竞争对手的竞争战略——"差异化"战略来创造和获取价值；其中商业模式的异质性对企业绩效产生了较大的影响（Shafer et al.，2005；Patzelt et al.，2008）。商业模式中各活动链接的差异性直接影响企业的交易成本和交易效率。有效的商业模式可以有效减弱交易的不确定性、降低交易风险和交易成本，从而显著提高企业的竞争能力（Amit and Zott，2001，2012）。

4. 其他因素

有学者分析了文化、制度等环境因素对价值创造的影响。辛杰和张虹霓（2019）通过实证分析探究企业家信仰的价值创造机制，发现企业家的价值追求正向影响企业的非财务价值创造，开放式参与对企业的财务价值和非财务价值创造具有正向影响，并且这些影响效应都通过企业文化强度这一中介来发挥作用。陈艳利等（2018）以国有资本经营预算制度的实施为背景，实证检验了国有资本经营预算制度、管理层激励与企业价值创造三者之间的关系，并发现国有资本经营预算制度的实施有助于提升央企价值创造能力。同时，货币薪酬激励和管理层持股激励这两种主要的管理层激励形式均能正向提升企业价值创造的能力。

企业环境经营是近年来为解决环境保护与企业经营管理活动之间的矛盾而提出的新概念，这一概念提出的核心目的在于实现经济效益与环境效益的协同以及可持续发展。企业的环境经营活动与价值创造之间的关系也成为人们关注的一个重要问题。贾建锋等（2012）认为，企业的环境经营可以从经济价值、环境价值及顾客价值等方面推动企业的价值创造，并实

现企业价值的提升。张长江等（2019）也证明了环境经营可以提升企业的
经济效益、顾客价值、组织能力和环境保护，从而达到推动企业价值创造
的目的，即环境经营能够助推企业的价值创造。

企业的价值创造能力是外界市场参与主体对该企业回报能力的主观认
知，也是他们评价企业资本市场表现的重要指标。有学者在检验融资成本及
契约执行效率与我国上市企业价值创造能力的关系时发现，前者与企业价值
创造能力显著负相关；而后者与企业价值创造能力显著正相关，并且后者还
能削弱前者对企业价值创造能力的负面影响。其机制在于，契约执行效率的
提升会增强投资者的信心，从而使企业能以相对较低的成本进行融资并顺利
开展各项经营活动，进而促进企业价值创造能力的提升（张慧霞，2020）。

三、价值创造的模式

1. 价值链

Porter（1985）最先提出价值链的思想，并认为价值链是价值创造的主
要活动（包括生产、物流、销售及售后服务等）与相关辅助活动（包括原
料供应、人力资源、财务及技术等）及其相互关联形成的行为链条。价值
链强调的是企业层面的价值创造问题。通过分解价值链中各重要因素及其
相互之间的关系，可以清晰地识别企业价值创造的过程；而价值链价值创
造的逻辑正是沿着价值链的每一个阶段渐次传递，并通过降低企业和顾客
的成本而实现价值创造。价值链管理有助于企业明确顾客价值的意义并专
注于从整个价值链的角度实现价值创造。这与传统制造业的价值创造模式
相吻合，并有助于企业沿着价值链实现价值的创造与获取。

人们关注的一个重要问题是，如何测量、评价、提升企业价值链价值
创造的效果和能力。Chodúr 和 Pálka（2010）通过测量顾客的价值观念来研
究价值链流程管理优化问题。Tretyak 和 Sloev（2013）则从顾客流的角度测
量、评价营销在价值创造中的长期影响。王满等（2017）在遵循价值创造
评价指标原则的基础上，构建了适用于企业整体价值链的价值创造评价鱼

骨图，即以价值创造为"主骨"，以价值链的六个节点为"大骨"，以价值创造的具体评价指标为"中骨"，以此评价企业价值链的价值增值。

随着数字产业及数字经济的发展，人们开始意识到，企业除了要在管理者可以感知的物质世界，即市场场所（Market Place）中竞争以外，还要在由信息组成的虚拟世界，即市场空间（Market Space）中竞争；与之相对应的是实体价值链和虚拟价值链（Raypor and Sviokla，1995）。有不少学者研究了实体价值链与虚拟价值链的价值创造机制问题。张正荣和肖文丽（2020）通过构建虚拟价值链与实体价值链耦合的价值创造理论模型来探究跨境出口企业价值创造的机制，研究发现虚拟价值链和实体价值链耦合是产品全产业链中的信息、人力及物资等资源的协同过程；跨境电商企业通过这两者的耦合创造了更高的价值，在提高企业竞争力和交易效率的同时，使消费者搜索成本更低且选择空间更大。

2. 价值网络

价值网络理论是在价值链理论的基础上进行延伸和补充。企业的价值网络是其内、外部价值链融合而成的综合价值创造体系。基于对竞争与合作均是企业成功不可或缺的要素的基本判断，该理论更强调利益相关者的重要性，倡导各参与主体在价值共创中能实现"双赢"。价值网络的基本主张是，企业根据自身拥有的核心能力，联结一个包含价值链中的合作者与竞争者的关系网络，并通过该关系网共同创造出差异化、整合化的顾客价值，由此获得网络结构优势和群体竞争优势将大大提高企业的抗风险能力（周煊、程立茹，2004）。网络中各参与主体的投入和回报能基本对等是价值网络得以存在和发展的本质原因（方润生、杨垣，2002）。他们通过参与价值网络并与其他参与主体的互动、合作，均能获得包括货币价值以及信息、知识和技术等非货币价值在内的额外增值（Gulati et al.，2000）。

价值网络中的核心企业突破自身的边界，将与网络中其他成员形成的伙伴资源整合成生产要素，并通过这些生产要素的相互作用形成顾客价值并将其传递给顾客，这便是一个价值创造的过程（Hamel and Trudel，2001）。价值网络中单个企业的价值创造过程可以分解成三个阶段：①关系构建过程，其核心要素包括资源能力互补和特殊关系投资，前者是价值网络构建的基础，而后者则是网络中各企业间连接资源能力的纽带；②关系运行过程，其关键点包括网络资源配置、信息知识共享以及关系治理机制，网络资源配置是其核心，信息知识共享和关系治理机制则是资源有效配置的保障；③价值释放过程，包括整体价值创造和价值分配两方面的内容（孟庆红等，2011）。

可见，价值网络创造价值的机理在于网络中各参与主体通过协调、整合网络内的资源实现价值共创。网络内企业创造的价值包含两个方面：一方面是企业在自身价值链中的每个节点单独创造的价值；另一方面是由网络带来的附加价值，即价值链中的各个节点与网络内其他资源的互补和整合形成的共创价值。其中，共创价值的实现与获取的内在逻辑在于企业与网络内其他参与主体之间的协同创新。只有各参与主体之间实现了协同创新，才能推动整个价值网络的演进和优化，进而以动态平衡实现和获取价值创造（刘国亮等，2016）。

第二节　顾客价值及顾客价值创造

各界关注的焦点问题之一是顾客价值。特别是在当前企业竞争越来越激烈的情况下，顾客价值成为企业获得和维持竞争优势的新源泉和重要途径；从某种意义上说，企业成败的关键在于企业能否充分运用顾客资源（Woodruff，1997；Prahalad and Ramaswamy，2000）。自20世纪80年代顾客价值概念被提出至今，学者们从不同的角度对顾客价值及顾客价值创造问题进行了多方位的探索，并取得了较为丰富的成果。

一、顾客价值的概念

有不少学者基于感知价值的视角来定义顾客价值。Christopher（1982）

认为，顾客价值是指顾客基于自身感知的商品收益而愿意为该商品支付的价格。Woodruff（1997）认为，以往人们仅从产品（服务）的属性出发界定顾客价值，再加上对这些产品（服务）的属性认识也不够深刻，因而这些概念界定难免失之偏颇；因此，他认为顾客价值的实质是顾客对产品（服务）是否符合预期的感知和评价，并指出顾客价值具有多层次性和复杂性的特点。Albrecht（1994）则将价值感知等同于满意度，认为顾客价值是顾客对某一特定需求被满足程度的感知。Payne 和 Holt（2001）认为，顾客价值是顾客对企业所提供的价值的感知和判断。

有的学者则从感知价值权衡的视角来定义顾客价值。Zeithaml（1988）、Day（1994）认为，顾客价值是顾客对产品（服务）感知效用的总体评价，即顾客利得与利失的净值。该定义强调了顾客感知的作用以及顾客价值的主观性，奠定了价值感知理论的基石。他们都认为，顾客价值是对自身所得与所失的权衡比较，从本质上来说是顾客的主观感受或评价，属于"消费者剩余"的概念。Lin 和 Peng（2005）也从感知的角度认为，顾客价值是顾客评估交易活动时感知的付出与获得的净值。张明立等（2005）则结合价值感知和价值权衡两种观点，提出了一种更为综合的概念，认为顾客价值是在特定情境中，顾客相对于竞争对手或自己的期望对产品属性、功效以及助力其实现某种目标的全部所得与代价之间的感知、权衡和评价。

有学者从关系价值的角度来界定顾客价值。Ravald 和 Grönroos（1996）认为，关系营销给顾客和第三方带来的价值要大于交易营销，关系营销的活动过程就是价值创造和实现的过程；如果顾客认为自身与企业之间的关系足够有价值，参与交换的各方便能达成协议，但这并不意味着产品（服务）是最好的。Butz 和 Goodstein（1996）提出，顾客价值是指当顾客使用完企业提供的产品（服务），并发现该产品（服务）提供了附加价值时，顾客与企业建立的情感纽带，即顾客价值不仅包含经济利益，还包含情感因素。Grönroos（2000）在此基础上进一步指出，顾客价值创造和传递的源泉在于顾客与企业之间关系的发展，而非基于金钱的交易性活动；在感知价值的过程中，顾客不仅会关注产品（服务）本身的价值，还会关注他们与企业的整体关系，即关系会影响顾客的感知价值。Burnham 等（2003）也认为，确立和维持长期的关系不仅能提升经济层面的顾客价值，还能提升非经济层面的顾客价值。

还有学者从其他角度来定义顾客价值。Strauss 等（2001）认为，所谓顾客价值是由顾客对其所拥有产品的信仰、态度与体验构成的。Holbrook（2006）认为，仅以完全客观的价格或产品的工具性效用来界定顾客价值过于狭窄，这种从理性视角定义的顾客价值忽视了消费行为中的重要成分——享乐。他认为所有产品均可通过消费体验创造价值，并将顾客价值看作是互动性的、相对性的偏好和体验。朱开明等（2005）认为，顾客价值是顾客感知收益与成本之差，其中顾客感知收益是指顾客在采购、消费产品（服务）过程中所有感知收益的总和，是顾客在消费过程中对各商品要素（价格、质量、信誉等）的满意度的综合体现；而顾客感知成本则是指顾客在此过程中的感知成本的总和，包括支付的货币成本和时间、心理感受等非货币成本。从本质上来说，顾客价值是一个心理的价值判断过程，它是顾客对产品（服务）是否物有所值的主观评价。杨凤（2012）则认为，顾客价值是顾客根据以往的消费经验、偏好、知识以及在与其他同类产品进行比较的基础上，对产品的整个消费生命周期中的收益和成本进行权衡以及对其契合顾客期望的程度进行的一种综合评价。

上述定义虽然从不同角度界定了顾客价值，但都可以归结为是基于顾客的视角来界定的。也有一些学者基于企业的视角来界定顾客价值。Kotler（2017）认为，顾客价值是顾客给企业带来的长期经济价值的总和。Davidson（1999）则认为，顾客价值是企业通过满足顾客的需求而获得的利益。Ulaga（2003）通过梳理顾客价值相关研究，指出可以从顾客、企业，以及"顾客—企业"等多重角度诠释顾客价值，所谓顾客视角的顾客价值是指顾客在消费产品（服务）过程中期望或感知到的产品（服务）所带来的价值（上述定义基本都是基于这一视角）。所谓企业角度的顾客价值，是指由顾客权益给企业带来的价值收益，它将顾客视作企业的一种特殊资产，并着重研究顾客以及顾客之间、顾客与企业之间的关系给企业带来的价值。"顾客—企业"角度的顾客价值，则是指企业与顾客双方交易等关系给双方带来的价值。实际上这种理解方式与顾客视角、企业视角并无本质差别。

综上所述，本书倾向于采纳 Flint 等（2008）的观点，认为对顾客价值的理解应包括企业视角和顾客视角。所谓顾客价值的企业视角是指基于企业的立场来认知和衡量顾客价值，也即企业视角的顾客价值是指顾客为企业创造或提供的价值，其感知和评价主体是企业。顾客价值的顾客视角是指基于顾客的立场来认知和衡量顾客价值，也即顾客视角的顾客价值是企业为顾客提供的产品（服务）给顾客带来的价值，其感知和评价主体是顾客。相应地，顾客价值也存在企业属性和顾客属性的双重属性（见表2-1）。所谓顾客价值的顾客属性是指基于企业的视角，感知和评价顾客为企业带来的利得；价值传递的媒介是基于顾客能力的顾客参与企业生产运营活动、顾客的购买和消费行为给企业带来的直接利润等；其价值感知的主体是企业；在此情境中的顾客价值概念主要包括顾客资产价值、顾客终生价值等。顾客价值的企业属性是指基于顾客的视角，感知和评价企业为顾客带来的利得；价值传递的媒介是企业提供的产品（服务）；其价值感知的主体是顾客；在此情境中的顾客价值概念主要包括顾客感知价值、感知利失等（刘文波等，2015）。

表 2-1　顾客价值的双重属性

Factor	顾客属性	企业属性
研究视角	企业	顾客
价值创造主体	顾客	企业
价值传递媒介	顾客的购买、消费、参与企业运作等活动	企业生产/提供的产品/服务
价值感知主体	企业	顾客
顾客价值概念	顾客终生价值、顾客资产价值等	顾客感知价值、顾客感知利失等
具体实际应用	企业的市场营销	顾客的购买决策

资料来源：笔者根据刘文波等（2015）整理。

二、顾客价值创造的逻辑变迁

1. 商品主导逻辑

商品主导逻辑（Good Dominant Logic）根植于工业革命、工业文明及由此产生的新古典经济学。在该逻辑体系下，顾客价值创造的逻辑在于企业向顾客提供对象性资源（如产品、服务、技术等）并使顾客需求得以满足。新古典经济学对价值的关注集中于交换价值，而用于交换的单位产出（Unit of Output）则是人们关注的焦点。这种单位产出是"生产性的"、可以标准化且可以被储存直至销售的有型的商品。因此，新古典经济学派认为，商品是"生产性"的，在价值创造过程中占据中心位置的；而服务不是商品的产出，是"非生产性"的，在价值创造的过程中属于次优地位。

在工业经济时代，占据主流地位的新古典主义经济学认为只有劳动才能创造价值，而企业作为劳动的集合体，自然在经济生活中占据主导地位。企业的核心任务是通过研发、生产、物流和营销等一系列经济活动将劳动嵌入产品中，并通过提供更丰富的产品属性来满足顾客需求，从而实现价值创造，而后通过顾客的购买行为，将企业创造的这些价值传递给顾客。此时价值创造的核心内容是使用价值，并且这种价值是嵌入在产品（服务）中的。因而，在商品主导逻辑下，企业独立地整合各种资源进行价值创造，它是唯一的价值创造主体，而顾客则被排除在价值创造的过程之外，仅是价值的消费者或毁灭者（刘林青等，2010）。在商品主导逻辑下，价值在产品交换之前已经由企业独自创造出来了，实现顾客价值的唯一途径是市场交换，且顾客与企业间的互动也仅限于市场交换过程。故此，在顾客价值创造链条中，顾客仅是产品和顾客价值的（被动）接受者（钟振东等）。换言之，原材料经由价值链中各个环节逐渐生产成商品的过程中，也同时实现了价值增值，价值创造发生在价值链的相关环节中，并最终凝结于商品中；而后，经由市场交换，商品转移到顾客手中后，顾客仅是通过消费商品来满足自身需求，价值在这个过程中被消费掉。

2. 服务主导逻辑

随着全球服务经济的兴起，制造业与服务业融合发展的趋势逐渐凸显，服务对制造业企业竞争力的影响越来越大，成为制造业产品增值的重要途径。伴随服务经济的兴起，一种新的价值创造逻辑——服务主导逻辑（Service Dominant Logic）也随之产生。服务主导逻辑产生的主要原因在于以知识、技能为核心要件的服务经济逐渐取代了以产品生产为核心要件的工业经济。与此同时，企业竞争优势的关键来源也逐渐转向知识、技能等非操作性资源。因此，从这个意义上来说，服务主导逻辑的产生是社会经济从工业经济向服务经济转化的必然结果（彭芬芬等，2015）。

最早明确提出服务主导逻辑的是 Vargo 和 Lusch（2004），并提出了服务主导逻辑的八个基本命题；经过不断的修正和完善，Vargo 和 Lusch（2008）将基本命题增加到了十个，从而构建了较为成熟的服务主导逻辑理论体系（见表 2-2）。在服务经济时代，企业的核心战略和营销理念发生了重大变化，企业关注的重点不再仅仅是产品本身，而是以能满足顾客的需求为使命，也只有生产能满足顾客需求的产品和服务才能使企业存活，直至获取和保持竞争优势。因此，与商品主导逻辑相比，顾客在服务主导逻辑下的地位有了很大的提高并逐步占据了主导地位。一方面是由于竞争的加剧，导致企业必须紧紧围绕顾客的需求和感知进行生产；另一方面是由于经济社会的发展，顾客有条件也有能力参与企业的生产过程，并通过自我服务消费提高产品（服务）的效用。因此，顾客在价值创造的过程中，从单纯的价值消费者和毁灭者，变成价值创造的共创者乃至主导者。在该逻辑中，顾客价值被认为是顾客在使用所购买的产品（服务）时产生的，因此顾客价值是使用价值；而企业和顾客共同合作为顾客创造使用价值（Grönroos，2011）。因为，从企业的角度来看，当价值创造变成了企业营销的目的时，顾客价值便是使用价值（Sheth and Uslay，2007）。从顾客的角度来看，顾客可以在使用所购买产品（服务）的过程中，融入自我的知识、经验和技能，从而提高产品（服务）给顾客带来的效用。因此，在顾客的这种自我服务的过程中产生的顾客价值是一种使用价值。

表2-2　完善后的服务主导逻辑的基本命题

序号	命题内容
FP1	服务是市场交换的基础
FP2	间接交换掩盖了市场交换的本质
FP3	商品是服务供应的一种分配机制
FP4	运营资源是竞争优势的根本来源
FP5	一切经济体均为服务经济体
FP6	顾客永远是价值的共创者
FP7	企业不能提供价值，只能提供价值主张
FP8	以服务为中心的观点本质上是客户导向和关系导向的
FP9	所有社会和经济行为主体均是资源整合者
FP10	价值总是由受益人独特地运用现象学的方法来确定

资料来源：笔者根据 Vargo 和 Lusch（2008）整理。

　　部分学者提出，根据服务主导逻辑，顾客价值的创造者是企业，而顾客只是其合作创造者。因为企业不仅利用自身所掌握的资源，通过研发、生产、物流、销售及售后服务等活动将集合了企业劳动的产品通过交换转移到顾客手中，这些产品是顾客在使用过程中创造价值的必要资源，并为顾客整合利用这些资源提供企业与顾客以及顾客之间进行互动的平台；而且企业还能利用与顾客的互动来影响甚至改变顾客的体验和感知，进而影响顾客价值（钟振东等，2013）。顾客掌握着价值的属性和创造过程，并且价值最终是在顾客通过自我服务在消费过程中产生的，再加上顾客还能利用企业提供的互动平台参与到企业的研发、生产等产业链的各个环节中，这在价值创造过程中的作用极为重要，是顾客价值的真正创造者（郭朝阳等，2012）。

　　3. 顾客主导逻辑

　　随着体验经济、数字经济的兴起，各种新兴的互动平台迅速发展，人们越来越注重人的主体性。再加上在信息大爆炸的数字经济时代，企业不再垄断产品信息资源，顾客的能动性得到了进一步的加强。尽管在服务主导逻辑下，企业将其关注的焦点从交换价值转向使用价值，但它仍然是基于企业的视角分析问题（Heinonen et al.，2009），顾客的个性化需求难以得到有效满足。在当前经济社会发展环境下，学者们越来越倾向于认为顾客是价值的真正创造者，处于主导地位（Grönroos，2008）。价值创造已从企业的生产过程脱离出来，转向顾客的消费过程，顾客主导逻辑便应运逐步取代服务主导逻辑（Heinonen et al.，2010）。换而言之，在新经济时代，服务主导逻辑既不能有效解释价值创造的过程，也无法有效指导企业的生产经营活动。因此，Heinonen 等（2009）便提出了顾客主导逻辑（Customer Dominant Logic）。

在顾客主导逻辑中，顾客是价值创造的核心。此时，企业的目标和关注点较之以往发生了较大改变。如何让顾客利用企业生产的产品满足顾客的预期目的是企业的目标，企业关注的重点也转向了顾客的消费过程，即从产品（服务）能为顾客带来什么转向顾客使用产品干什么；企业通过设计、研发、制造、传递等过程提供可供顾客进行价值创造的潜在价值，并通过市场交换，实现其交换价值。与服务主导逻辑不同的是，顾客主导逻辑关注的焦点从服务转向顾客。顾客主导逻辑认为价值并不完全由企业和顾客之间有目的地共同创造，而是嵌入在顾客现实生活的多种情境内，并由顾客予以创造和感知；企业对部分顾客价值的形成过程无法参与，只能为价值的创造和实现提供部分支持，但无法主导和控制整个过程。顾客通过认知、思考、加工等过程，基于顾客的期望将产品潜在的价值变现（Grönroos，2008）。在此逻辑下，产品的最终价值创造从企业的生产过程脱离出来，转而发生在通过市场交换获得产品后的消费过程中。并且在这个过程中，企业与顾客之间未发生直接互动，企业也未参与到价值创造的过程，而是由顾客通过自己或与其他顾客之间的互动来完成价值创造的过程。因此，顾客主导逻辑的实质是顾客试图挣脱服务主导逻辑下以企业为中心的价值创造体系的藩篱，按照顾客自身的个性化需求来生产、加工出符合内心期望的产品，从而重新建立以顾客为中心的价值创造体系。

在顾客主导逻辑下，产品的最终价值由顾客单独创造，即该逻辑下价值创造的主要方式是顾客单独创造价值（李耀，2014）。在顾客主导逻辑下价值创造的四种主要途径：①消费体验，即顾客将自身所拥有的技能、知识和消费场景等融入到企业所提供的产品（服务）中，并借助各种体验活动获得多样化的情感体验。在此过程中，顾客通过自己或与其他顾客互动来创造价值。②消费社群，顾客通过与其他社群成员的互动，获得身份认同、情感体验等，从而给自我创造价值。此外，社群活动有助于改善企业与顾客之间的关系，提高顾客忠诚度、增加企业利润来源，从而为企业创造了价值。③消费代理，顾客运用已有的知识、技能，通过叙事分析来重新解读和构建产品内涵，赋予产品新的文化、象征意义，同时也为自我创造出积极的情感体验。④消费抵制，顾客根据自己的偏好，对产品进行创意性改造，从而提高自我操作技能（李耀、王新新，2011）。

4. 价值创造逻辑简评

根据以上从商品主导逻辑，到服务主导逻辑，再到顾客价值创造逻辑的梳理，可以看出在不同价值创造逻辑下，价值创造驱动因素、形式、创造的场景、过程，包括企业和顾客在价值创造过程中的角色等方面有很大的不同（见表2-3）。顾客价值的核心内容经历了从"交换价值—使用价值—体验价值"的演化，顾客在价值创造中的地位越来越高，从最初的价值毁灭者到价值共创者再到价值独创者。企业关注的焦点也从产品本身逐渐转移到顾客的需求；企业的目标也由"产品能够给顾客带来什么"转变成"顾客怎样利用自己的产品实现价值"。企业通过研发、生产等环节制造出的产品经由市场交换，转移到顾客手中，实现了产品的交换价值；产品作为潜在价值的载体，通过顾客融入自身的知识、体验等加工成自己所期望的产品，实现了产品的使用价值和体验价值。在该逻辑下，企业所关注的焦点由原来的"如何利用顾客资源让顾客参与到企业生产的价值链中"转变为"企业如何让自己参与到顾客的日常生活中"以便完成价值创造。

表2-3　不同逻辑下的顾客价值创造

Factor	商品主导逻辑	服务主导逻辑	顾客主导逻辑
企业的驱动因素	交换价值	使用价值	体验价值
价值创造形式	企业单创	共同创造或顾客独造	顾客独造

Factor	商品主导逻辑	服务主导逻辑	顾客主导逻辑
价值创造场景	生产过程	消费过程	顾客日常生活实践
价值创造过程	生产活动	顾客与企业的互动、消费活动	消费过程
企业的角色	价值创造者	价值共创者或价值推动者	无
顾客的角色	价值毁灭者	价值共创者	价值独创者
研究视角	企业	企业	顾客

资料来源：笔者根据李耀和王新新（2011）、李耀（2014）整理。

服务主导逻辑是在对可操作性资源和对象性资源进行分类的基础上分析价值创造。服务主导逻辑突出了顾客的创造性，认为顾客是一种可操作性资源，能主动整合资源。它将顾客和企业之间的关系拓展到关系网络中，二者也成为该网络关系中的节点，价值创造的实现需要依靠各个节点之间的互相学习、互相服务。价值创造的形式有顾客单独创造和共同创造两种，但以后者为主，因而突出了价值创造主体的多元性和关系网络的系统性。服务主导逻辑的主要不足在于，对企业与顾客的角色定位较为模糊，其基本前提中"顾客总是价值共创者"虽强调了顾客的重要作用，但是仍暗含了企业是价值创造者而顾客只是参与者之意，因而与相关基本前提存在冲突（韩清池、赵国杰，2014）。

顾客主导逻辑与服务主导逻辑都强调价值创造过程的嵌入性和动态性，但是顾客主导逻辑的嵌入性更着重强调价值创造过程嵌入到了顾客的整个生活空间，不仅包括顾客与企业之间的交易关系，还包括顾客与其他顾客等主体之间的各种社会关系。顾客主导逻辑的重要意义在于，它帮助企业将关注的焦点从最初的商品和服务过程引导到顾客的生活与生态系统情境，从而能使企业更好地满足顾客的各种潜在的、具体的需求。但是，该逻辑存在的一个重要问题是，对消费者生活和生态系统的关注应注意边界。这一方面是指不能脱离服务来讨论顾客价值独创，另一方面也要注意对商业活动与顾客隐私权保护之间的边界。显然这一问题在当前的理论研究中并未得到应有的关注。

三、顾客价值创造的影响因素

1. 虚拟社区

近年来，随着互联网技术特别是新一代信息通信技术的快速普及，虚拟品牌社区已然是顾客价值共创的重要场所（李朝辉等，2014）。虚拟社区是基于企业对顾客长尾需求的精准识别和理解，按照顾客属性的差异将"大众"顾客群体细分为"小众"群体，并通过"小众"群体的固有特性来吸引具有相同偏好的顾客聚集。虚拟社群是数字时代顾客主导逻辑下，价值创造由企业向顾客单向的价值传递转变为企业与顾客双向价值协同的重要影响因素（罗珉、李亮宇，2015）。与以往大众消费者不同的是，顾客社群是在深入理解消费者需求的基础上形成的，厂商通过精准识别消费者的特征并定义长尾需求。这是一种数字经济时代顾客主导的 C2B 商业形态，它由企业发起、顾客主导所形成的松散网状关系结构，企业与顾客间的关系由单向价值传递过渡到双向价值协同（Value Synergy）。

由于同时涉及生产和消费两个领域，虚拟品牌社区比线下的顾客参与的价值共创更复杂。除了出于满足对自我的认知和个人整合等方面的诉求外，顾客参与虚拟社区活动还能满足自身的享乐需求（Nambisan，2002）。Brabham（2008）通过对 Istockphoto 社区的研究发现，顾客参与社区的满足感源于个人技能的提高、赚钱机会的增加、趣味性，以及对自我的肯定；此外还能消磨空闲时间、编织社交网络，从而实现情感释放和身心舒缓。汪涛等（2009）引入心理账户理论的禀赋效应和支付贬值，当用户通过互动交流加入企业产品创造与改进等社区活动时，在心理层面他们会放大自身利益感知，增加禀赋效应，同时缩小损失感知，减少支付贬值，进而增加感知价值。Dholakia 等（2004）发现消费者在品牌社区中可以产生三类获得感，即社会收益、娱乐收益和经济收益。

根据价值共创发起的主体不同，Zwass（2010）认为，价值共创可分为"倡议的价值共创"（Sponsored Value Co-Creation）和"自主的价值共创"

（Autonomous Value Co-Creation）。前者发生在生产领域，是指以企业（社区）为主体的，B2C之间的价值共创；后者发生在消费领域，是指以顾客为主体的，C2C之间的价值共创。两者在虚拟社区中发生的频率、参与的途径和产生的影响等方面各不相同。在倡议的价值共创中，顾客主要通过为企业提供创意、设计及推广活动等参与企业的新产品开发；而在自主的价值共创中，顾客在与其他顾客之间的自发互动交流中创造价值（李朝辉等，2014）。

张艳霞（2019）基于虚拟品牌社区的内涵与特征，利用六维度测量模型研究虚拟品牌社区特征对顾客价值共创意愿的影响机制，发现社区特征的各维度对品牌关系质量的满意维度均具有正向的影响作用，说明高质量（或高水平）的虚拟品牌社区特征均可以使社区成员产生满意的态度；虚拟品牌社区特征的各维度对品牌关系质量的信任和承诺维度均产生正向的影响作用。唐方成和蒋沂桐（2018）运用"刺激—机体—反应"（Stimulus-Organism-Response）理论，结合社区调研，构建了虚拟品牌社区特征、顾客参与社区的收益对价值共创行为影响的模型，并结合有效数据进行实证检验。结果表明，顾客反应行为受到消费功能、社交与自我成就，以及享乐收益的显著正向影响，而只有社交与自我成就收益、享乐收益对公民行为产生显著正向影响；当顾客反应行为受到消费功能显著影响时，公民行为并不受到显著影响，但公民行为受到社交与自我成就收益的显著影响。

2. 顾客资源及顾客能力

资源是企业获得竞争优势的根本来源，也是价值创造的核心和基础（Vargo and Lusch，2012）。企业和顾客通过双方资源互通、创造和实现顾客价值。尽管人们对顾客资源包含的内容有不同的认识。但是，业界普遍认为，顾客的人力资源和关系资源作为可操作性资源，是顾客价值创造过程中不可或缺的重要因素（Madhavaram and Hunt，2008）。顾客人力资源的核心内容是服务经验和知识，顾客凭借以知识和经验为主要内容的人力资源，一方面，可以加强对企业生产（服务）过程的认知，调整顾客在价值创造过程中的具体行为，并适时地给予企业建议，从而创造更好的实用价值，另一方面，顾客的人力资源使顾客在与企业的互动中，获得更高的认可度，增强在价值创造过程中的愉悦程度，从而创造出更高的享乐价值（Iyanna，2016）。顾客的关系资源则可以提高价值创造的效率（Skarmeas et al.，2016），因为顾客与企业之间良好的关系能使双方进行有效的沟通，使企业提供的产品（服务）更符合顾客的需求，从而创造出更好的实用价值；而顾客与企业、顾客与顾客之间良好的人际互动和信任，可以有效降低顾客的感知风险，提高顾客的信任感和安全感，从而创造出更好的享乐价值。

肖萌和马钦海（2019a）从资源理论出发，证实顾客的人力资源和关系资源均对提升顾客共创态度具有显著影响，进而对参与行为和公民行为等顾客价值共创行为产生积极影响。肖萌和马钦海（2019b）则以社会认同和组织支持理论为依据，通过实证研究的方式再一次验证了顾客的人力资源和关系资源显著正向影响顾客的实用价值和享乐价值，以及"顾客—企业"认同与顾客感知组织支持，并通过两者的中介效应对实用价值和享乐价值产生显著正向影响。

此外，顾客需求获取方式和顾客对自身参与价值创造角色的认同等因素也会影响顾客价值创造的效果。邓宏和王玉荣（2016）指出，顾客需求获取方式包括外部顾客介入、供应商内部团队推断和预测等；顾客需求获取方式将促进顾客价值的有效实现，他们基于权变理论研究了顾客需求获取方式对顾客价值的影响。结果表明，两种顾客需求获取方式均影响顾客价值的实现。具体而言，当技术不确定时，顾客参与阻碍了顾客价值；当供应商依赖时，顾客参与促进了顾客价值，而供应商推断阻碍了顾客价值；在不确定性条件下，企业应采取不同方式了解顾客需求才能更有效地为顾客提供特有价值。肖萌和马钦海（2018）调查分析酒店餐饮顾客时发现，顾客创造角色认同能显著提高顾客共创程度，进而积极影响顾客实用价值和享乐价值；顾客共创程度在顾客创造角色认同与顾客价值之间发挥着完全中介的作用；支配度显著的正向调节顾客创造角色认同与顾客共创程度之间关系，以及顾客共创程度与顾客价值间关系；支配度对顾客共创程度的中介效应具有调节作用。

3. 企业资源与企业能力

资源与能力是企业资源基础理论的两个核心概念。企业的资源是指用于生产流程输入的生产要素，是能力的来源，它包括有形资源（金融资产、物质资产）、人力资源和无形资源（技术、商誉、组织文化等）；而能力则表现为一系列流程和手段，凭借对资源的有效利用，能够完成某项任务或活动（Grant，1991）。随着价值创造理论的关注焦点从企业转向顾客，人们开始关注企业面向顾客价值的核心能力，并认为企业面向顾客价值的能力是以可操作性资源为基础的能力。换而言之，就是企业应用集体知识、技能和资源来执行企业智能活动的整合性过程（Ngo and O'Cass，2009）。

企业的核心能力。为应对经营环境的动态变化及各种不确定性，企业应具备营销、管理、财务、人力与技术创新等方面的核心能力，并运用这些能力形成良好的回应环境的能力（Laurie et al.，2006）。企业的核心能力对价值创造的结果具有显著的正向影响（Robert and Richard，2016）。在价值创造（价值共创）过程中，企业的这些核心能力有助于企业更好地了解和应对顾客需求的变化，并通过整合、管理企业内外部资源，有效实现顾客价值创造能力及提升企业盈利能力。Hafeez 等（2002）则认为，企业的核心能力主要由市场运营能力、与产品完整性相关的能力等以及与功能相关的能力三大类。其中，市场运营能力主要表现为企业满足顾客价值主张的营销能力；与产品完整性相关的能力主要表现为企业在成本和质量控制等方面的经营管理能力；而与功能相关的能力主要表现为企业在研发方面的创新优势，企业的这些核心能力是价值创造的核心驱动力和重要源泉。随着信息技术的持续变革，企业应用信息科学技术，不仅可以改变价值活动的执行方式，还能改变价值创造参与主体之间的联结性质（Porter，1985）。企业的信息技术能力作为企业重要的核心能力之一，不仅能为企业的价值创造行为提供重要的支撑，也能提升顾客的感知价值。企业的信息技术能力有助于企业获得信息获取和发布的新优势，并借此与顾客达成良性的信息交互，维护好顾客关系，从而提高顾客忠诚度。Cheung 和 Lee（2005）也证实了企业运用信息技术可以为顾客提供更好的产品（服务），从而提升顾客的价值满足感。

企业的交互能力。交互（Interaction）能力是指企业通过与顾客等利益相关主体之间建立交互活动并形成一种长期且稳固的关系，从而提升和实现顾客价值、获取竞争优势的能力。自服务主导逻辑，特别是顾客主导逻辑提出以来，企业独创价值的理念逐渐被顾企共创价值的理念取代，顾客在价值创造中的地位和作用也越来越受到各界的重视。因此，企业与顾客等利益相关主体之间交互的能力对于价值创造的影响和作用也开始被人所重视。在价值共创理论中，交互是促进价值共创的重要战略，具有非常重要的地位（Karpen et al.，2012；Neghina et al.，2014；简兆权、肖霄，2015）。服务集成商及供应商与顾客之间的交互和内外部整合共同构成了价值共创系统（简兆权、肖霄，2015）。交互是价值共创的重要场所和方式；价值共创的过程实际上是通过"顾客—企业—顾客"的循环交互，价值从"顾客—企业—顾客"之间进行流动的过程；其中，沟通性交互活动是价值共创活动的重要组成部分，这种交互的频率、内容、效率等因素对价值共创有显著的影响（Ballantyne and Varey，2006；Neghina et al.，2014）。孙露（2016）则提出，企业的信息交互能力对价值共创有显著的促进作用，是实现价值共创的重要手段；价值共创是构建信息交互能力的出发点和衡量信息交互能力成效质量的标准，贯穿于信息交互能力构建应用的全过程，两者相辅相成，具有内在的一致性。

企业细分和识别顾客的能力。识别与细分顾客是企业进行市场营销的基础环节。Kumar（2018）指出，企业对顾客的选择不仅决定了它们当下能获取的价值，还能决定它们在未来能获取的价值。而且，根据科特勒和凯勒（2015）提出的"二八原则"，20%的头部顾客能为企业创造80%以上的收益，而有些"差"顾客可能不仅无法带来收益反而会使企业蒙受损失。因此，企业必须具备高效细分顾客以及精准识别高价值顾客的能力。这不仅有利于企业甄别并锁定高价值顾客以提高企业的经营绩效，还有利于企业通过提供差异化服务以满足不同顾客群体的个性化需求来实现共赢。在顾客价值创造情境下，除了对传统营销理论中关注的顾客需求、购买能力等的识别外，企业对顾客参与价值创造能力的识别变得越发重要。所谓顾客参与能力识别是企业根据特定的经营目的，基于顾客参与能力和所参与活动的特点，选择和确定参与对象的过程；与对顾客需求的识别不同，顾客参与能力识别主要考察顾客推荐、信息传播、知识贡献、产品创新等用户参与行为，注重对顾客知识水平、能力与企业需求匹配性等方面的识别（李强等，2021）。企业对顾客参与能力的甄别非常重要。因为不是所有的顾客参与价值创造都能产生理想的效果，现实中由于顾客缺乏参与价值创造的能力，低效率地利用资源从而导致"价值共毁"的现象比比皆是（陈伟等，2018）。

第三节　数字经济时代的价值创造

一、"互联网+"制造业

1．"互联网+"的内涵

互联网是知识型经济和社会运行的一种新型技术资产，无论是对宏观经济总体的运行，还是对微观企业和个人均会产生重大影响。互联网技术具有天然的渗透性、融合性和赋能性，其生命力和发展空间在于和实体经济的深度融合。互联网与传统产业的深度融合是提升传统产业转型升级、提质增效的重要动力。加快推进互联网与制造业的深度融合已经成为全球各国重塑制造业竞争新优势的主要方向。中国政府先后制定出台了《国务院关于积极推进"互联网+"行动的指导意见》（国发〔2015〕40 号）、《国家创新驱动发展战略纲要》（中发〔2016〕4 号）、《国务院关于深化制造业与互联网融合发展的指导意见》（国发〔2016〕28 号）等一系列政策，以积极应对本轮科技变革和产业变革带来的影响。

各界对"互联网+"的内涵认识不一，不同机构从不同的视角予以解读。张伯旭和李辉（2017）认为，"互联网+"并非技术或一种思维，它是新一代信息技术与传统制造业深度融合而形成的巨大变革空间；其本质是以大数据、云计算、物联网为代表的新一代信息技术对互联网及其以外的经济各部门的渗透、融合，从而改变整个经济的生产模式、产业业态和商业模式，提高经济的创新能力和生产效率。石喜爱等（2018）则认为，"互联网+"是指基于对互联网基础设施的建设、开发和利用，对社会经济进行信息化改造、联网与深度融合，从而提升产品价值、改造商业模式、推动产业结构变化以促进经济发展的过程，其实质是通过对互联网技术积淀和用户的开发利用来不断推动互联网与各行各业融合。

综上所述，本书倾向于根据相关政策文件对"互联网+"的诠释，认为"互联网+"是指充分发挥互联网在生产要素配置中的优化和集成作用，将互联网的创新成果与经济社会各领域深度融合，推动技术进步、效率提升和组织变革，提升实体经济的创新力和生产力，形成更广泛的以互联网为基础设施和创新要素的经济社会发展新形态，它代表的是一种新的经济形态，强调的是互联网对整个经济社会的整体影响。李晓华（2016）在此基础上提出，可以从以下几个方面进一步理解"互联网+"：第一，"互联网+"是互联网技术与其他领域的结合；第二，"互联网+"形成的基础是新一代信息技术的发展，它是互联网与其他领域渗透与融合的基础；第三，"互联网+"已然成为重要的发展趋势和通用目的技术，它一方面将为整个社会经济发展奠定基础，另一方面又对社会经济产生深刻影响，促进其发展和变革；第四，"互联网+"战略意义重大，已成为改善居民生活质量、决定产业竞争力水平的关键，是全球致力于推动的重要领域。

2. 数字经济对制造业价值创造的影响

数字经济时代对包括制造业在内的经济社会产生影响的本质原因在于互联网本身所具有的强大的破坏力、包容性及生命力。数字经济挑战传统行业并将原来封闭的产业环境打破，以一种全新的竞争模式实现跨界经营，促进互联网与实体产业价值链的融合、重新排列，并以全新的方式创造价值（赵振，2015）。换而言之，数字经济是借助信息产业的相关价值创造环节和相关要素，重新排列、架构和整合传统产业价值创造的过程，并创造出全新的"跨界经营"方式。这种"跨界经营"的根本目标是价值创造，传统产业应摆脱基于传统工业经济时代边际报酬递减的价值创造逻辑，要通过"脱媒"、新型信任机制、顾客社群等途径来精准化企业的价值主张，同时要依靠价值商店、平行互动及改变产品性质等方式来获取强大的网络效应，进而基于梅特卡夫法则，通过资产置换、信息和关系的积累来获得连接红利（赵振、彭毫，2018）。

徐远彬和卢福财（2021）通过理论分析发现，大规模个性化定制、线上线下相结合的新型营销模式和制造企业服务化等是互联网促进制造企业价值创造的主要途径和方式。他们随后的实证研究表明，使用互联网能有效促进制造企业在生产、营销和服务环节价值创造水平的提升。相比较而言，在这三个环节中，服务环节使用互联网对企业价值创造的作用最大。邢纪红和王翔（2017）指出，互联网对制造业价值创造和价值获取的商业逻辑带来根本性影响，数字经济对制造业企业在顾客价值主张、业务活动系统和盈利方式等价值创造的核心环节带来多重影响，而产出智能化、活动网络化、打造智能O2O平台和大数据系统是制造业企业实现价值创造模式创新的主要路径。石喜爱等（2018）基于比较优势理论，分析了数字技术提升中国制造业价值链的内在机理，研究结果表明数字技术有利于促进制造业价值链攀升，并通过空间外溢效应拉动周边地区的制造业发展。

当前是新一代技术革命与互联网创新发展的关键交汇期。这一时期的一个突出变化是，互联网正由消费领域向生产领域延伸、由虚拟经济向实体经济延伸。与此同时，以数字化、网络化和智能化为主要特征的传统工业经济变革也悄然发生并向纵深方向发展。由此便催生了工业互联网的快速发展。作为新一代信息技术与制造业深度融合的产物的工业互联网已然成为深化"数字技术+先进制造业"的重要基石。唐国锋和李丹（2020）指出，服务化价值低端锁定、价值创造能力不足及跨领域价值共创目标难以实现等是我国制造业服务化价值创造进程中长期存在的问题，工业互联网的普及和利用将有利于解决这些问题，它不仅能有效促进制造业提升服务化价值创造能力并推进跨领域价值共创；还能重构传统的制造业服务化价值创造体系，其价值创造主体演变、服务化价值融合趋势越发明显，并演化出了能力交易导向、知识交易导向、应用集成导向、知识创新引领四类制造业服务化创新模式。马永开等（2020）在调研工业互联网发展实际以及梳理价值共创理论的基础上，剖析工业互联网发展与价值共创过程，进而构建出工业互联网基于"联结""联动""联体"价值共创模式，而深藏于"三联"模式背后的是价值共创的"驱动力模式"。

二、平台价值创造

1. 平台能力与价值创造

知识治理可以促进组织参与者分享知识从而创造价值，而数字平台企业作为数字经济时代典型的组织形态，在促进平台组织间基于平台的知识活动和价值创造方面具有独特的优势。白景坤等（2020）分析了知识治理对平台价值创造的影响机制，研究发现，市场型和层级型知识治理积极作用于价值创造，而社会型知识治理的作用则不明显；同时，知识分享在市场型和层级型知识治理与价值创造的关系中发挥了中介作用，但是在社会型知识治理与价值创造中不发挥中介作用。平台的领导者和其他参与者是平台价值创造的重要推动力量，对他们能力的发掘和培育对提高平台价值创造能力、实现平台价值主张是至关重要的。平台领导者的能力在价值创造过程中的作用不容忽视，其创新能力、环境扫描和传感能力，特别是生态系统编排的整合能力，是提高平台领导者获取价值能力的关键因素。与此同时，这种能力也会惠及平台互补企业创造和获取价值的能力（Helfat and Raubitschek，2018）。武柏宇和彭本红（2018）从平台多行动参与人的视角，基于服务主导逻辑，构建了以动态能力为中介变量的网络嵌入影响平台价值共创的概念模型及其微观机理。此外，还有学者研究了其他能力对平台价值创造的影响。冯军政等（2021）基于资源编排理论，剖析了数字平台架构柔性和整合能力等管理行为驱动价值创造的逻辑，并通过实证分析验证了这两种能力在平台价值创造中具有显著的正向作用。

2. 共享平台与价值创造

随着互联网特别是移动互联网的发展，顾客可以便捷连接企业的数字平台，通过知识、信息共享等方式直接或间接地参与企业产品设计、生产、销售等价值生产过程，促进价值共创的实现。此外，顾客通过将资产接入互联网平台形成各类共享经济平台，从而为价值共创提供了多种多样的场景。江积海和李琴（2016）探讨了平台利益相关者的结构特征、连接属性对价值共创的影响机理，研究表明促进平台利益相关者之间实现共享资源和知识创新并最终实现价值共创的有效途径是加强资源丰度、关系强度和网络密度。杨学成和涂科（2017）提出了共享经济背景下顾客价值共创的概念，并通过案例分析的形式揭示不同阶段主导的价值创造逻辑是不同的，在用户连接阶段和用户接触阶段均遵循顾客主导逻辑，但前者主要采用的是价值共创形式，而后者主要采用的是顾客价值独创形式；而在用户分离阶段则遵循企业主导逻辑的价值共创。杨学成和涂科（2018）研究了共享经济背景下数字平台支持质量和用户价值共创公民行为之间的关系。Nadeem 等（2020）构建了形成顾客参与共享平台价值共创意愿的理论模型，并揭示了消费伦理观、关系质量、社会支持等多种因素影响顾客参与共享平台价值共创意愿的机理。

3. 平台组织架构与价值创造

在价值创造管理系统架构方面，Corsaro（2019）构建了一个包含价值沟通、价值分配、价值度量和价值表述四个价值关联过程在内的价值共创模型。该研究表明，价值分配在价值共创中起主导作用，而价值沟通在协调各方利益和发现未来价值共创机会中发挥着重要作用。许晖等（2021）研究了平台企业通过模块化设计和开放性协调实现价值创造的机制问题。该研究发现，客户需求驱动和资源需求驱动是平台企业价值创造过程中的两种驱动模式，它们在模块设计的特点和价值创造的实现路径上具有较大差异，而平台企业模块化和开放性的交互作用形成的信息价值、交易价值和转换价值等价值创造模式可以优化产品、服务、和客户之间的匹配，并最终促进平台运行效率的提高。

4. 平台生态系统的价值创造问题

在数字经济时代，平台模式作为一种重要的商业模式对价值创造模式产生了巨大的影响，价值创造的研究视角也从传统的"企业—顾客"二元互动向多元主体互动的"平台生态系统"转变，因而平台生态系统的价值创造研究已成为当前价值创造理论研究的新热点。平台生态系统（Platform Ecosystem）是平台型企业与为其提供互补产品或服务的互补企业之间构成的网络（Adner and Kapoor，2010）。平台生态系统的竞争优势在很大程度上取决于该系统内各成员之间价值共创的能力（Eisenmann et al.，2006）。现有研究大多基于参与主体所处生态位、平台企业及其互补企业、用户及其参与行为等不同的视角，从平台生态系统利益相关者及其相互之间的互动来研究影响平台生态系统价值创造的关键因素。综合而言，平台的类型、特征及其开放性程度、平台参与者的属性和对平台的支持能力、各利益相关者之间的互动方式及价值创造行为等区别，直接影响了平台生态系统价值创造的成果（Boudreau，2010；Baldwin and Von Hippel，2011；Gawer，2014）。还有一些学者分析了平台生态系统价值创造的过程机制问题。平台生态系统参与主体的互动是影响价值创造过程的核心要素之一，Gummesson和Mele（2010）认为，平台生态系统参与者的交互是资源整合的前提，参与者之间通过建立对话、转移知识和其他资源用于平台组织学习以及平台创新和更新资源，平台参与者的这些交互行为及资源整合共同作用于平台生态系统的价值创造。此外，还有学者研究了平台生态系统价值创造的模式问题，并提出价值涌现是其价值创造的新模式（王新新、张佳佳，2021）。

5. 工业互联网平台价值创造

作为新型的资源与服务共享平台，工业互联网平台使制造资源的供需双方可以不受时空限制地直接进行交流和互动，发布、获取制造资源并有效促进供需对接，从而为制造业供需双方实现价值共创提供了一个良好的平台。魏津瑜和李翔（2020）结合工业互联网平台在装备制造业中的应用，基于价值共创理论构造了制造资源供给方、需求方和工业互联网平台三维度的价值共创模型。该研究发现，制造资源供需双方产生价值主张的重要维度分别是信任、期望收益与自我认知，工业互联网平台对价值共创具有显著正向促进作用。马永开等（2020）在深入考察国内外50多家企业的工业互联网探索实践和系统梳理价值共创理论的基础上，深入剖析了工业互联网发展进程以及工业互联网的价值形成过程，提出了基于工业互联网的"联结""联动""联体"三种价值共创模式及其动态研究模式。唐国锋和李丹（2020）发现工业互联网的应用能有效促进制造业服务化价值创造能力提升、推进跨领域价值共创；工业互联网背景下制造业服务化价值创造主体演变、服务化价值融合趋势明显，传统的服务化价值创造体系将发生重构，能有效提升制造业服务化价值创造能力、推进跨领域价值创造目标的实现。

三、数字价值创造

1. 数字价值创造的概念及特征

数字价值创造是指通过组合利用数据技术、数据资源等，促使企业改变从设计、研发到生产、运营等各价值创造环节，并联合价值生态圈中各利益相关者共同创造价值，从而使企业能充分利用现有核心能力或获取新能力来满足顾客需求并获得竞争优势（孙新波等，2021）。

价值创造的主体和宗旨发生了深刻变革。随着时代的变迁，人们对于价值创造主体的认识一直在深化。在传统工业经济时代，在商品主导逻辑下，人们一般认为，价值创造的主体主要是企业；到服务经济时代，顾客参与到价值创造的过程中来，不再仅是价值的消费者。在大数据时代，企业运用大数据、云计算等新一代计算和信息技术不仅可以拓展获取资源的途径，而且还能提高资源交换和整理的效率，重塑经营管理方式。顾客则从企业终端产品（服务）的消费者变成了价值创造的主体之一。此外，企业与企业之间的竞争与合作方式发生了根本性改变，价值创造的模式也发生了颠覆性变化，价值创造的主体范围进一步拓展成价值创造网络——数字商业生态系统（Digital Business Ecosystems）。在此情境下，以往以企业为价值创造主体的方式转为以企业、顾客、供应商等利益相关者构成的整个生态圈中的参与者（韩洪灵、陈帅弟，2021）。价值创造的宗旨也从以满足股东利益为核心转变为满足生态圈中所有利益相关者的整合性需求（金帆，2014）。

价值创造关键资源要素发生重大改变。首先，数据成为价值创造的战略基础性资源。充裕、动态和共享的数字资源通过企业及其他价值创造参与者的重新编排和利用可以创造全新的价值创造范式，因而成为数字时代价值创造的重要战略性资源（Amit and Han，2017）。其次，创新在价值创造中的作用进一步提升。通过创新施行产品（服务）差异化竞争和通过降低成本施行同质化竞争是企业创造和获取价值的主要方式（Conner，1991）。在数字经济时代，顾客异质性需求是价值创造的重要源泉，以往工业经济中通过降低成本实施同质化竞争的策略在数字时代举步维艰，而通过创新满足大量长尾用户的需求将成为企业获得竞争优势的主要方式。因此，创新以及与创新相关的知识、人才等要素资源成为数字时代价值创造的关键资源。最后，消费社群与部落资源成为价值创造的又一新生关键资源。消费社群与部落是对某一事务有共同爱好的顾客组成的群体，是顾客依据独特的价值观、组织结构及活动等创建的社会亚文化体系（Watts and Dodds，2007）。在互联网思维逻辑下，社群和部落成员基于从众心理、归属与认同感等相互产生较大影响并产生"流量红利"。顾客通过参与社群与部落的活动，不仅可以为自己创造价值，还可以帮助企业创造价值。它们对顾客的影响已远远超过企业的营销组织（Mcalexander et al.，2002）。

企业价值创造的能力提高了，但价值获取的难度也更大了。数字技术的快速发展催生了信息爆炸的市场环境，信息流动的速度更快，流动方式也从以往的定向流动转变为当前的非定向流动。这一方面能解决价值创造参与主体之间的信息不对称、信息获取成本高的旧问题，使企业通过多数据信息资源的整合和利用进一步提高资源利用的效率和范围。在提高自身价值生产效率的同时，能充分利用顾客及其他利益相关者的相关数据信息提高价值创造的精度。但另一方面数据信息的低成本获取方式也带来模仿竞争的新难题，特别是在当前产权制度不够完善的市场环境下，企业通过创新实现价值创造将变得比以往更难。这一点在采用传统商业模式的企业中体现得尤为明显（吕铁、李载驰，2021）。

2. 数字价值创造的影响因素

鉴于数据在数字价值创造中的重要地位，企业采集、利用数据创造价值的能力成为数字价值创造的重要影响因素。随着大数据、云计算、物联网、人工智能等新一代信息技术的高速发展及其对社会经济各领域的渗透和融合，企业采集、传输、存储、处理、利用数据的能力不断提高。相应地，数据在价值创造的过程中的作用也越来越大，不仅能改善企业价值创造的路径（Vial，2019），而且颠覆了传统经济形态中价值创造的范式（Amit and Han，2017）。可以说，数据业已成为数字时代具有基础性和战略性意义的生产要素，数据价值创造也是各界关注的重要问题。

企业适用快速变革的数字技术及相应市场环境的动态能力成为价值创造的又一重要影响因素。动态能力是指企业感知、捕获新机会，并实现对知识资产、互补性资产等保护与重构进而获取持续竞争优势的能力（Augier and Teece，2009）。在数字经济条件下，数字技术的高度动态变化以及由此带来的创造性破坏使企业面临比以往更复杂的市场环境。如前所述，数字价值创造的主体也由企业单独创造转向包括企业、顾客、利益相关者等在内的数字价值生态系统。企业为了支持和促进生态系统内其他参与主体的价值创造行为，需要实时监控市场，把握其他参与主体的变化趋势，并根据这些变化动态整合和重构企业资源以回应其他参与主体的需求，从而促进价值创造能力和效率的提高。

3. 数字价值创造的模式与路径

从属性方面来看，新一代数字技术已经实现了传统互联网技术的延伸和拓展，其对经济社会各个层次以及对企业创造价值的逻辑和机制的影响也更深远（Kohli and Melville，2019）。因此，数字价值创造的模式与路径问题成为各界关注的又一个焦点。

一些学者从数字化创新、数字化转型等角度探讨数字价值创造的模式路径问题。谢卫红等（2020）结合价值创造的内涵以及数字经济的特征，将数字创新价值的创造方式归纳为三种类型：①效率型价值创造，即企业通过利用数字技术提高研发活动效率而创造价值；②融合型价值创造，即数字技术的可供性可以使企业融合不同用户体验、物理和数字组建以及不同产业，从而融合生成新价值；③生成型价值，数字技术可使用户按照自己的体验、理解进行创作、修改、分享从而创造新价值。孙新波等（2021）归纳了在数字化转型情境下企业通过适应性变革实现数字价值创造的四种方式：①通过商业模式适应性变革实现价值创造，数字技术的嵌入促使企业商业模式中的各个元素在与外部环境的交互中不断更新，以增强自适应能力并从事价值创造的活动；②通过平台战略适应性变革实现价值创造，平台和生态系统的出现使平台价值网络转为生态型网络结构，价值创造和资源获取范围拓展到生态系统的层面，并萌生出全新的企业间战略互动模式；③通过运营模式适应性变革实现价值创造，企业借助数字技术手段，创新运营管理模式以增强自身在价值创造过程中的应变能力；④通过组织适应性变革实现价值创造，数字经济更强调企业快速调用内外部资源，通过自适应变革响应快速变化的外部市场需求和市场环境。

还有学者从商业模式创新和数据价值创造等角度探讨数字价值创造问题。商业模式是企业创造、传递和捕获价值，并包含多个相互依赖活动的有机系统。商业模式是企业创造和实现价值的核心逻辑，而对商业模式进行创新的关键在于对企业价值链的创新（韩洪灵、陈帅弟，2021）。由于数据是数字经济时代的生产要素，既是企业重要的基础性战略资源，也是企业价值创造的关键要素。因此，数据价值创造模式与路径问题自然是各界关注的焦点。数据的价值创造离不开企业具体的生产过程，数据沿着企业研发、制造、营销、服务等生产链全流程流动的同时，实现价值创造并形成数据价值链。在研发环节，数据价值链能有效提高研发效率和研发针对性，降低研发成本和风险；在制造环节，数据价值链能通过数据和算法驱动促进智能制造，提高良品率并有效降低物料损耗；在营销环节，可利用数据挖掘技术对海量用户数据对进行顾客进行画像，实现精准营销；同时还能促进企业提高个性化定制等增值服务优化的能力（李晓华、王怡帆，2020）。此外，大数据对商业模式以及价值创造的影响也引起学者的关注。李文莲和夏健明（2013）构建了大数据驱动商业模式创新的三维视角，认为大数据与技术的工具化和商品化运用推动了大数据产业链的形成，以大数据为中心的扩张将引发行业跨界融合；此外，基于大数据的商业模式创新主要表现为价值主张创新、价值创造和传递模式创新、收益模式创新，以及外部关系网络和价值网络重构。

第三章　顾客价值创造的理论机制

通过第二章对顾客价值及顾客价值创造的文献梳理可以看出，当前学术界对顾客价值（创造）的研究基本都是基于单一视角（企业视角或顾客视角）和单一属性（顾客属性或企业属性），从而导致学术界内部、学术界与企业界之间在交流和沟通上出现障碍（Hou and Tang，2007）。由于任何一项价值创造活动都离不开企业和顾客这两大微观经济主体以及他们之间的互动。企业通过生产经营活动为顾客提供产品和服务，顾客通过市场交换获得了产品和服务使用价值，并在消费过程中获得体验价值（即顾客价值的企业属性）。顾客的购买行为以及通过多种途径参与到企业的生产经营等各个环节中，会给企业带来直接经济利益和间接经济利益（即前述顾客价值的顾客属性）。它们就像一枚硬币的两面，无法割裂。因此，任何基于单一视角或单一属性的顾客价值研究都是不全面和有缺陷的（Katherine，2013）。因此，本书将基于企业和顾客的双重视角以及顾客价值的双重属性来探究数字经济时代制造业的顾客价值创造机理问题。本书将基于顾客视角研究的顾客价值（即顾客价值的企业属性）定义为 B2C 价值；而将基于企业视角研究的顾客价值（即顾客价值的顾客属性）定义为 C2B 价值。接下来，本书将分别构造 B2C 价值和 C2B 价值的价值创造概念模型，并在此基础上提出假设检验，为后续问卷设计和实证检验提供理论基础。

第一节 "能力—行为—结果"分析框架的提出

Strauss 和 Corbin（1990）提出了"动因—行为—结果"范式模型。其中，动因是指某一现象或事件发生的驱动因素；行为是指针对该动因所采取的行动；结果则是指该行为所带来的后果。该分析范式在管理学等学科研究领域得到了较广泛的应用。王雪冬等（2019）根据"动因—行为—结果"这一分析范式构建了创造价值共享视阈下的价值链重构路径模型；张振刚等（2021）则根据该分析范式构建了大数据时代企业价值链重构路径模型。

从心理学的视角来看，人的行为源自于脑神经的交合作用而形成的精神状态，即人们所说的意识，行为便是人们意识表现出的外在动作（车文博，1986），它是人们在特定环境影响下产生的内在生理和心理变化的外在反应。因此，人们的行为实际上是人的个性、知觉、意识等心理因素的动作结果。其中，能力是影响行为的一个重要因素。不同能力的个体，感知外界刺激并做出的反应会截然不同。从组织行为学的角度来看，组织能力对组织行为的影响亦是如此。此外，根据计划行为理论以及特质激发理论等相关理论，组织或个体的能力是预测和解释其行为的关键因素。

因此，本书拟在 Strauss 和 Corbin（1990）提出的"动因—行为—结果"范式模型上进行改进，将行为的动因进一步明确为能力，提出"能力—行为—结果"这一分析范式。一般意义上的能力是指组织（个体）为了完成某一特定目标或任务所展现出来的综合素质。在本书语境下的能力则是侧重于顾客（企业）创造顾客价值的能力；行为是指顾客（企业）为创造顾客价值所采取一系列行动；相应地，结果是指顾客（企业）创造的顾客价值。

第二节　B2C 价值创造的模型构建

一、企业的顾客价值创造能力（动态能力）

在当前这个快速变革的时代，经济社会面临着百年未有之大变局。深处其中的企业要如何存活乃至获取和维持竞争优势，是各界不得不面对的巨大挑战。企业实现可持续竞争优势的关键在于其满足顾客需求、实现顾客价值的程度。在这一过程中，企业的能力非常关键，企业的某些特定的能力可以为其自身及其顾客创造价值，因此企业的关键是尽力获取企业需要的各种能力（O'Cass and Ngo，2012）。因此，自 20 世纪 80 年代以来，企业能力理论成为价值创造理论的一个重要研究内容。企业能力理论的逻辑演进经历了从资源基础论到核心能力论，再到知识基础论，再到如今的动态能力论。

动态能力可以帮助企业重塑特定的新能力，从而实现企业的价值（Eisenhardt and Martin，2000）。动态能力比其他常规能力更强调企业要能够有效识别并快速校准市场需求和商业机会，有助于企业通过编排异质性资源来适应快速变化的商业环境，并且确保企业能在恰当的时间以正确的方式做正确的事。故此，动态能力是企业创造价值，获得和保持竞争优势的关键能力（Teece，2014）。

所谓动态能力是企业为了应对不断变化的市场环境、取得或保持持续的竞争优势，整合、重构企业内外部资源，并及时调整相应的解决问题的方式或操作流程的能力（Teece and Pisan，1994；李彬等，2013）。它旨在使企业在一定的内在微观基础（程序流程、知识技能、组织结构、行为准则与习惯、决策、惯例规则等）上对内外部资源进行整合与重组，以快速应对内外部环境的变化并做出有利于自身发展的感知和应答（Teece and Pisan，1994；罗珉、刘永俊，2009）。

尽管自Teece和Pisan（1994）首次提出动态能力的概念以来，各界对动态能力予以了高度的关注，也有不少学者对动态能力的内涵进行了深入的分析，但是当前人们对动态能力的核心构成要件仍莫衷一是。Wang和Ahmed（2007）认为，动态能力应从适应能力、吸收能力和创新能力等维度进行解构，从而指导企业整合、再配置和再创造资源。Wu（2007）认为，动态能力主要包括资源整合与再配置能力、学习能力和应对市场变化的能力三个维度。罗珉和刘永俊（2009）利用模糊聚类分析法对以往有关动态能力的研究进行梳理，揭示出动态能力主要由市场导向的感知能力（包括机会辨识能力、适应能力、资源再配置能力等）、组织的吸收能力（包括组织知识取得能力、知识消化能力、知识转型能力、知识利用能力等）、社会网络的关系能力（包括建立与整合社会资本的能力、整合社会网络关系的能力、推动关系成员间互动的能力、厂商社会嵌入的能力等）和沟通协调的整合能力（包括协调与整合的能力、重组资源与社会资本的能力、保持战略弹性的能力、适应能力、知识整合能力等）。董保宝和葛宝山（2012）也在文献梳理的基础上，将新创企业的动态能力划分为学习能力、适应能力、创新能力、资源整合能力和资源再配置能力五个维度。Helfet和Martin（2015）则将动态能力刻画为企业的动态管理能力，并进一步指出它主要是指企业对认知、社会资本及人力资本三大关键核心要素的管理能力。黄嘉涛（2017）则认为，资源配置能力、创新能力和客制化能力是企业的动态能力的核心内容。张强等（2020）则从认知和行为两个维度，根据企业在初创、转型和加速发展等不同发展阶段构建动态能力概念体系，在认知层面，动态能力主要由企业对机会感知、探索和开发能力构成；在行为层面，动态能力主要由资源拼凑、编排和重构能力组成。

综上所述，学者们对动态能力构成维度的划分各有侧重点，但基本都囿于商品主导逻辑，仅从企业自身资源和传统能力划分的基础上予以研究，而忽略了顾客与顾客及企业与顾客关系对于企业创造价值和实现可持续竞争优势的重要性。王红萍（2019）将动态能力定义为企业通过敏锐的市场感知能力、环境适应能力、内外资源的整合能力，以及与社会网络成员的良好关系能力以获取和保持竞争优势的能力；并将动态能力划分为市场感知能力、适应能力、整合能力、关系能力。与其他内涵界定相比，王红萍（2019）对动态能力的刻画更为全面，也更符合当前市场对于企业动态能力的预期。因此，本书采用王红萍（2019）的定义（见图3-1）。

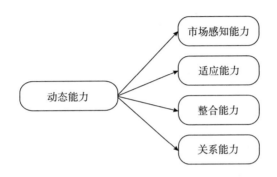

图 3-1　动态能力构成维度

资料来源：笔者根据王红萍（2019）整理。

二、企业的顾客价值创造行为（企业行为）

企业存在的唯一目的是创造顾客，并为顾客提供其所需要的商品（服务）（彼得·德鲁克，2006）。当前，企业所面临的市场环境发生着剧烈的变化，特别是在数字经济时代，数字技术的快速变革带来的创新破坏、信息获取的便利给企业和顾客的思想和行为等方面带来的巨大变化，使企业面临着比以往任何时候都更为复杂和不确定的市场环境。创造优异的顾客价值从而赢得顾客成为企业生存和发展的关键。

在企业创造顾客价值的诸多行为和路径中，对全产业链中最有价值的环节进行准确的建立和捕捉，并展开快速有效的价值创造活动，从而使顾客和企业自身的价值得以实现，是企业竞争优势获取的最根本的途径（吴晓波等，2011）。价值主张（Value Proposition）是企业对将在哪里以及如何创造或发掘价值的思路予以清晰、概要的表达，它是能为顾客、企业自身等主体创造价值并最终为企业带来显著价值的要素形态（组合）（Anderson，2006）。合理构建和有效传递企业的顾客价值主张有利于企业有效识别顾客需求，满足并实现顾客与自身的价值。随后，企业将在价值主张的指导下，对企业内外部资源进行优化配置以实现顾客价值。根据资源基础理论，资源配置是企业对其所能调配的所有资源进行分配和使用的战略行为，不同企业对资源配置的方式决定了其不同的发展状况（李靖华等，2019）。企业的资源包括人力资源、信息资源、技术资源、知识资源，以及品牌文化资源等各类资源；企业资源是企业能力的重要源泉，同时也是企业从事顾客价值创造活动得以实施的重要基础。在商品主导逻辑下，企业是价值创造的唯一主体。企业只需投入大量资源，生产出好的产品便可在市场交换中实现价值。但是，在数字时代，信息技术的发展使顾客能获得关于企业和产品的大量信息，顾客也可以通过多种途径将产品购买、使用、消费等信息通过多种渠道传递给企业或其他顾客群体。这就使企业不得不重视与顾客之间的互动交流。企业通过搭建互动平台为顾客与企业、顾客与顾客之间交流、互动、分享信息提供便利，不仅能提升企业柔性生产的能力，而且能按照顾客的需求进行个性化生产，最大化地实现顾客价值。企业在与顾客互动交流的过程中，参与程度越高，顾客感知到企业越积极，越有利于提高顾客的感知价值；而且企业参与程度越高，也越有利于企业将自身的价值主张准确地传递给顾客，并充分利用顾客资源实现价值创造。因此，本书也主要从资源提供、价值主张、互动平台和参与程度四个方面来衡量企业顾客价值创造行为[①]（见图3-2）。

---

① 为表述方便，本书将"企业顾客价值创造行为"简称为"企业行为"。如无特别交代，本书中的"企业行为"皆指"企业顾客价值创造行为"。

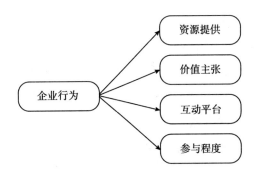

图3-2　企业行为构成维度

资料来源：笔者根据李娜（2020）整理。

三、企业创造的顾客价值（B2C 价值）

在营销学中，价值包括两个维度：一方面是指卖方从市场交换中获得的收入，另一方面是指买方从产品、服务中获得的效用；相应地，顾客价值也可以分为企业从与顾客的交易、互动中的利得（即本书所述 C2B 价值）和顾客从与企业的交互中的利得（即本书所述 B2C 价值）。本节主要探讨的是 B2C 价值。从第二章关于顾客价值概念的文献梳理可以看到，尽管以往研究中对 B2C 价值进行界定的视角不同，但对于 B2C 价值的内涵可以达成一些共识，即 B2C 价值是顾客对企业提供的产品（服务）乃至与企业的一系列交互等因素的主观评价；B2C 价值的核心是顾客主观感知到的收益与成本的权衡；B2C 价值中顾客对感知的收益和成本的构成复杂，具有多层次性和动态性。

一直以来，学者们也对 B2C 价值构成的维度进行深入探讨。Albrecht（1994）指出，顾客的价值需求包括基础需求、预期需求、渴望需求和未料想到的需求，与之对应的是四种不同的顾客价值。其中，前两种需求被顾客认为是企业必须为其提供的基础性和常规性的价值，而渴望需求是顾客内心希望满足但不一定抱有希望实现的价值，未料想的需求则是企业提供的意料之外的附加价值。根据"目标—途径链"理论，Woodruff（1997）构建包含三个层级的顾客价值模型：在最底层，顾客主要关注产品的具体属性及其效能，并基于产品属性形成满意度；在随后的产品使用过程中，顾客基于产品的具体属性及其效能与前期的期望进行对比和评价，形成对结果的满意度；最后，顾客基于这些结果与其预期目标的实现情况进行对比和评价，形成对期望的满意。在顾客对企业及其产品的评价和期望中，使用情景起着至关重要的作用；顾客对产品属性、结果和目标三个层级的满意度会随着使用情景属性的变化而变化。许正良等（2009）在以往研究的基础上，将顾客价值划分为功能价值、体验价值和象征价值三个维度。其中，功能价值是指产品的实用效用和感知价格的公平性，它与产品属性密切相关，主要体现为产品的有用性、有效性能在多大程度上帮助顾客实现效益最大化、效率提升以及交易成本的节省。因此，是影响顾客价值评价的关键因素（Sheth et al.，1991；Wansink and Laurent，2000）。体验价值是指顾客购买、消费产品的过程中所激发的体验、感觉和情感状态，以及获取的知觉效用，主要包括知觉、情感、关系和认知四个方面的价值（贾薇等，2008；Smith and Colgate，2007）。象征价值通常与具有"因所有权或赠予权而自豪"的成分相联系，顾客通过拥有产品来表达自我和自尊、体现个人意义或社会意义、展示个性以及获得情景意义等象征意义。在有限理性、目标和目标追求理论的基础上，贾薇（2010）根据消费行为的最终目的和以往研究中对消费活动的分类，提出顾客参与价值创造活动的目的可以分为工具性活动和自发的目的性行为。在此过程中，顾客获得了实用价值和享乐价值，她还从五个维度清楚地界定了实用价值和享乐价值之间的差异（见表3-1）。

表3-1　实用价值与享乐价值的比较

Factor	实用价值	享乐价值
价值驱动	外在动机	内在动机
消费目的	工具性活动	自发目的活动

续表

Factor	实用价值	享乐价值
价值来源	功能性效用	主体与客体互动
结果稳定性	稳定，较少变化	经常变化
核心内容	实际结果产出	心理和情感反应

资料来源：笔者根据贾薇（2010）资料整理。

　　根据本书的研究目的，本书倾向于采用贾薇（2010）对于顾客价值构成的划分方式。因此，本书中的 B2C 价值主要包括实用价值和享乐价值两个维度（见图 3-3）。

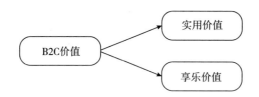

图 3-3　B2C 价值的构成维度

资料来源：笔者根据贾薇（2010）整理。

四、B2C 价值创造的理论模型

　　根据第二章中的文献综述以及相关理论分析，结合学界关于动态能力、企业价值创造行为、B2C 价值创造等相关研究成果，本书将动态能力和企业价值创造行为结合起来研究它们与顾客价值创造之间的关系，并基于顾客价值理论、顾客体验理论等相关理论，提出动态能力为企业行为提供能力基础，因而动态能力会影响价值创造行为，价值创造行为直接作用于企业顾客价值创造的结果，而且动态能力又可以通过价值创造行为间接作用于价值创造结果。因此，本书构建了"企业动态能力→企业行为→企业顾客价值创造结果（B2C 价值）"理论分析框架。根据这一框架，本书构建了动态能力、企业行为与企业顾客价值创造结果（B2C 价值）的关系概念模型（见图 3-4）。在这个概念模型中，企业的顾客价值创造行为是动态能力影响 B2C 价值的中介变量，而动态能力又是企业顾客价值创造行为的能力基础。

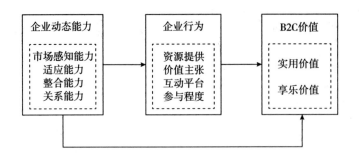

图 3-4　企业动态能力、企业行为与 B2C 价值创造关系的概念模型

第三节　B2C 价值创造的假设检验

一、动态能力与企业行为

行为是受内在能力影响的外在活动。人们普遍认同的是，在同等条件下，能力越强的企业，越懂得采用恰当的行为方式满足顾客的内在价值诉求。企业的顾客价值（B2C）创造行为可以看作是企业为满足顾客内在价值需求的同时实现企业自身价值的一系列活动的集合。在数字经济时代，技术经济环境变化的速度比以往任何经济时代都快，企业能否采取恰当的价值创造行动，响应和满足顾客的内在价值诉求，这很大程度上取决于企业价值创造能力（在本书中主要是指企业的动态能力）。

动态能力越强的企业，将越有能力为更高质量的顾客价值创造而付诸有效行动。在 B2C 价值创造的过程中，除了产品（服务）本身的性价比外，顾客的主观体验至关重要。这需要企业不仅要能生产让顾客满意的产品，还要为顾客提供良好的体验环境并与顾客建立良好的关系。拥有较高动态能力的企业，意味着企业具有较强的市场感知能力、环境适应能力、资源整合能力和关系能力。这些能力使企业能够很好地捕捉到市场中瞬息万变的商机，并根据市场的变化及时调整企业的价值主张以响应顾客更深层次的价值诉求。通过整合企业内外部的资源为顾客提供资源，为顾客价值创造提供必要的基础和前置条件，而良好的关系能力则能使企业更懂得如何搭建交流平台促进顾客与企业、顾客与顾客之间的良性互动，并懂得把握参与顾客价值创造的尺度，从而给顾客更好的体验。

　　根据上述分析，本书提出如下研究假设（见图 3-5）。

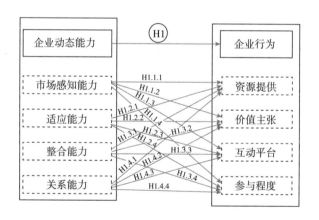

图 3-5　动态能力与企业行为

资料来源：笔者自制。

假设 1　动态能力显著正向影响企业行为

假设 1.1.1　市场感知能力显著正向影响资源提供

假设 1.1.2　市场感知能力显著正向影响价值主张

假设 1.1.3　市场感知能力显著正向影响互动平台

假设 1.1.4 市场感知能力显著正向影响参与程度

假设 1.2.1 适应能力显著正向影响资源提供

假设 1.2.2 适应能力显著正向影响价值主张

假设 1.2.3 适应能力显著正向影响互动平台

假设 1.2.4 适应能力显著正向影响参与程度

假设 1.3.1 整合能力显著正向影响资源提供

假设 1.3.2 整合能力显著正向影响价值主张

假设 1.3.3 整合能力显著正向影响互动平台

假设 1.3.4 整合能力显著正向影响参与程度

假设 1.4.1 关系能力显著正向影响资源提供

假设 1.4.2 关系能力显著正向影响价值主张

假设 1.4.3 关系能力显著正向影响互动平台

假设 1.4.4 关系能力显著正向影响参与程度

二、企业行为与 B2C 价值创造

根据心理学中的社会交换理论（Social Exchange Theory），人际关系的本质是一种基于互惠原则的（非）物质交换组成的社会交换关系。因此，人际之间、组织之间联系和交往的目的是在遵循互利互惠原则的基础上实现自身利益的最大化。一些学者用社会交换理论研究顾客关系管理，并提出企业应主动为顾客提供各种支持以实现双方价值的共赢（Bagozzi，2012）。特别是随着经济社会的发展，人们对价值创造主体的认知发生了很大变化，顾客已经从被动的价值消耗者逐渐变成价值共同创造者甚至价值独创者。因此，企业应该主动采取措施，为顾客提供资源、交互平台等，从而获取顾客的认同，影响顾客行为，改善和维护企业与顾客之间的关系，提升顾客与企业交互过程中的体验，从而创造出更高的顾客价值。

Barney（1991）指出，资源是企业创造顾客价值的基础，也是企业竞争优势的重要源泉。随着网络技术的快速发展以及互联网思维的不断深化，大量共享资源的出现拓展了企业获取资源的空间，企业的资源价值已不再局限于自身拥有的资源，而更强调企业整合利用资源的能力。因此，开放获取、整合协同和创新利用资源的能力是价值创造的重要问题；若企业能将内外部相关资源与所获取的异质性资源进行有效的连接、捆绑、重构，不仅有助于企业显著提高顾客价值创造的水平，还有助于企业获取和维持竞争优势（Sirmon et al.，2007）。胡海波等（2021）通过探索性单案例研究，探索企业在不同发展阶段如何通过有效的资源编排优化价值创造，研究发现：通过企业在资源提供主体、相关程度、价值创造行为和成因四方面的差异，可以分辨出在不同发展阶段中，企业价值创造类型呈现"价值链环节改进—价值链迭代—价值网创新"的演化规律；在动态环境下，企业响应环境进行的战略调整会直接作用于资源编排过程，间接优化企业价值创造。企业通过准确地描述和传递价值主张能够有效吸引和留住志趣相投的顾客，顾客满意度和忠诚度也会相应地提高，同时，顾客感知到的 B2C价值自然也会更高。而企业为顾客提供互动平台以及积极参与顾客的价值创造过程，更多地了解顾客的信息，满足其深层次的价值诉求，也有利于提高 B2C 价值。

根据上述分析，本书提出如下研究假设（见图3-6）。

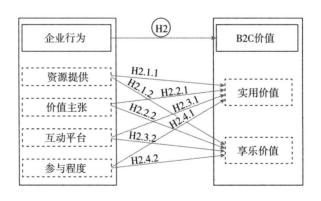

图3-6 企业行为与 B2C 价值创造

假设2　企业行为显著正向影响 B2C 价值

假设 2.1.1　资源提供显著正向影响实用价值

假设 2.1.2　资源提供显著正向影响享乐价值

假设 2.2.1　价值主张显著正向影响实用价值

假设 2.2.2　价值主张显著正向影响享乐价值

假设 2.3.1　互动平台显著正向影响实用价值

假设 2.3.2　互动平台显著正向影响享乐价值

假设 2.4.1　参与程度显著正向影响实用价值

假设 2.4.2　参与程度显著正向影响享乐价值

三、企业动态能力、企业行为与 B2C 价值创造

新一代数字技术对经济社会带来了巨大的变革，传统制造业企业在数字化、智能化的过程中也需不断地调整和发展相应的组织管理能力，以适应当前充满变数的市场环境。企业动态能力对价值创造的影响是动态能力理论的一个重要研究内容，两者之间的关系也得到许多研究的验证。Teece 和 Pisano（1994）在提出动态能力概念的同时，独特的动态能力是企业应对动态变化的环境，创造良好的组织绩效，进而维持可持续的竞争优势的不二法门。黄嘉涛（2017）发现，在移动互联网情境下，企业的动态能力对其价值创造有直接或间接的正向影响。刘婕等（2021）通过案例研究发现，动态能力作为平台型企业演化的核心动力，通过数字化促进平台的不断演进，逐渐实现平台价值共创的模式跃升。

一般来说，在同等条件下，动态能力越强的企业，其 B2C 价值越高。但是动态能力只是 B2C 价值创造的先验条件，动态能力需要通过具体的价值创造活动才能产生价值。较高的动态能力并不必然带来较好的绩效；它具有双重作用，若使用不当，反而会降低企业的绩效（Zahra et al.，2006）。因此，企业的价值创造行为是连接动态能力与 B2C 价值的桥梁。

根据上述分析，本书提出如下研究假设（见图 3-7）。

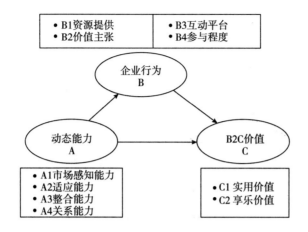

图 3-7 企业动态能力、企业行为与 B2C 价值

资料来源：笔者自绘。

假设 3　企业行为在企业动态能力与 B2C 价值之间具有中介效应

假设 3.1.1　市场感知能力显著正向影响实用价值

假设 3.1.2　资源提供在市场感知能力、实用价值之间具有中介效应

假设 3.1.3　价值主张在市场感知能力、实用价值之间具有中介效应

假设 3.1.4　互动平台在市场感知能力、实用价值之间具有中介效应

假设 3.1.5　参与程度在市场感知能力、实用价值之间具有中介效应

假设 3.2.1　市场感知能力显著正向影响享乐价值

假设 3.2.2　资源提供在市场感知能力、享乐价值之间具有中介效应

假设 3.2.3　价值主张在市场感知能力、享乐价值之间具有中介效应

假设 3.2.4　互动平台在市场感知能力、享乐价值之间具有中介效应

假设 3.2.5　参与程度在市场感知能力、享乐价值之间具有中介效应

假设 3.3.1　适应能力显著正向影响实用价值

假设 3.3.2　资源提供在适应能力、实用价值之间具有中介效应

假设 3.3.3　价值主张在适应能力、实用价值之间具有中介效应

假设 3.3.4　互动平台在适应能力、实用价值之间具有中介效应

假设 3.3.5　参与程度在适应能力、实用价值之间具有中介效应

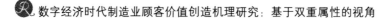

假设 3.4.1　适应能力显著正向影响享乐价值

假设 3.4.2　资源提供在适应能力、享乐价值之间具有中介效应

假设 3.4.3　价值主张在适应能力、享乐价值之间具有中介效应

假设 3.4.4　互动平台在适应能力、享乐价值之间具有中介效应

假设 3.4.5　参与程度在适应能力、享乐价值之间具有中介效应

假设 3.5.1　整合能力显著正向影响实用价值

假设 3.5.2　资源提供在整合能力、实用价值之间具有中介效应

假设 3.5.3　价值主张在整合能力、实用价值之间具有中介效应

假设 3.5.4　互动平台在整合能力、实用价值之间具有中介效应

假设 3.5.5　参与程度在整合能力、实用价值之间具有中介效应

假设 3.6.1　整合能力显著正向影响享乐价值

假设 3.6.2　资源提供在整合能力、享乐价值之间具有中介效应

假设 3.6.3　价值主张在整合能力、享乐价值之间具有中介效应

假设 3.6.4　互动平台在整合能力、享乐价值之间具有中介效应

假设 3.6.5　参与程度在整合能力、享乐价值之间具有中介效应

假设 3.7.1　关系能力显著正向影响实用价值

假设 3.7.2　资源提供在关系能力、实用价值之间具有中介效应

假设 3.7.3　价值主张在关系能力、实用价值之间具有中介效应

假设 3.7.4　互动平台在关系能力、实用价值之间具有中介效应

假设 3.7.5　参与程度在关系能力、实用价值之间具有中介效应

假设 3.8.1　关系能力正向影响享乐价值

假设 3.8.2　资源提供在关系能力、享乐价值之间具有中介效应

假设 3.8.3　价值主张在关系能力、享乐价值之间具有中介效应

假设 3.8.4　互动平台在关系能力、享乐价值之间具有中介效应

假设 3.8.5　参与程度在关系能力、享乐价值之间具有中介效应

第四节　C2B 价值创造的模型构建

一、顾客的价值创造能力（顾客能力）

在数字经济时代，顾客在价值创造中的地位逐渐突出并被社会各界普遍重视。在关于顾客参与价值共创甚至价值独创的研究过程中，由于顾客（参与）价值创造能力的异质性会使其为企业以及顾客自身创造的价值具有较大差别，因此顾客能力一直是人们关注的一个重要问题。目前学界关于顾客能力的定义尚未统一。有学者认为，顾客能力是指顾客所具有的知识、技能、学习意愿和实践的欲望、参与对话的意愿和互动交流沟通的能力，这项能力已成为企业实现竞争优势的新的重要途径（Brugmann and Prahalad，2007；谭国威、马钦海，2017）。李娜（2020）则认为，顾客能力是指顾客本身所具备的技能、知识、参与意愿的能力。顾客能力是市场环境下企业核心能力在市场竞争中的外在表现，是保证企业外部市场环境核心能力的有效手段（谢礼珊等，2015）。

目前学界对顾客能力的评价指标尚未统一，学者们基于不同的研究问题和研究目的界定顾客能力的构成维度。Bryman 等（2018）认为，顾客能力由认知性能力、功能性能力和反馈能力构成，并且顾客能力在较大程度上受到顾客所拥有的资源及其所处的社会环境等方面的影响。谭国威和马钦海（2017）认为顾客能力包括教育背景、参与意义和顾客期望等维度，并且顾客本身属性、社会属性及所处的社会环境等因素会影响顾客的价值共创绩效。在顾客价值创造过程中，顾客的导向、专业技能、合作和信息沟通能力发挥着重要的作用。此外，顾客参与价值创造的意愿及参与程度在很大程度上受其自身教育水平的影响（Yang et al.，2014）。何国正和陈荣秋（2009）认为，

顾客能力主要由经济、知识、创新、沟通及合作五个方面的能力构成。Powers
等（2016）针对高科技企业的相关研究，提出顾客能力应包括冲突管理能力、
共同解决问题的能力、信息分享能力。李强等（2021）主要从创新能力、推
荐能力、顾客参与能力、传播能力和学习能力等角度对顾客参与能力进行识
别。李娜（2020）基于对顾客主导逻辑价值共创机理的研究，提出顾客能力
由顾客知识能力、顾客创新能力以及顾客互动能力三个维度构成。

依据本书的研究目的，本书采用李娜（2020）关于顾客能力的界定，
将顾客能力解构为顾客知识能力、顾客创新能力和顾客互动能力三个维度
（见图3-8）。

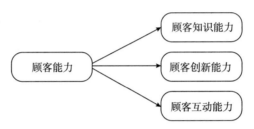

图3-8　顾客能力的构成维度

资料来源：笔者根据李娜（2020）资料整理。

二、顾客的价值创造行为（顾客行为）

无论是出于获得自我实现等内在满足感还是获得经济需求等外在推动
力，越来越多的顾客愿意将参与价值创造的内在动机外化为实际的行动。
不少学者从不同的视角对顾客价值创造的行为予以界定。Silpakit 和 Fisk
（1985）将顾客参与价值创造的行为描述为顾客"情感上""精神上""智
力上"及"实体上"的具体行为和投入。Kelly 等（1990）认为，顾客一般
通过获取相关服务信息或做出实质的努力等形式来表现其价值创造行为。
Dabholkar（1990）指出，顾客参与是顾客涉入产品（服务）生产与传递过
程中的程度，一般可以分为主动地合作生产产品（服务）和被动地涉入产
品（服务）的生产传递过程。Cermak 等（1994）也持类似的观点，他们认
为顾客价值创造行为是反映顾客实际行为涉入的一种特定行为。Anitsal

（2005）从行为视角，认为顾客参与是指在服务的产生或传递过程中，顾客提供的活动或资源，包括顾客在心理上、身体上，甚至是情感上的付出。

顾客价值创造行为的构成维度是顾客价值创造理论中的一个重要研究内容。Yi 和 Gong（2013）顾客的价值创造行为可以分为顾客参与行为（包括信息搜寻、信息共享、人际互动、责任行为等）和顾客公民行为（包括反馈、宣传、助人、耐受性等）；他们对顾客价值创造行为的这种测度比较具有代表性。江若尘和徐冬莉（2012）以网络环境下的品牌社区为研究对象，探讨了虚拟品牌社区的顾客公民行为，主要包括积极参与、正面口碑、反馈、助人和耐受性五个维度。Verhagen（2015）指出，虚拟顾客环境具有知识获取、社会与企业认同、展示自我、社会关系与利他行为等，环境通过顾客的消费感知正向影响价值共创。顾客通过社群进行顾客间的互动可以实现价值，既能获得情感上的体验，也可以提高顾客的实际操作能力。张璟（2016）认为，顾客的价值创造行为[①]主要包括口碑宣传行为和知识分享行为两个维度。李娜（2020）认为，顾客价值创造行为由资源整合、自我服务消费、社会情景和顾客间互动四个维度构成（见图3-9）。

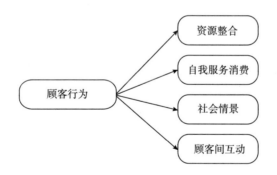

图3-9　顾客行为的维度

资料来源：笔者根据李娜（2020）资料整理。

---

① 为表述方便，本书将"顾客价值创造行为"简称为"顾客行为"如无特别交代，本书中的"顾客行为"皆指"顾客价值创造行为"。

三、顾客创造的价值（C2B 价值）

随着顾客价值创造理论的演进，顾客价值（C2B 价值）已不再拘泥于顾客通过市场交易给企业带来的经济利润，顾客的其他行为同样会给企业创造价值。在服务主导逻辑特别是顾客主导逻辑下，顾客参与到企业价值创造的活动中来，成为顾客价值的主导者甚至是独创者。对企业而言，顾客不再仅仅是消费者，他们还为企业提供重要的人力资源和智力资源，能为企业做出诸如创意生成、产品改进、信息反馈、口碑传播、公关支持、顾客推荐、优质建议等多种贡献（李强等，2021）。

顾客角色在价值创造过程中的日渐重要，促使人们更加重视对顾客为企业创造的价值（即本书所述 C2B 价值）的研究。Prahalad 和 Ramaswamy（2000）根据互联网经济模式下顾客在价值创造中角色的变化，提出顾客能力包括顾客经济能力、学习和实践的欲望、知识和技能以及参与积极对话的能力。Stahl 等（2003）指出，顾客除了为企业带来购买价值还能为企业提供知识价值以及社会网络价值。其中，知识价值，是指顾客通过建议、参与活动（知识共创）等行为帮助企业更好地理解顾客需求、竞争状况等知识；社会网络价值则是指顾客通过正面宣传等行为企业介绍和吸引新顾客。Kumar（2018）认为，顾客价值是那些重视品牌价值的顾客所提供的所有价值的总和，具体包括：顾客终身价值（Customer Lifetime Value，CLV），即顾客通过交易为企业提供的价值；顾客推荐价值（Customer Referral Value，CRV），即顾客通过使用企业的推荐计划，给企业介绍其他顾客；顾客影响价值（Customer Influence Value，CIV），即顾客通过社交媒体等平台积极影响其他顾客的购买行为；顾客知识价值（Customer Knowledge Value，CKV），即顾客反馈对企业产品和服务理念的意见和建议。

通过总结上述研究中关于顾客能力构成维度的研究，本书提出 C2B 价值主要包括顾客生涯价值和顾客资产价值两个维度（见图 3-10）。

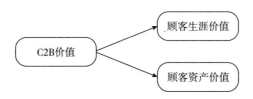

图 3-10　C2B 价值的构成维度

资料来源：笔者自绘。

四、C2B 价值创造的理论模型

根据第二章中的文献综述以及相关理论分析，结合学界关于顾客价值创造能力、顾客价值创造行为、C2B 价值创造等相关研究成果，本书将顾客价值创造能力与顾客价值创造行为这两条关于顾客价值创造的研究主线整合，提出顾客价值创造能力是顾客价值创造行为的能力基础，顾客的价值创造能力及其价值创造行为直接影响顾客价值创造的结果（C2B 价值），而且顾客的价值创造能力又可以通过其价值创造行为间接作用于价值创造结果；即本书构建了"顾客能力→顾客行为→顾客的价值创造结果（C2B 价值）"的理论分析框架。根据该理论框架，本书构建了顾客的价值创造能力、顾客的价值创造行为与顾客的价值创造结果（C2B 价值）之间关系的概念模型（见图 3-11）。在这个概念模型中，顾客的价值创造行为是顾客能力影响 C2B 价值的中介变量，而顾客能力又是顾客价值创造行为的能力基础。

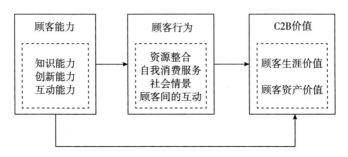

图 3-11　顾客能力、顾客行为与 C2B 价值创造关系的概念模型

资料来源：笔者自绘。

第五节　C2B 价值创造的假设检验

一、顾客能力与顾客行为

一些学者的经验分析验证了顾客能力对其价值创造行为的影响。张昊和吕逍林（2021）在社会学习理论的基础上，通过两个实验来检验在价值共创过程中其他顾客行为表现对参与价值共创的顾客创造力的影响，研究发现，相较于低水平的用户表现，高水平的用户表现会显著提升参与共创顾客的创造力；顾客被高水平用户表现所激发的灵感在这个过程中起到中介作用，且顾客开放性水平和知识水平越高，高水平用户表现比低水平用户表现对参与共创顾客创造力的提升作用就越显著。

根据上述分析，本书提出如下研究假设（见图 3-12）。

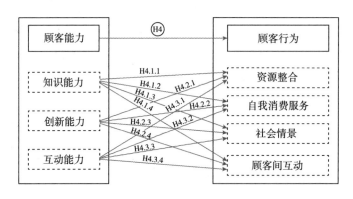

图 3-12　顾客能力与顾客行为

资料来源：笔者自绘。

假设 4　顾客能力显著正向影响顾客行为

假设 4.1.1　知识能力显著正向影响资源整合

假设 4.1.2　知识能力显著正向影响自我服务消费

假设 4.1.3　知识能力显著正向影响社会情景

假设 4.1.4　知识能力显著正向影响顾客间互动

假设 4.2.1　创新能力显著正向影响资源整合

假设 4.2.2　创新能力显著正向影响自我服务消费

假设 4.2.3　创新能力显著正向影响社会情景

假设 4.2.4　创新能力显著正向影响顾客间互动

假设 4.3.1　互动能力显著正向影响资源整合

假设 4.3.2　互动能力显著正向影响自我服务消费

假设 4.3.3　互动能力显著正向影响社会情景

假设 4.3.4　互动能力显著正向影响顾客间互动

二、顾客行为与 C2B 价值创造

在数字经济时代，互联网催生了许多新业态和新商业模式，特别是随着近年来开放式创新、共享经济、社群经济、无接触经济等新商业模式的出现，顾客已不再是单纯的"购买者"，而是重要的价值"共创者"甚至是"独创者"。顾客广泛参与到企业各个价值创造环节，为企业带来超越直接经济回报的多元顾客价值。在其他条件相同的情况下，高参与度的顾客普遍比低参与度的顾客具有更高的品牌忠诚度和满意度，而且能为新产品开发和服务创新提供更重要的支持（Haumann et al.，2015）。同时，高参与度的客户还会更乐意将企业的产品推荐给更多的新顾客（Chandler and Lusch，2015），为企业带来更多的价值。顾客参与反映了当代商业环境日益动态化和互动化的特点与趋势，是企业促进销售增长、提升盈利能力和增强竞争优势的新的重要商业战略（Kumar and Pansari，2016）。

顾客行为对 B2C 价值创造的影响已得到较多研究的验证。以社会情景为例，情景因素影响顾客价值评价。顾客价值不仅取决于产品本身和特定顾客的感知，还与顾客消费和体验产品的情景因素密切相关（Woodruff，

1997）。情景因素主要通过影响顾客的价值核心因素和价值判断来对顾客价值的产生影响。此外，情景的差异会影响顾客对企业价值主张的评价，一些触发事件甚至可能会引起顾客价值的转移和变迁（许正良等，2009）。顾客对企业价值主张和价值体验的转移和变迁又会影响顾客的满意度和忠诚度，并最终影响 C2B 价值。在各种内在和外在动机的引导下，顾客参与价值创造的行为，最终是为了获得一定的价值利益。在新古典主义经济学理论框架下，顾客为了追求最大化的利益，需要投入实体和非实体的各种要素从事价值创造的活动。在此过程中，顾客将顾客自身、其他顾客、企业及其他价值创造参与主体的信息、知识和资源进行整合，并且在与这些主体间的互动的过程中不断调整参与价值创造的投入，使其价值创造行为与目标保持一致。因此，顾客价值创造行为的本质是创造价值。在顾客价值创造过程中，所有价值创造主体之间的互动过程，实际上是将他们的资源联结和整合的过程，从而创造出仅凭单独一方资源无法实现的价值目标。可见，顾客参与价值创造是一个系统过程，其本质在于通过参与方的互动，使共同创造出更大价值的目标得以实现，其最终目的是为了分享这些价值（贾薇，2010）。

根据上述分析，本书提出如下假设（见图 3-13）。

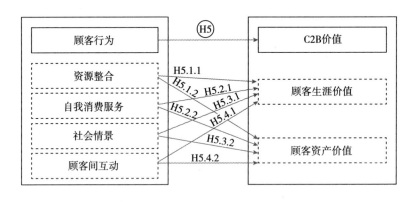

图 3-13　顾客行为与 C2B 价值

资料来源：笔者自绘。

假设 5　顾客行为显著正向影响 C2B 价值

假设 5.1.1　资源整合显著正向影响顾客生涯价值

假设 5.1.2　资源整合显著正向影响顾客资产价值

假设 5.2.1　自我服务消费显著正向影响顾客生涯价值

假设 5.2.2　自我服务消费显著正向影响顾客资产价值

假设 5.3.1　社会情景显著正向影响顾客生涯价值

假设 5.3.2　社会情景显著正向影响顾客资产价值

假设 5.4.1　顾客间互动显著正向影响顾客生涯价值

假设 5.4.2　顾客间互动显著正向影响顾客资产价值

三、顾客能力与 C2B 价值创造

　　顾客能力是影响 C2B 价值创造水平的重要影响因素。一般而言，顾客的价值创造能力越强，意味着他能为企业带来的顾客价值更高。谭国威（2017）提出，具有较高能力的顾客，若对服务企业及其提供的服务产品具有一定的偏好，则该顾客一般具有较高的参与积极性，从而促进共创价值的产生；具有较低能力的顾客，若对服务企业及其服务产品不具有顾客偏好，则该顾客不具有较好的顾客参与积极性，从而会抑制共创价值的产生。值得注意的是，价值共创的基础理论暗含着顾客总是有能力参与价值创造，但这一假设值得商榷，一些经验研究已经表明顾客参与并不是总能带来良好的绩效（Bonnemaizon and Batat，2011）。现实中，因为顾客缺乏参与能力，低效率地利用共创资源，并最终导致价值流失的"价值共毁"情况也很常见（陈伟等，2018）。这恰恰说明顾客能力的异质性会带来价值创造结果的迥然差异。是实现"价值共创"还是"价值共毁"？顾客能力起到了至关重要的作用。顾客能力是实现 C2B 价值创造的重要前置因素，从顾客能力到顾客价值创造的重要实现路径是顾客（参与）价值创造的行为。换而言之，顾客（参与）价值创造行为是顾客能力与顾客价值创造的桥梁，它在两者之间起着中介变量的作用。在顾客能力相同的情况下，顾客参与水平不同，价值创造结果也会截然不同。

根据上述分析，本书提出如下研究假设（见图3-14）。

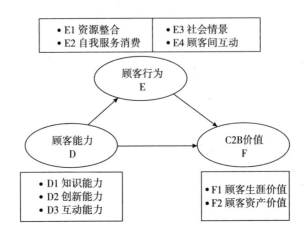

图3-14　顾客能力、顾客行为与 C2B 价值

资料来源：笔者自绘。

假设6　顾客行为在顾客能力与 C2B 价值创造之间具有中介效应

假设 6.1.1　知识能力显著正向影响顾客生涯价值

假设 6.1.2　资源整合在知识能力、顾客生涯价值之间具有中介效应

假设 6.1.3　自我服务在知识能力、顾客生涯价值之间具有中介效应

假设 6.1.4　社会情景在知识能力、顾客生涯价值之间具有中介效应

假设 6.1.5　顾客间互动在知识能力、顾客生涯价值之间具有中介效应

假设 6.2.1　知识能力显著正向影响顾客资产价值

假设 6.2.2　资源整合在知识能力、顾客资产价值之间具有中介效应

假设 6.2.3　自我服务在知识能力、顾客资产价值之间具有中介效应

假设 6.2.4　社会情景在知识能力、顾客资产价值之间具有中介效应

假设 6.2.5　顾客间互动在知识能力、顾客资产价值之间具有中介效应

假设 6.3.1　创新能力显著正向影响顾客生涯价值

假设 6.3.2　资源整合在创新能力、顾客生涯价值之间具有中介效应

假设 6.3.3　自我服务在创新能力、顾客生涯价值之间具有中介效应

假设 6.3.4　社会情景在创新能力、顾客生涯价值之间具有中介效应

假设 6.3.5　顾客间互动在创新能力、顾客生涯价值之间具有中介效应

假设 6.4.1　创新能力显著正向影响顾客资产价值

假设 6.4.2　资源整合在创新能力、顾客资产价值之间具有中介效应

假设 6.4.3　自我服务在创新能力、顾客资产价值之间具有中介效应

假设 6.4.4　社会情景在创新能力、顾客资产价值之间具有中介效应

假设 6.4.5　顾客间互动在创新能力、顾客资产价值之间具有中介效应

假设 6.5.1　互动能力显著正向影响顾客生涯价值

假设 6.5.2　资源整合在互动能力、顾客生涯价值之间具有中介效应

假设 6.5.3　自我服务在互动能力、顾客生涯价值之间具有中介效应

假设 6.5.4　社会情景在互动能力、顾客生涯价值之间具有中介效应

假设 6.5.5　顾客间互动在互动能力、顾客生涯价值之间具有中介效应

假设 6.6.1　互动能力显著正向影响顾客资产价值

假设 6.6.2　资源整合在互动能力、顾客资产价值之间具有中介效应

假设 6.6.3　自我服务在互动能力、顾客资产价值之间具有中介效应

假设 6.6.4　社会情景在互动能力、顾客资产价值之间具有中介效应

假设 6.6.5　顾客间互动在互动能力、顾客资产价值之间具有中介效应

第四章　实证研究设计

第一节　调查问卷的设计

一、调查问卷的内容

风笑天（1994）提出，问卷调查法是从宏观的角度、采取定量的手段、依据客观的验证来认识和说明社会现象的调查研究方式。这种分析方法具有与其他众多自然科学方法相类似的逻辑程序和内容结构，再加上它本身所具有的高效率性和便利性，使其在管理学、教育学、社会学、心理学等诸多社会科学研究领域的实证分析中得到较为广泛的应用。基于问卷调查法的规范的实证分析，需要做到问卷设计要严谨、抽样计划要符合随机原则、数据收集程序要规范、数据分析和概括要精确（张志华等，2016）。调查问卷的设计是否严谨、科学、合理直接关系到后续实证研究结论的可靠性和科学性。因此，问卷设计是采用问卷调查法进行研究的首要步骤，也是至关重要的一个步骤。

本书拟基于"能力—行为—价值创造"的内在逻辑，通过分析企业（顾客）的价值创造能力、价值创造行为与对应的顾客价值创造之间的关联，来探究数字经济时代制造业顾客价值创造的机理。根据该研究任务和研究目的，本书拟采用问卷调查法展开研究。为了得到较为科学、合理的研究结论，本书将严格按照问卷调查法对问卷设计的内容、方法，以及步骤来进行问卷设计。由于本书将顾客价值分为企业为顾客创造的价值（B2C价值）和顾客为企业创造的价值（C2B价值），因此本书将设计两份问卷：一份问卷基于顾客的视角，来判断制造业企业给顾客创造的价值（B2C价值），评价的主体是顾客，评价的对象是制造业企业；另一份问卷基于企业的视角，来判断顾客给制造业企业创造的价值（C2B价值），评价的主体是制造业企业，评价的对象是顾客。这两份调查问卷的内容主要包括以下三个部分：

第一部分，本次调查问卷的背景和目的的简要介绍。本部分内容的主要目的是让调查对象了解调查的背景、目的以及意义，并向调查对象申明问卷采取不记名方式，确保对调研数据进行保密，内容不涉及个人隐私和公司商业机密，所获信息也仅用作学术研究，请客观地依据自身真实情况进行填写。

第二部分，收集调查对象的基本信息。在B2C价值创造的问卷中，调查对象是顾客，该问卷主要收集关于顾客性别、年龄、职业、受教育程度，以及月收入等关于人口统计特征的基本信息。考虑到部分较为注重个人隐私的顾客对该部分信息可能产生的敏感情绪，问卷特意将该部分信息放在问卷的最后部分，以免影响后续关于问卷主体内容的真实性。在C2B价值创造的问卷中，调查对象是制造业企业，该问卷主要收集了关于企业成立时间、所在地区、所处具体行业、规模（主要从员工数量和营业收入进行衡量），以及所有制形式等信息。其中，关于员工数量和营业收入选项的设计是根据2021年工业和信息化部发布的关于工业企业规模划分的标准进行设计。

第三部分，通过设计量表，收集本书概念模型中变量数据，是本问卷的主体部分。在B2C价值创造的问卷中，主要收集顾客对制造业企业的价值创造的动态能力、价值创造行为及其为顾客创造的价值等内容进行的判断和评价。由于关于动态能力的相关问题相对专业，为避免被调查对象出现畏难情绪影响答题质量，特意将该段内容放在本部分的最后。在 C2B 价值创造的问卷中，主要收集制造业企业对顾客的价值创造的能力、价值创造行为及其创造的价值等内容进行的判断和评价。

二、调查问卷的设计过程

1. 设计原则

为了确保问卷设计的科学性以及可靠性，设计过程将严格遵循以下四项原则：

（1）明确性原则。明确性原则指的是问卷选项的设计应明确清晰，保证被调查者能够正确理解各个题项的准确意思，进而实现数据的可靠性。

（2）互斥性原则。互斥性原则指的是问卷选项设计之间应该存在互斥关系，例如，被调查者的收入问题，为了避免产生歧义，问题选项不能同时出现"2000～4000 元"和"4000 元以下"两个选项。

（3）隐私性原则。隐私性原则指的是在设计选项时应避免涉及被调查者的隐私问题，应采取匿名形式及填写个人信息的顺序不同等手段保护被调查的隐私。

（4）合理性原则。合理性原则指的是对于题项数量以及顺序的设计要合理，在数量方面不应过多也不应过少，过多会消耗被调查者的耐心导致无法收取完整的问卷，过少则不能全面反映问题实质，在顺序方面也应注意题项的难易程度，安排要合理。

2. 工具选择

调研工具的合理选择在问卷设计过程中起至关重要的作用。在调查问卷中，量表是一个非常重要的工具，常用的量表有瑟斯顿量表、古特曼量表，以及李克特量表。瑟斯顿量表是一种定距量表，其设计过程比较复杂；古特曼量表也称累积量表，是一种定距量表或定序量表，程序复杂且不能够满足本书的需要；而李克特量表是社会科学领域最常用的等距量表，其设计和操作方面相对容易，可以测量一些在其他量表中难以测量的多维概念。因此，根据研究条件及本书对数据的要求，本书采用李克特量表。

李克特量表有五级和七级两种量表法。由于题目设计的数量一定，采用七级量表测量时选项太过于细化易造成被调查者难以区分选项差异的情况，因此本书选用五级量表，陈述问题的态度和赋值分别为非常同意（赋值1）、同意（赋值2）、中立（赋值3）、不同意（赋值4）、非常不同意（赋值5）。

3. 设计步骤

问卷的开发和设计应该遵循科学性和合理性，并依据研究目的和研究内容选择合适的量表。研究人员应根据需要开发新的量表或采用成熟的量表（吴明隆，2004）。问卷设计初步完成后要进行预调查，即根据抽样原则先在抽样对象中进行小范围的发放问卷；随后要结合预调查的数据检验测试量表的信度和效度，再根据测试情况调整量表内容并获得最终的调查问卷。最后，按照科学抽样的方法大范围地在抽样对象中发放最终的调查问卷。

为了保证本书结论的信度和效度，本书的调查问卷在设计的过程中遵循了以下步骤：

第一，在大量查阅相关理论研究的基础上，形成初步的问卷设计思路。研究之初，在主流的中英文文献检索平台查阅了大量关于企业的动态能力、价值创造行为、B2C 价值，以及顾客的价值创造能力、价值创造行为和 C2B 价值等方面的文献，梳理其中的关系框架，初步形成问卷调查思路。

第二，仔细斟酌专业术语，使问卷调查的内容通俗易懂。对于调查问卷中涉及的专业术语或专用名词，特别是外文文献中出现的概念，反复推敲和对比具体的词义语义，尽量用通俗易懂的概念予以表述，让被调查者易于理解。

第三，多方征求意见，反复修改、完善问卷内容。在调查问卷设计的整个过程中，包括构思和着手设计的各个阶段，就研究目的、问卷的结构、问卷具体内容的设计等各方面的内容与多位企业经济管理学的教授、博士进行了反复讨论，并征求了多位相关领域专家、企业家和政府部门管理人员的意见，根据他们的意见反复修改、完善问卷设计。

第二节 数字经济时代制造业 B2C 价值创造机理问卷设计

一、变量的测定

根据文献综述及第三章中关于 B2C 价值创造相关内容的研究，本书将自变量设定为制造业企业的动态能力和价值创造行为，因变量为 B2C 价值。制造业企业的动态能力主要从市场感知、适应、整合和关系能力四个维度的能力予以测量；制造业企业的价值创造行为则分别从资源提供、价值主张、互动平台和参与程度四个维度予以测量；而制造业企业创造的价值（B2C 价值）则由两个维度组成，分别是实用价值和享乐价值。

1. 变量概念测定

（1）动态能力。

1）市场感知能力。市场感知能力是指企业观察、收集和利用诸如企业所处市场环境、竞争对手的现状、市场及市场需求等重要信息的能力。市场感知能力是企业在动荡环境中生存的首要组织能力，因而是动态能力的首要组成部分（Zahra and George，2002）。企业具备市场感知能力的主要表现是，能通过观察、跟踪、搜索等方法获取市场信息，能对顾客需求变化作出及时、准确的评估，能通过洞察市场环境的变化来把握机遇、防范风险等（Zahra and George，2002；Pavlou，2004；Teece，2007）。

2）适应能力。通常，适应能力是指企业能够根据外界环境变化，及时、准确地调整各种管理战略和策略以适应外界环境的能力。一方面，在数字经济时代，社会经济创新发展的速度比以往任何时候都快；另一方面，国内外局势复杂多变，企业面临的外部环境复杂多变。企业要想在激烈的竞争中占有竞争优势，必须具备快速适应环境变化的能力（Teece et al.，1997）。这就要求企业提高获取外部环境信息的能力，从而提升企业的适应能力（霍春辉，2006）。

3）整合能力。整合能力一般是指企业在动态环境中整合、协调、构建和重新配置企业的内部资源和外部资源的能力。整合能力能反映企业应对动态市场环境，并能进行有效资源配置的多维度能力。在当今快速变化的且高度不确定的市场环境中，企业的整合能力是企业具备竞争优势的来源（Teece et al.，1997）。

4）关系能力。关系能力一般是指企业通过和社会网络中的成员建立良好的关系，并利用这种关系网络获取知识、技术等资源来实现企业发展目标的一种能力。企业通常需要与各种组织和机构建立良好的关系网络，包括上下游企业、顾客、竞争对手、政府，甚至行业外企业和一些公益组织、社区居民等一切利益相关者。社会关系网络中的资源可以为企业提供有价值的信息，并能对企业的发展起到至关重要的作用（Gulati，1999）。

（2）企业的价值创造行为。

1）资源提供。企业是资源与能力的集合体。Grant（1991）、Agrawal（2015）认为，企业的资源是其能力的主要来源；企业通过各种途径获得的各类资源是其价值创造的基础，它将这些通过资源进行整合，以创造满足顾客需求的产品和服务。企业提供的资源主要是指在共同创造价值的过程中，企业能够提供给顾客的各种资源包括品牌文化资源、人力资源、信息资源等。为了保证顾客价值的传递与创造，企业必须共享信息给顾客，并与其进行密切的互动。此外，企业还需搭建顾客资源管理平台，从而提高为顾客服务的质量。

2）价值主张。价值主张是指企业为顾客提供的各种利益的组合，其中差异性价值主张是企业成功的关键（王翔等，2015）。企业的价值主张是顾客与企业形成共同价值创造目标的结合点。企业主要是以自己生产的产品和服务为载体，将自己的价值主张传递给顾客。只有在两者的价值主张相吻合的情况下，才能顺利进行价值共创的促进。在消费升级的大环境下，价值主张精确地传达产品的价值优势并指导资源的有效配置，能够促使企业通过优化配置资源更好地满足市场需求以获取竞争地位（崔丽等，2021）。

3）互动平台。互动在价值共创的过程中，互动是必不可少的因素，它能够满足各价值共创主体之间彼此分享价值共创必备资源与能力的需求（Pera et al.，2016）。因此，企业必须提供互动平台。所谓互动平台，通常是指企业构建的为顾客提供咨询、交流和共享信息的平台。企业一般通过应用软件、品牌社群等途径，为顾客提供能增进顾客对企业的认识、认可以及能帮助、提升服务质量的各类数据信息，同时还能充分支持网络成员与企业之间、网络成员之间的价值互动，解决一些顾客在价值创造中遇到的问题。

4）参与程度。参与程度一般是指企业参与和影响顾客日常消费体验的程度。企业在价值创造过程中的参与程度越高，对顾客感知的影响越大。在数字经济条件下，顾客在价值创造过程中的主导性越来越强，企业帮助顾客完成价值创造的主要环节是顾客的日常消费过程，所以企业要更加积极地参与到他们的日常体验过程中，加强与顾客的互动。

（3）B2C价值。根据国内外学者对B2C价值维度的分类标准，可分为五维度、四维度、三维度和两维度。由于测量对象是顾客自身所感知的价值，划分越细的维度消费者自己也不能够区分差异，对测量的结果会产生误差。因此，本书主要借鉴Park和Ha（2016）的研究，将顾客价值分为实用价值和享乐价值这两个维度。其中，实用价值是指消费者从企业提供给他们的产品或服务中获得的实际利益，即消费者对所提供的产品或服务质量的满意程度，如购买玩具的质量等。它实际上是顾客对于企业所提供的产品或服务可以进行衡量的一种价值，通常用所获利益以及满意程度来衡量。享乐价值是消费者的一种主观感受尤其更注重的是精神方面的，指在消费过程中感官刺激所带来的效用，如愉悦感、新鲜感等。它实际上是顾客为了满足心理和精神需求，在价值创造互动的过程中获得的一种让他们心情放松、精神愉快的价值。

2. 量表设计

B2C价值是指企业为顾客带来的价值，其调查对象是顾客，测量顾客对制造业企业的动态能力、价值创造行为对企业为顾客创造的价值的影响。该研究模型的自变量设定为动态能力和企业行为，如前所述，动态能力主要从市场感知能力、适应能力、整合能力、关系能力四个维度进行测量；企业行为细分为四个维度，分别是资源提供、价值主张、互动平台、参与程度；而将 B2C 价值设定为本书研究模型的因变量，细分为实用价值和享乐价值两个维度。本书在设计具体测量题项时，制造业企业以手机厂商为例（具体解释见下文样本选择）。此外，为了保证量表的信度和效度，本书选用成熟或相对成熟的量表，各量表的具体测项及文献来源（见表4-1）。

表 4-1　B2C 概念模型的变量、测量题项及参考文献

一级变量	二级变量	测量题项	参考文献
动态能力（A）	市场感知能力（A1）	该手机厂商会周期性地对顾客、竞争对手的现状进行系统评估 该手机厂商对手机产业的现状和发展趋势有较为准确的认识 该手机厂商能够及时察觉市场需求的重要变化 该手机厂商的决策是建立在对市场信息充分收集和利用的基础上的	Teece（2007）、张惠琴（2016）
	适应能力（A2）	该手机厂商能够快速回应外界环境的变化 该手机厂商的重要决策能根据顾客与市场的变化进行调整 该手机厂商具有较强的保持战略弹性的能力 该手机厂商能够根据顾客和市场的变化调整自己	Wang 和 Ahmed（2007）
	整合能力（A3）	该手机厂商有较强的协调和整合内、外部资源的能力 该手机厂商与各利益相关主体具有较强的沟通能力 该手机厂商能够用整合的资源提升工作效率和效能 该手机厂商对跨部门的资源共享和有效协作很满意	孟晓斌（2008）、刘飞等（2010）、卫武和夏清华（2013）
	关系能力（A4）	该手机厂商与社会网络成员（如供应商、分销商、顾客等）保持良好的关系 该手机厂商与社会网络成员的联系交流比较频繁 该手机厂商重视与社会网络成员之间保持紧密联系 该手机厂商和社会网络成员之间能够维持长久的合作关系	Sorenson 等（2008）、董保宝等（2016）

续表

一级变量	二级变量	测量题项	参考文献
企业行为 （B）	资源提供 （B1）	手机厂商提供的产品能满足我的需求 手机厂商经常推出新的产品与服务 手机厂商会通过网络途径积极提供解决问题的资源与方法	Agrawal 等 （2015）
	价值主张 （B2）	手机厂商重视顾客对产品和服务的满意程度 同类产品中，我会优先考虑该厂商的手机 与竞争对手相比，我所使用的手机厂商强调提供差异化的产品	Kim 和 Mauborgne （1998）
	互动平台 （B3）	该手机厂商通过网络搭建了互动平台为顾客提供相关支持服务 该手机厂商会在平台中为顾客提供产品资讯，共享信息 该手机厂商成立品牌社群方便顾客交流产品体验心得	Pera 等（2016）
	参与程度 （B4）	该手机厂商能深入参与顾客的消费体验过程，了解顾客的意见 该手机厂商会向顾客传递正确的资讯，影响顾客对产品和企业的认知	钟振东（2014）
B2C 价值 （C）	实用价值 （C1）	该品牌的手机质量很好 该品牌的手机外观设计很好 该品牌的手机使用便利 该品牌的手机在同类手机中更专业	Park 和 Ha（2016）
	享乐价值 （C2）	与其他同类手机相比，使用该品牌的手机让我感到更快乐 我选择该品牌的手机不是因为我不得不，而是因为我愿意 购买该品牌的手机是我明智的选择 使用该品牌的手机让我获得了精神上的享受 该品牌的手机是新奇和有趣的	

此外，由于顾客对企业顾客价值创造的体验和感知质量除了受本书中选取的企业的动态能力和价值创造行为这两个因素影响外，还会受其他多种因素的影响，而且每种因素都在企业价值创造的过程中发挥特定的作用。

如果忽略这些因素，将可能导致内生性问题，并使多元化研究的结论出现偏差甚至无效。为此，本书借鉴 Khoja（2010）等研究的做法，将顾客的性别、年龄、职业、收入、受教育程度等人口统计学特征指标作为本研究的控制变量。

二、样本选择

本节所设计的量表主要用于研究数字经济时代制造业企业的动态能力、企业行为与 B2C 价值的关系，从而揭示数字经济时代制造业企业 B2C 价值创造的机理。本节研究对象是顾客价值的企业属性，即基于顾客的视角，评价企业价值创造的相关能力、行为和价值创造结果等。因此，本问卷的调查对象是制造业企业的顾客。由于每个顾客接触的制造业产品种类繁多，若不针对某一具体产品的厂家进行评价，被调查对象在回答问题时将无所适从。由于电子信息产业是我国制造业中的重要组成部分，而手机又是消费者日常使用最广泛、体验感最强的电子信息产品。因此，本问卷以手机厂商为例，以手机用户为被调查对象，让其对当前使用手机的厂商的相关能力和行为进行评价。本问卷通过问卷星，在各论坛、虚拟社区等渠道发布。

第三节　数字经济时代制造业 C2B
价值创造机理问卷设计

一、变量的测定

根据文献综述及第三章中关于 C2B 价值创造相关内容的研究，本书将自变量设定为顾客能力和顾客行为，因变量为 C2B 价值。其中，顾客能力由三个维度构成，分别是知识能力、创新能力、互动能力；顾客行为由四个维度组成，分别是资源整合、自我服务、社会情景和顾客间互动；而 C2B 价值则由顾客生涯价值和顾客资产价值两个维度构成。

1. 变量概念测定

（1）顾客能力。

1）知识能力。知识能力主要是指顾客所具有的各种知识储备，包括顾客的教育背景、可支配资源等，它是顾客进行价值创造的前提。这里所说的顾客知识并不是局限于某一领域的专业知识，只要能为价值共创起到促进作用的相关知识能力都能构成顾客的知识能力。顾客的知识水平是顾客群体中的优质资源的集中展示，已经成为企业知识的重要组成部分（Nättiand Ojasalo，2008）。

2）创新能力。创新能力通常是指顾客在日常消费的过程中，对于所消费、体验的产品或服务产生的一些具有创造性的创意和灵感，并运用它们解决实际问题的能力。当前，顾客在企业价值创造和创新活动中扮演着越来越重要的角色，"顾客创造力"这一概念也延伸至"顾客与企业共同创造新的、有意义的产品、服务、创意、消费方式或者体验的能力"（徐岚，2007）。顾客创新能力有利于引导顾客参与新产品开发等创新环节，帮助顾客在设计工作中创造价值。

3）互动能力。顾客互动能力是指顾客与企业和其他顾客间传递需求、共享信息、进行沟通的能力。良好的互动能力能够及时准确地将想法传递给企业，有利于企业创造出更符合顾客需求的，也更有效的价值，从而提高顾客的体验价值和顾客忠诚度。此外，顾客与顾客之间的互动也有利于顾客间互相学习，除了能提高顾客价值创造的能力，还能通过与其他顾客交流产品的使用过程中的体验，解决使用过程中出现的问题，有助于提高顾客的体验感和满意度。

（2）顾客行为。

1）资源整合。资源整合是指顾客在消费、体验产品时会有选择性地接收有益信息，并整合所需要的各种资源，将它们配置优化，最终实现对这些资源的最大化利用。

2）自我服务消费。自我服务消费一般是指顾客整合利用各种所需资源，并通过自我设计与创造得到更加理想的产品和服务，从而创造价值。

3）社会情景。社会情景是指顾客行为发生的独特环境，既可以是顾客品牌社区，也可以是顾客自己的家庭圈、朋友圈、社交圈等。在一定的社会情境下，顾客利用知识、技能、社会角色、社会地位、与他人的社会关系、企业的产品和服务等资源，通过个人与产品或顾客之间的互动，创造价值。

4）顾客间的互动。顾客间互动是指顾客愿意与其他顾客在社会情境下，就产品（服务）的消费、使用、再改造等与价值创造相关的内容进行沟通和交流。他们会将自己所学到的资源信息进行转化，同时补充额外的资源，除去无效资源，并将资源进一步整合，从而更好地完成价值创造。

（3）C2B 价值。如前所述，在当今时代，顾客已经成为企业价值的重要来源，许多企业将顾客作为企业内部的战略性资源。因此，学界一直在努力探究如何利用和扩大顾客资源的价值（C2B 价值），从而扩大顾客的增值效应。在顾客为企业创造的诸多价值中，最具代表性的是顾客生涯价值和顾客资产价值。

1）顾客生涯价值是在维持顾客的条件下，企业从该顾客持续购买行为中获得的利润流的现值（Kotler and Keller，1997）。根据 Reichheld 等（1990）的研究，顾客生涯价值有以下几种：

①购买价值。购买价值一般是指顾客在与企业交互的全过程中，通过直接购买企业的产品（服务）给企业带来的所有经济贡献的总和，即企业销售给顾客的终端产品收入。顾客的消费能力、顾客份额和企业销售产品的单位边际利润等因素是衡量顾客购买价值的重要指标。

②口碑价值。口碑价值是指顾客通过向他人宣传企业的产品，从而增加企业销售和收入所创造的价值，即通过顾客对企业产品的宣传，而给企业带来的价值总和。顾客自身的影响力是影响顾客口碑价值大小的重要因素。顾客的影响力越大，其为产品所做宣传"可信度"就越高，其宣传的

范围也越广。同时，需要明确顾客的口碑宣传是柄"双刃剑"，积极的口碑宣传有利于企业树立良好的形象，开发潜在的新客户；但负面的口碑宣传会使企业失去潜在顾客甚至失去现有顾客。

③信息价值。信息价值是指顾客的基本信息经企业收集、加工、利用后为企业带来的价值。顾客的基本信息主要包括两种类型：一种信息是企业在与顾客接触之初，为顾客建立客史档案时收集到的顾客信息，这类信息大多以人口统计学的信息为主；另一种信息是顾客与企业在深入互动沟通中，顾客以多种方式向企业传递或提供的多种类型信息，这些信息可能与顾客的满意度和需求相关的信息，也可能是顾客提供的各种创意和建议。这些信息有助于企业掌握顾客的精准画像，为企业制定产品研发、精准营销等管理策略提供翔实、准确的第一手信息。

④学习价值，即顾客愿意通过一系列的搜索、查阅企业产品所带来的价值增加。顾客学习价值在某种程度上被认为是顾客口碑价值的深化，顾客在探索和学习的过程中，可以了解到产品的特性和其所关联的技术，从而提升购买的欲望。并不是每个顾客都具备顾客学习价值，不同的顾客也会有高低的学习价值，因为顾客学习是有成本的活动。

⑤交易价值，即顾客会通过转卖、联合销售等方式来拓宽企业的市场范围，从而为企业带来的价值增加。顾客交易价值的大小与顾客的忠诚度、购买力、议价能力等因素密切相关。高交易价值的顾客可以为企业创造更多的价值。计算顾客的交易价值是甄别高交易价值的顾客的有效途径。为此，刘胜华（2005）提出了计算顾客交易价值的方法，即根据会计当期发生原则，将企业通过市场交易获得的收入摊派给有交易价值的顾客。

2）顾客资产价值。邹伏霞（2011）认为，顾客资产是指企业在经营活动过程中，由于产品、服务质量等方面的原因，能够给企业带来未来经济效益的长期稳定的客户资源；此外，他还通过实证分析验证了顾客资产价值主要由推荐价值、溢价购买、重复购买和知识贡献四个方面构成。其中，推荐价值是指顾客愿意向他们的社交圈推荐某一企业的产品；溢价购买是指顾客给企业带来经济利润以外的额外价值；重复购买是指在一定条件下，顾客会选择再次购买企业的产品；知识贡献则是指顾客能够给企业提供的有益信息。

2. 量表设计

测量 C2B 价值创造机理问题是以企业为评价主体，以此探究顾客的能力和价值创造行为对企业创造价值的影响。本书研究模型的自变量为顾客能力（包括知识能力、创新能力）和顾客行为（包括资源整合、自我服务消费、社会情境、顾客间互动）；因变量为 C2B 价值（主要包括顾客生涯价值和顾客资产价值）。为了保证量表的信度和效度，顾客能力与顾客行为中各二级指标均选用成熟或相对成熟的量表；而 C2B 价值中的各量表中的具体测量题项则是根据 Reichheld 等（1990）、邹伏霞（2011）中对顾客生涯价值和顾客资产价值构建的维度设计的。由于 Reichheld 等（1990）、邹伏霞（2011）分别对这两种价值的概念和维度做了深入细致的分析，因此本书设计的题项也能比较好地贴合和体现其概念内涵。C2B 价值创造的具体测项及文献来源（见表 4-2）。

表 4-2　C2B 概念模型的变量、测量题项及参考文献

一级变量	二级变量	测量题项	参考文献
顾客能力（D）	知识能力（D1）	多数顾客具有专科及以上学历 多数顾客能了解所要购买产品的优缺点及产品的关键性能指标 多数顾客能对有过使用体验后购买的产品有更大信心	何国正和陈荣秋（2009）
	创新能力（D2）	多数顾客有很多创新的点子和想法 多数顾客喜欢用独特的方法去做事 多数顾客喜欢具有创造性思维的任务	Krishnan 和 Ulrich（2001）
	互动能力（D3）	多数顾客有很强的表达能力，能准确地向贵公司传达自己的需求 多数顾客有很强的沟通能力，能够与贵公司及其他顾客进行有效沟通	何国正和陈荣秋（2009）
顾客行为（E）	资源整合（E1）	顾客会自己决定投入多少资源以及自己决定何时投入 顾客在消费体验产品时会自己选择需要的各种资源 顾客会有选择性地接收企业提供的信息	李耀（2015）

续表

一级变量	二级变量	测量题项	参考文献
顾客行为（E）	自我服务消费（E2）	顾客会按照自己的想法设计产品的使用体验过程 顾客通过真诚的消费所购买的产品获得更好的效用效果 顾客通过自己的设计与创造得到更理想的产品与服务	王新新和万文海（2012）
	社会情景（E3）	顾客在不同的环境中使用同样的产品获得的感觉体验不一样 顾客对产品的偏好总是不断在变化	Verhagen（2015）
	顾客间互动（E4）	顾客愿意与其他顾客进行产品相关信息交流 顾客之间存在着共同感兴趣的主题 顾客之间可以充分地进行交流，且交流的内容很容易理解	张焱等（2017）
C2B价值（F）	顾客生涯价值（F1）	销售给顾客的终端产品收入在本公司营业收入中的占比很大 除终端产品外，顾客还会购买我们产品的零配件 除终端产品外，顾客还会购买我们的售后服务 顾客愿意为我们的产品做正面的宣传 顾客的数据信息为我们产品研发、生产、销售等环节提供了很大的帮助 顾客愿意通过自我收集、查阅资料了解我们的产品 顾客会通过转卖、联合销售等方式拓宽我们的市场范围	Reichheld等（1990）
	顾客资产价值（F2）	顾客愿意向他们的亲朋好友推荐我们的产品 顾客可以让我们获得经济利润以外的额外价值 如有需要，顾客愿意再次购买我们的产品 顾客能够为我们提供有益的参考信息	邹伏霞（2011）

　　此外，由于C2B价值创造除了受本书中选取的顾客价值创造能力及其价值创造行为这两个因素影响外，还会受其他多种因素的影响，而且每种因素都在顾客价值创造的过程中发挥特定的作用。如果忽略这些因素，将可能对本书的自变量和因变量均产生影响，从而导致内生性问题，并使多元化研究的结论出现偏差甚至无效。为了避免这些问题，本书借鉴Khoja（2010）等研究的做法，将企业成立时间、所在区域、所在行业、所有制形

式及企业规模等因素作为本书的控制变量。

二、样本选择

本节所设计的量表主要是用于研究数字经济时代制造业的顾客的价值创造能力、顾客行为与 C2B 价值的关系，从而揭示数字经济时代制造业 C2B 价值创造的机理。本节衡量的是顾客价值的顾客属性，是基于企业的视角，评价其顾客的价值创造能力、行为和效率等。因此，本问卷的调查对象是制造业企业。被调查对象除了对问卷中的特点概念要有一定的认识之外，还得熟悉本企业顾客的情况，并能就其为本企业带来的价值有一定的评估能力。因此，本问卷的调查对象为制造业企业进行客户关系管理的相关部门（如销售部、客服部）的管理人员。本问卷通过问卷星，获得政府部门的协助，向本辖区的企业群、商会群投放。

第四节　数据分析处理的方法

本研究所使用的数据是通过问卷调查法收集的第一手调研数据。本书分别借助三款统计分析软件（SPSS26.0、AMOS26.0 和 STATA17）对有效问卷的数据进行处理和分析。具体而言，在对样本数据进行描述性统计分析和信度分析时，主要运用 SPSS26.0 来完成；在对数据进行验证性因子分析来检验数据的效度，以及构建结构方程模型验证本书所提出的研究假设，主要借助 AMOS26.0 来完成；在对数据的相关性分析、回归分析等分析方法对本书提出的概念模型进行假设检验时，主要借助 STATA17 来完成。

一、信度分析

信度分析是评价调查问卷中量表的测量结果是否具有稳定性和可靠性

的一种非常有效的方法。在经典测量理论中，可操作性较强的信度估计方法有内部一致性信度、复本信度和重测信度三种方法（田霖等，2013）。这三种方法适用情形略有差异。由于本研究采用的问卷调查方法是用同一套量表在几乎相同的时间段对不同的调查对象进行测量，更适合采用内部一致性信度。在内部一致性信度的诸多测量系数中，克隆巴赫信度系数（Cronbach'α系数值）具有可靠性强、易于操作且无须进行多次实际的测量等优点，因此成为信度分析中较常用的方法（罗家国等，2015）。因此，本书采用 Cronbach'α 系数进行信度检验。

Cronbach'α 系数值一般介于 0~1，系数值越接近 1，则认为测量的信度越高；反之，系数值越接近 0，则认为信度越低。经验上，一般认为 Cronbach'α 系数值超过 0.7，量表信度都是可以接受的（其中，超过 0.8 即可判断为具有较高的信度）；如果 Cronbach'α 系数值在 0.6~0.7，则判断为量表仍有价值，但应对量表进行修正；但如果 Cronbach'α 系数值低于 0.6，则判断为未通过信度分析，需重新设计量表。为了加强信度分析结果的可靠性，本研究在计算 Cronbach'α 系数的同时，还计算了校正的项总计相关性和项已删除的 Alpha 值。这两项指标都是用于判断是否要删除量表中的特点题项。一般认为，前者的系数值小于 0.3 的时候，就应做删除处理；而当后者的系数值明显高于 Cronbach'α 系数值时，就应做删除处理。

需要注意的是，信度是效度必要非充分条件，即若问卷中量表的信度低，则可以判定量表的效度也低；但如果信度高，未必能推断出效度也高。故而，一般在分析中通常需要在信度检验的基础上再做进一步的效度检验。

二、验证性因子分析

研究中，往往需要找寻量表中的诸多变量中是否可以按照具有相同本质特征的原则分成几类进行研究。此时，一般采用因子分析法（Factor Analysis）来寻找影响和支配变量的公因子，以达到降维分析的目的。当前常用的因子分析方法包括探索性因子分析（Exploratory Factor Analysis，EFA）

和验证性因子分析（Confirmatory Factor Analysis，CFA）。这两种因子分析方法的主要区别在于，是否需要先验信息来寻找公因子。验证性因子分析主要是用于检测根据收集到的观测变量数据拟合出的公因子是否与先验理论假设的因子是否一致，也即验证性因子分析是为了检测先验理论的因子是否按照预期的结构方式发挥作用。从这个意义上来说，验证性因子分析能起到对量表进行效度检验的作用。因此，Murtagh 和 Heck（2012）提出，在对测量模型进行分析之前，应当对模型中各个构念做验证性因子分析检验。由于本书是根据概念模型及各核心概念的构成维度设计量表，因此更适合采用验证性因子分析。在具体方法和工具上，本书基于 AMOS26.0 软件采用结构方程模型进行验证性因子分析。

三、结构方程模型分析

结构方程模型（Structural Equation Model，SEM）集合了多种统计分析方法的优点，其突出特点是能较好地运用显性的观测指标分析一组潜变量之间的因果关系，解决了社会科学研究中对无法观测的潜变量进行实证分析的难题，因而成为社会科学研究领域的主流实证研究分析方法。SEM 的基本原理在于，假定一组潜变量之间具有因果关系，且每个潜变量分别是一组显性观察变量的线性组合，通过检验观测变量之间的协方差来估计线性回归模型的系数，从而可以在统计上检验假设模型是否合理（程开明，2006）。

SEM 实际上由测量方程和结构方程两部分组成。前者重点解释潜变量与观测的显性变量之间的关系，可以用它做验证性分析；而后者则重点解释各潜变量之间的关系，可以用它做路径分析。一般而言，采用结构方程模型分析方法大致需要经过四个步骤数据分析和假设检验：①模型设定，即根据相关理论依据，采用路径图或者数学方程式等方式构建变量关系之间的结构模型；②模型识别，即 t 规则（T-Rule）、三指标法则（Three-indicator Rule）等方法测算设定模型能否被识别；③模型拟合，即采用极大似然估计法等参数估计方法估计模型的参数；④模型评估，模型拟合后仍需对模型拟合的质量予以评估。评估拟合质量的指标有绝对拟合指数和相对拟合指数。本书分别从绝对拟合指数与相对拟合指标角度一共选取五个指数来对模型拟合优度进行评估。各指数及评判建议值（见表4-3）。

表4-3 各指数及评判建议值

常用指标	χ^2	df	p	卡方自由度比（χ^2/df）	RMR	GFI	AGFI	RMSEA	NFI	RFI
判断标准	—	—	>0.05	<3	<0.05	>0.9	>0.9	<0.10	>0.9	>0.9
其他指标	IFI	TLI	CFI	PGFI	PNFI			RMSEA 90%CI		
判断标准	>0.9	>0.9	>0.9	>0.5	>0.5			—		

资料来源：笔者计算。

四、回归分析

本研究基于"能力→行为→结果"的内在逻辑，构建了B2C价值和C2B价值创造机理的概念模型并提出了相应的研究假设；研究中重要的一环是要检验"行为"是否是"能力"作用于"结果"的中介效应。回归分析是进行中介效应检验的有效方法。

Baron和Kenny（1986）提出，可以采取三步法来对中介效应进行检验。首先，根据模型1，用自变量（X）对因变量（Y）进行回归，重点考察X对Y的回归系数c是否显著；其次，根据模型2，用自变量（X）对中介变量（M）进行回归，重点考察X对M的回归系数a是否显著；最后，根据模型3，用自变量（X）、中介变量（M）对因变量（Y）进行回归，重点考察X、M对Y的回归系数c′和b是否显著。若回归系数a、b显著，但系数c′不显著，则表示存在完全中介效应；若回归系数a、b、c′都显著，则表示存在中介效应；若回归系数 a、b、c′都显著，但 c′<c，则表示此时是部分中介效应（见图4-1）。

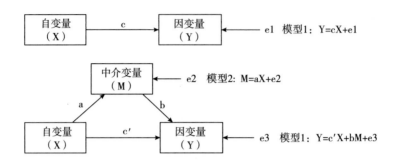

图4-1　中介效应检验模型说明

资料来源：笔者根据 Baron 和 Kenny（1986）绘制。

第五章 数字经济时代制造业 B2C 价值创造机理实证分析

第一节 基本统计特征

为探究数字经济时代制造业 B2C 价值创造的机理，本书以顾客为调查对象，主要测量顾客对制造业企业的动态能力、企业行为及 B2C 价值等变量的评价。调研对象的确定、调研渠道和方法等已在第四章样本选择中详细阐述，故不再赘述。本次调研全部通过问卷星进行在线调研。经过一个月左右的时间，回收问卷 366 份，其中有效问卷 354 份，有效问卷率为 96.72%。

本书的基本统计特征如表 5-1 所示。女性占比高于男性，年龄集中分布在 20 岁以下、21~30 岁，职业集中在学生、事业单位职员，教育程度集中于本科、硕士及以上，月收入 70.9% 在 3000 元以下。这说明高学历的青年群体是研究主体，这个群体有活力、创造力，对于新鲜事物参与力度比较高，恰恰说明问卷设计接近真实情况。总体而言，本次问卷调查的样本分布较为合理，可以进行后续研究。

表 5-1 基本统计特征

名称	选项	人数	百分比（%）	累计百分比（%）
性别	A. 男性	132	37.3	37.3
	B. 女性	222	62.7	100.0

续表

名称	选项	人数	百分比（%）	累计百分比（%）
年龄	A. 20 岁及以下	128	36.2	36.2
	B. 21~30 岁	164	46.3	82.5
	C. 31~40 岁	41	11.6	94.1
	D. 41~50 岁	21	5.9	100.0
职业	A. 政府机关职员	6	1.7	1.7
	B. 事业单位职员	36	10.2	11.9
	C. 外企职员	4	1.1	13.0
	D. 国企职员	12	3.4	16.4
	E. 私企职员	15	4.2	20.6
	F. 自由职业者	7	2.0	22.6
	G. 学生	254	71.8	94.4
	H. 其他	20	5.6	100.0
教育程度	A. 初中及以下	6	1.7	1.7
	B. 高中/中专/技校	12	3.4	5.1
	C. 大专	8	2.3	7.3
	D. 本科	215	60.7	68.1
	E. 硕士及以上	113	31.9	100.0
月收入	A. 3000 元及以下	251	70.9	70.9
	B. 3001~5000 元	29	8.2	79.1
	C. 5001~8000 元	36	10.2	89.3
	D. 8001 元及以上	38	10.7	100.0
	总计	354	100.0	

资料来源：笔者自制。

第二节　内部一致性信度分析

信度的分析主要用两个指标衡量：修正后的项与总计相关性（CITC）数值检验与 Cronbach'α 系数值检验。本书通过 SPSS26.0 计算了所获调研数据的修正后的项与总计相关性、Cronbach'α 系数，检验量表的内部一致性信度，各量表内部一致性信度数据（见表5-2）。

表 5-2 B2C 价值量表内部一致性信度数据

项目	删除项后的标度平均值	删除项后的标度方差	修正后的项与总计相关性（CITC）	项已删除的 α 系数	Cronbach'α 系数
A11 该手机厂商会周期性地对顾客、竞争对手的现状进行系统评估	6.36	7.132	0.725	0.937	0.923
A12 该手机厂商对手机产业的现状和发展趋势有较为准确的认识	6.66	7.228	0.846	0.893	
A13 该手机厂商能够及时察觉市场需求的重要变化	6.69	7.069	0.859	0.888	
A14 该手机厂商的决策是建立在对市场信息充分收集和利用的基础上的	6.65	7.096	0.874	0.883	
A21 该手机厂商能够快速回应外界环境的变化	6.22	6.614	0.812	0.926	0.934
A22 该手机厂商的重要决策能根据顾客与市场的变化进行调整	6.31	6.656	0.865	0.908	
A23 该手机厂商具有较强的保持战略弹性的能力	6.34	6.735	0.851	0.913	
A24 该手机厂商能够根据顾客和市场的变化调整自己	6.29	6.622	0.854	0.911	
A31 该手机厂商有较强的协调和整合内外部资源的能力	6.30	6.822	0.856	0.935	0.947
A32 该手机厂商与各利益相关主体具有较强的沟通能力	6.24	6.555	0.880	0.928	
A33 该手机厂商能够用整合的资源提升工作效率和效能	6.31	6.547	0.894	0.923	
A34 该手机厂商对跨部门的资源共享和有效协作很满意	6.26	6.595	0.858	0.935	

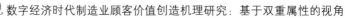

续表

项目	删除项后的标度平均值	删除项后的标度方差	修正后的项与总计相关性（CITC）	项已删除的 α 系数	Cronbach' α 系数
A41 该手机厂商与社会网络成员（如供应商、分销商、顾客等）保持良好的关系	6.81	7.631	0.816	0.933	0.939
A42 该手机厂商与社会网络成员的联系交流比较频繁	6.66	7.085	0.880	0.913	
A43 该手机厂商重视与社会网络成员之间保持紧密联系	6.70	7.277	0.866	0.918	
A44 该手机厂商和社会网络成员之间能够维持长久的合作关系	6.77	7.392	0.863	0.919	
B11 手机厂商提供的产品能满足我的需求	4.20	3.086	0.717	0.805	0.852
B12 手机厂商经常推出新的产品与服务	4.02	2.747	0.728	0.788	
B13 手机厂商会通过网络途径积极提供解决问题的资源与方法	3.76	2.538	0.736	0.785	
B21 手机厂商重视顾客对产品和服务的满意程度	4.36	3.615	0.705	0.775	0.839
B22 同类产品中，我会优先考虑该厂商的手机	4.44	3.188	0.739	0.739	
B23 与竞争对手相比，我所使用的手机厂商强调提供差异化的产品	4.20	3.420	0.666	0.811	
B31 该手机厂商通过网络搭建了互动平台为顾客提供相关支持服务	4.56	3.624	0.791	0.742	0.855
B32 该手机厂商会在平台中为顾客提供产品资讯，共享信息	4.58	3.813	0.744	0.786	
B33 该手机厂商成立品牌社群方便顾客交流产品体验心得	4.25	3.405	0.666	0.870	
B41 该手机厂商能深入参与顾客的消费体验过程，了解顾客的意见	2.19	0.985	0.728		0.841
B42 该手机厂商会向顾客传递正确的资讯，影响顾客对产品和企业的认知	2.41	1.167	0.728		

续表

项目	删除项后的标度平均值	删除项后的标度方差	修正后的项与总计相关性（CITC）	项已删除的 α 系数	Cronbach' α 系数
C11 该品牌的手机质量很好	5.96	6.610	0.827	0.884	0.916
C12 该品牌的手机外观设计很好	5.94	6.838	0.771	0.903	
C13 该品牌的手机使用便利	6.01	6.660	0.853	0.876	
C14 该品牌的手机在同类手机中更专业	5.81	6.452	0.784	0.900	
C21 与其他同类手机相比，使用该品牌的手机让我感到更快乐	8.46	14.023	0.830	0.932	0.943
C22 我选择该品牌的手机不是因为我不得不，而是因为我愿意	8.44	13.697	0.805	0.937	
C23 购买该品牌的手机是我明智的选择	8.48	13.842	0.890	0.921	
C24 使用该品牌的手机让我获得了精神上的享受	8.33	13.752	0.867	0.925	
C25 该品牌的手机是新奇和有趣的	8.28	13.914	0.834	0.931	

资料来源：笔者计算。

由表 5-2 可知，所有因子的 Cronbach' α 系数均大于 0.8，其中，动态能力的四个维度因子（A1、A2、A3、A4）和 B2C 价值的两个维度因子（C1、C2）的 Cronbach' α 系数均超过了 0.9，说明 B2C 价值创造的量表数据信度质量很高。从"项已删除的 α 系数"来看，A11 和 B33 的系数均超过了与其对应的 Cronbach' α 系数，因此对这两项进行修正。从修正后的项与总计相关性"CITC 值"来看，所有分析项的 CITC 值均远大于 0.4，其中最低为 0.666，最高达 0.894，说明各分析项之间有较高的相关关系，且数据信度很高。综合所有信度分析指标来看，B2C 价值创造量表的数据信度很高，可以用该数据做进一步分析。

第三节 验证性因子分析

本书用 AMOS26.0 进行了验证性因子分析，检验量表的测量关系、聚合（收敛）效度、区分效度。

一、动态能力量表验证性因子分析

1. 模型设定

本书将市场感知能力（A1）、适应能力（A2）、整合能力（A3）、关系能力（A4）作为动态能力（A）的四个维度，每个维度都是一个潜变量，它们分别由四个观测题项来测量。模型设定（见图5-1）。

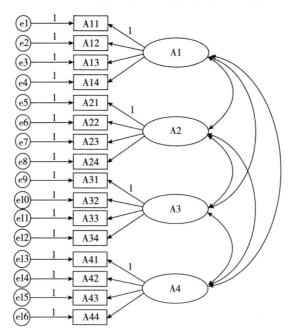

图 5-1 动态能力（A）验证性因子分析

资料来源：笔者自绘。

用 AMOS26.0 对动态能力验证性因子分析模型进行演算（平均变抽取量 AVC 需要手工计算），得到以下参数值进行测量关系分析、聚合（收敛）效度分析、区分效度分析（见表 5-3）。

表 5-3 动态能力（A）CFA 分析基本汇总

Factor	数量
市场感知能力（A1）	4
适应能力（A2）	4
整合能力（A3）	4
关系能力（A4）	4
汇总	16
分析样本量	354

资料来源：笔者自绘。

由表 5-3 可知，针对共市场感知能力（A1）、适应能力（A2）、整合能力（A3）、关系能力（A4）4 个因子以及每个因子包含的 4 个分析项（共计 16 个分析项）进行验证性因子分析。本次分析的有效样本量为 354，超出分析项数量（16 项）的 10 倍，说明本次分析的样本量适中。

就测量关系来看（见表 5-4），所有测量项的标准化载荷系绝对值中，最小的是 0.749（A11），最大的是 0.938，均大于 0.6；而且所有测量项均非常显著（P 值均为 0.000），这说明动态能力量表数据有着较好的测量关系。

表 5-4 动态能力（A）因子载荷系数

Factor（潜变量）	测量项（显变量）	非标准载荷系数（Coef.）	标准误（Std. Error）	z（C. R. 值）	p	标准载荷系数（Std. Estimate）
A1（市场感知能力）	A11 该手机厂商会周期性地对顾客、竞争对手的现状进行系统评估	1.000	—	—	—	0.749
	A12 该手机厂商对手机产业的现状和发展趋势有较为准确的认识	1.051	0.058	18.019	0.000	0.891
	A13 该手机厂商能够及时察觉市场需求的重要变化	1.096	0.059	18.423	0.000	0.908
	A14 该手机厂商的决策是建立在对市场信息充分收集和利用的基础上的	1.111	0.058	19.142	0.000	0.938

续表

Factor （潜变量）	测量项 （显变量）	非标准载荷系数 （Coef.）	标准误 （Std. Error）	z （C. R. 值）	p	标准载荷系数 （Std. Estimate）
A2 （适应能力）	A21 该手机厂商能够快速回应外界环境的变化	1.000	—	—		0.855
	A22 该手机厂商的重要决策能根据顾客与市场的变化进行调整	1.000	0.042	24.025	0.000	0.903
	A23 该手机厂商具有较强的保持战略弹性的能力	0.980	0.042	23.353	0.000	0.890
	A24 该手机厂商能够根据顾客和市场的变化调整自己	1.005	0.043	23.423	0.000	0.892
A3 （整合能力）	A31 该手机厂商有较强的协调和整合内外部资源的能力	1.000	—	—		0.892
	A32 该手机厂商与各利益相关主体具有较强的沟通能力	1.064	0.040	26.933	0.000	0.911
	A33 该手机厂商能够用整合的资源提升工作效率和效能	1.062	0.039	27.389	0.000	0.917
	A34 该手机厂商对跨部门的资源共享和有效协作很满意	1.061	0.041	26.083	0.000	0.899
A4 （关系能力）	A41 该手机厂商与社会网络成员（如供应商、分销商、顾客等）保持良好的关系	1.000	—	—		0.870
	A42 该手机厂商与社会网络成员的联系交流比较频繁	1.105	0.045	24.699	0.000	0.907
	A43 该手机厂商重视与社会网络成员之间保持紧密联系	1.061	0.044	23.974	0.000	0.894
	A44 该手机厂商和社会网络成员之间能够维持长久的合作关系	1.046	0.043	24.345	0.000	0.901

资料来源：笔者计算。

就聚合（收敛）效度而言，本次针对市场感知能力（A1）、适应能力（A2）、整合能力（A3）、关系能力（A4）共4个因子，以及16个分析项进行验证性因子分析。由表5-5可知，市场感知能力（A1）、适应能力（A2）、整合能力（A3）、关系能力（A4）共4个因子对应的 AVE 值中最小的是 0.752（A1），最大的是 0.818（A3），全部均大于 0.5；从组合信度 CR 值来看，最低的是 0.924（A1），最大的是 0.947（A3），均高于 0.7，说明本次分析的动态能力量表数据具有良好的聚合（收敛）效度。

表 5-5 动态能力（A）模型 AVE 和 CR 指标结果

Factor	平均方差萃取 AVE 值	组合信度 C. R. 值
市场感知能力（A1）	0.752	0.924
适应能力（A2）	0.782	0.935
整合能力（A3）	0.818	0.947
关系能力（A4）	0.798	0.940

资料来源：笔者计算。

就区分效度而言（见表 5-6），市场感知能力（A1）的 AVE 平方根值（0.867）小于因子间相关系数绝对值的最大值 0.901，适应能力（A2）的 AVE 平方根值（0.884）小于因子间相关系数绝对值的最大值 0.911，整合能力（A3）的 AVE 平方根值（0.905）小于因子间相关系数绝对值的最大值 0.911，这表明市场感知能力（A1）、适应能力（A2）、整合能力（A3）的区分效度欠佳，可考虑移除标准载荷系数值较低项后重新分析。针对关系能力（A4），其 AVE 平方根值为 0.893，大于因子间相关系数绝对值的最大值 0.864，意味着其具有良好的区分效度。因此多次移除标准载荷系数值较低项后 A11、A21、A31 重新分析，得到以下新的模型。

表 5-6 动态能力（A）区分效度：Pearson 相关与 AVE 平方根值

Factor	市场感知能力（A1）	适应能力（A2）	整合能力（A3）	关系能力（A4）
市场感知能力（A1）	0.867			
适应能力（A2）	0.901	0.884		
整合能力（A3）	0.847	0.911	0.905	
关系能力（A4）	0.828	0.845	0.864	0.893

注：斜对角线数字为 AVE 平方根值。

资料来源：笔者计算。

2. 模型修正

多次移除标准载荷系数值较低项后 A11、A21、A31 重新分析，得到以下新的模型（见图 5-2）。

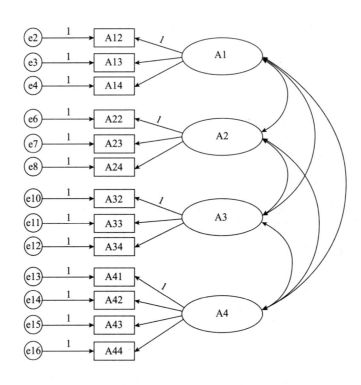

图 5-2 动态能力验证性因子分析修正模型

资料来源：笔者自绘。

用 AMOS26.0 对动态能力验证性因子分析修正模型进行演算（平均变抽取量 AVC 需要手工计算），得到参数值（见表 5-7）。

表 5-7 动态能力（A）修正模型 CFA 分析基本汇总

Factor	数量
市场感知能力（A1）	3
适应能力（A2）	3

续表

Factor	数量
整合能力（A3）	3
关系能力（A4）	4
汇总	13
分析样本量	354

资料来源：笔者计算。

由表 5-7 可知，本次针对 4 个因子，以及 13 个分析项进行验证性因子分析。本次分析的有效样本量为 354，样本量适中。

针对测量关系来看，所有测量项的标准载荷系数绝对值中，最小的是 0.872（A41），最大的是 0.942（A14），均大于 0.6，且所有测量项均很显著性（P 值均为 0.000），意味着修正后的动态能力量表有较好的测量关系（见表 5-8）。

表 5-8 动态能力（A）修正模型因子载荷系数

Factor （潜变量）	测量项 （显变量）	非标准 载荷系数 （Coef.）	标准误 （Std. Error）	z （C. R. 值）	p	标准载 荷系数 （Std. Estimate）
市场感知能力 （A1）	A12 该手机厂商对手机产业的现状和发展趋势有较为准确的认识	1.000	—	—	—	0.890
	A13 该手机厂商能够及时察觉市场需求的重要变化	1.043	0.040	26.206	0.000	0.906
	A14 该手机厂商的决策是建立在对市场信息充分收集和利用的基础上的	1.065	0.037	28.900	0.000	0.942
适应能力 （A2）	A22 该手机厂商的重要决策能根据顾客与市场的变化进行调整	1.000	—	—	—	0.905
	A23 该手机厂商具有较强的保持战略弹性的能力	0.976	0.037	26.348	0.000	0.889
	A24 该手机厂商能够根据顾客和市场的变化调整自己	1.010	0.037	27.119	0.000	0.899

续表

Factor （潜变量）	测量项 （显变量）	非标准 载荷系数 （Coef.）	标准误 （Std. Error）	z （C. R. 值）	p	标准载 荷系数 （Std. Estimate）
整合 能力 （A3）	A32 该手机厂商与各利益相关主体具有较强的沟通能力	1.000	—	—	—	0.913
	A33 该手机厂商能够用整合的资源提升工作效率和效能	0.983	0.035	28.231	0.000	0.906
	A34 该手机厂商对跨部门的资源共享和有效协作很满意	1.007	0.035	28.597	0.000	0.911
关系 能力 （A4）	A41 该手机厂商与社会网络成员（如供应商、分销商、顾客等）保持良好的关系	1.000	—	—	—	0.872
	A42 该手机厂商与社会网络成员的联系交流比较频繁	1.102	0.044	24.765	0.000	0.906
	A43 该手机厂商重视与社会网络成员之间保持紧密联系	1.058	0.044	24.078	0.000	0.894
	A44 该手机厂商和社会网络成员之间能够维持长久的合作关系	1.043	0.043	24.437	0.000	0.900

资料来源：笔者计算。

本次针对动态能力的共 4 个因子以及 13 个分析项进行验证性因子分析。由表 5-9 可知，4 个因子对应的 AVE 值中最小的是 0.798（A4），最大的是 0.833（A1），全部大于 0.5；4 个因子对应的组合信度 CR 值中，最小的是 0.926（A2），最大的是 0.940（A4），全部高于 0.7。这说明本次修正后的动态能力量表数据具有良好的聚合（收敛）效度。

表 5-9　动态能力（A）修正模型 AVE 和 CR 指标结果

Factor	平均方差萃取 AVE 值	组合信度 C. R. 值
市场感知能力（A1）	0.833	0.938
适应能力（A2）	0.806	0.926
整合能力（A3）	0.828	0.935

续表

Factor	平均方差萃取 AVE 值	组合信度 C. R. 值
关系能力（A4）	0.798	0.940

资料来源：笔者计算。

从区分效度分析结果来看（见表 5-10），市场感知能力（A1）的 AVE 平方根值为 0.913，大于因子间相关系数绝对值的最大值 0.893，说明具有良好的区分效度。适应能力（A2）的 AVE 平方根值为 0.898，大于因子间相关系数绝对值的最大值 0.896，说明具有良好的区分效度。整合能力（A3）的 AVE 平方根值为 0.910，大于因子间相关系数绝对值的最大值 0.896，说明具有良好的区分效度。针对关系能力（A4）的 AVE 平方根值为 0.893，大于因子间相关系数绝对值的最大值 0.867，说明具有良好的区分效度。所有因子均通过了区分度检验，说明修正后的动态能力量表数据具有良好的区分效度。动态能力验证性因子分析修正模型标准化系数（见图 5-3）。

表 5-10　动态能力（A）修正模型区分效度：Pearson 相关与 AVE 平方根值

Factor	市场感知能力（A1）	适应能力（A2）	整合能力（A3）	关系能力（A4）
市场感知能力（A1）	0.913			
适应能力（A2）	0.893	0.898		
整合能力（A3）	0.840	0.896	0.910	
关系能力（A4）	0.808	0.835	0.867	0.893

注：斜对角线数字为 AVE 平方根值。

资料来源：笔者计算。

通过 AMOS26.0 利用动态能力的问卷数据进行统计分析，本书得出模型各主要拟合指数[①]（见表 5-11）。

[①] 模型拟合指标用于判断整体模型的拟合效度；常用的指标包括卡方自由度比（χ^2/df）、GFI、RMSEA、RMR、CFI、NFI。

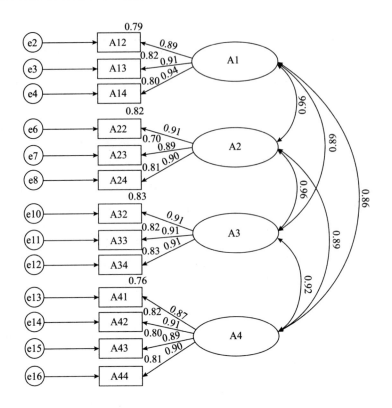

图 5-3　动态能力验证性因子分析修正模型标准化系数

资料来源：笔者绘制。

表 5-11　动态能力（A）修正模型拟合指标

常用指标	χ^2	df	p	卡方自由度比（χ^2/df）	GFI	RMSEA	RMR	CFI	NFI
判断标准	—	—	>0.05	<3	>0.9	<0.10	<0.05	>0.9	>0.9
值	234.475	59	0.000	3.974	0.907	0.092	0.022	0.970	0.960
其他指标	TLI	AGFI	IFI	PGFI	PNFI	SRMR	RMSEA 90%CI		
判断标准	>0.9	>0.9	>0.9	>0.5	>0.5	<0.1	—		
值	0.960	0.857	0.970	0.588	0.726	0.024	0.080~0.104		

资料来源：笔者计算。

考察参数值，$\chi^2/df = 3.974 < 5$；拟合优度绝对指标 RMSEA = 0.092 < 0.10、GFI = 0.907 > 0.900；拟合优度相对指标 CFI = 0.970 > 0.900、NFI = 0.960 > 0.900。因此，动态能力验证性因子分析模型有良好的拟合度，模型可以接受。

二、企业价值创造行为量表验证性因子分析

1. 模型设定

本书将资源提供（B1）、价值主张（B2）、互动平台（B3）、参与程度（B4）作为企业行为（B）的 4 个维度，分别对应 4 个潜变量，它们分别由对应的观测题项来测量。模型设定（见图5-4）。

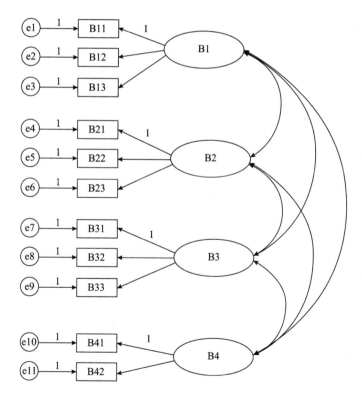

图 5-4 企业行为（B）验证性因子分析

用 AMOS26.0 对企业行为（B）验证性因子分析模型进行演算（平均变抽取量 AVC 需要手工计算），得到以下参数值进行测量关系分析、聚合（收敛）效度分析、区分效度分析（见表 5-12）。

表 5-12 企业行为（B）CFA 分析基本汇总

Factor	数量
资源提供（B1）	3
价值主张（B2）	3
互动平台（B3）	3
参与程度（B4）	2
汇总	11
分析样本量	354

资料来源：笔者计算。

从表 5-12 可知，本次针对企业价值创造行为量表中的 4 个因子（B1~B4）以及 11 个分析项进行验证性因子分析。本次分析有效样本量为 354，样本量适中。

就模型的测量关系而言，从各测量项的标准化载荷系数绝对值来看，最小的数值为 0.733（B23），最大的数值为 0.896（B13），均大于 0.6；而且所有测量项均非常显著（p 值均为 0.000），这说明企业价值创造行为量表数据有着较好的测量关系（见表 5-13）。

表 5-13 企业行为（B）模型因子载荷系数

Factor（潜变量）	测量项（显变量）	非标准载荷系数（Coef.）	标准误（Std. Error）	z（C. R. 值）	p	标准载荷系数（Std. Estimate）
B1（资源提供）	B11 手机厂商提供的产品能满足我的需求	1.000	—	—	—	0.760
	B12 手机厂商经常推出新的产品与服务	1.128	0.076	14.889	0.000	0.763
	B13 手机厂商会通过网络途径积极提供解决问题的资源与方法	1.416	0.079	17.891	0.000	0.896

续表

Factor（潜变量）	测量项（显变量）	非标准载荷系数（Coef.）	标准误（Std. Error）	z（C. R.值）	p	标准载荷系数（Std. Estimate）
B2（价值主张）	B21 手机厂商重视顾客对产品和服务的满意程度	1.028	0.057	17.941	0.000	0.874
	B22 同类产品中，我会优先考虑该厂商的手机	1.000	—	—	—	0.769
	B23 与竞争对手相比，我所使用的手机厂商强调提供差异化的产品	0.943	0.065	14.510	0.000	0.733
B3（互动平台）	B31 该手机厂商通过网络搭建了互动平台为顾客提供相关支持服务	1.000	—	—	—	0.878
	B32 该手机厂商会在平台中为顾客提供产品资讯，共享信息	0.969	0.044	22.085	0.000	0.865
	B33 该手机厂商成立品牌社群方便顾客交流产品体验心得	0.979	0.059	16.676	0.000	0.735
B4（参与程度）	B41 该手机厂商能深入参与顾客的消费体验过程，了解顾客的意见	1.000	—	—	—	0.832
	B42 该手机厂商会向顾客传递正确的资讯，影响顾客对产品和企业的认知	0.966	0.049	19.864	0.000	0.876

资料来源：笔者计算。

就聚合（收敛）效度而言（见表 5-14），企业价值创造行为量表中 4 个因子对应的 AVE 值中最小的是 0.623（B2），最大的是 0.726（B4），AVE 值全部大于 0.5；4 个因子对应的组合信度 CR 值中，最小的是 0.832（B2），最大的是 0.859（B3），CR 全部高于 0.7。这说明企业价值创造行为量表数据具有良好的聚合（收敛）效度。

表 5-14　企业行为（B）模型 AVE 和 CR 指标结果

Factor	平均方差萃取 AVE 值	组合信度 C. R. 值
资源提供（B1）	0.667	0.855
价值主张（B2）	0.623	0.832

续表

Factor	平均方差萃取 AVE 值	组合信度 C.R. 值
互动平台（B3）	0.670	0.859
参与程度（B4）	0.726	0.841

资料来源：笔者计算。

就区分效度而言（见表 5-15），资源提供（B1）的 AVE 平方根值为 0.817，大于因子间相关系数绝对值的最大值为 0.803，说明具有良好的区分效度。价值主张（B2）的 AVE 平方根值为 0.789，小于因子间相关系数绝对值的最大值为 0.803，说明区分效度欠佳，可考虑移除标准载荷系数值较低项后重新分析。互动平台（B3）的 AVE 平方根值为 0.818，小于因子间相关系数绝对值的最大值为 0.836，说明区分效度欠佳，可考虑移除标准载荷系数值较低项后重新分析。参与程度（B4）的 AVE 平方根值为 0.852，大于因子间相关系数绝对值的最大值为 0.836，说明具有良好的区分效度。因此多次移除标准载荷系数值较低项 B12、B23、B33 后重新分析，得到以下新的模型。

表 5-15 企业行为（B）区分效度：Pearson 相关与 AVE 平方根值

Factor	资源提供（B1）	价值主张（B2）	互动平台（B3）	参与程度（B4）
资源提供（B1）	0.817			
价值主张（B2）	0.803	0.789		
互动平台（B3）	0.713	0.764	0.818	
参与程度（B4）	0.693	0.730	0.836	0.852

注：斜对角线数字为 AVE 平方根值。

资料来源：笔者计算。

2. 模型修正

多次移除标准载荷系数值较低项 B12、B23、B33 后重新分析，得到以下新的模型（见图 5-5）。

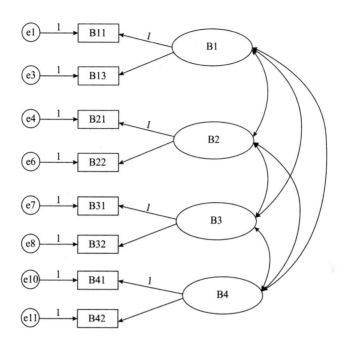

图 5-5　企业行为（B）验证性因子分析修正模型

资料来源：笔者自绘。

用 AMOS26.0 对企业价值创造行为（B）验证性因子分析模型进行演算（平均变抽取量 AVC 需要手工计算），得到以下参数值进行测量关系分析、聚合（收敛）效度分析、区分效度分析、指标拟合优度（见表 5-16）。

表 5-16　企业行为（B）CFA 修正模型分析基本汇总

Factor	数量
资源提供（B1）	2
价值主张（B2）	2
互动平台（B3）	2
参与程度（B4）	2
汇总	8
分析样本量	354

资料来源：笔者计算。

从表5-16可知，本次针对共4个因子，以及8个分析项进行验证性因子分析（CFA）分析。本次分析有效样本量为354，样本量适中。

就模型的测量关系而言，从各测量项的标准化载荷系数绝对值来看，最小的数值为0.741（B11），最大的数值为0.911（B21），均大于0.6；而且所有测量项均非常显著（P值均为0.000），这说明修正后的企业价值创造行为量表数据有着较好的测量关系（见表5-17）。

表5-17　企业行为（B）修正模型因子载荷系数

Factor（潜变量）	测量项（显变量）	非标准载荷系数（Coef.）	标准误（Std. Error）	z（C. R.值）	p	标准载荷系数（Std. Estimate）
资源提供（B1）	B11 手机厂商提供的产品能满足我的需求	1.000	—	—	—	0.741
	B13 手机厂商会通过网络途径积极提供解决问题的资源与方法	1.447	0.084	17.261	0.000	0.893
价值主张（B2）	B21 手机厂商重视顾客对产品和服务的满意程度	1.095	0.062	17.673	0.000	0.911
	B22 同类产品中，我会优先考虑该厂商的手机	1.000	—	—	—	0.753
互动平台（B3）	B31 该手机厂商通过网络搭建了互动平台为顾客提供相关支持服务	1.000	—	—	—	0.881
	B32 该手机厂商会在平台中为顾客提供产品资讯，共享信息	0.976	0.044	22.083	0.000	0.875
参与程度（B4）	B41 该手机厂商能深入参与顾客的消费体验过程，了解顾客的意见	1.000	—	—	—	0.822
	B42 该手机厂商会向顾客传递正确的资讯，影响顾客对产品和企业的认知	0.991	0.051	19.260	0.000	0.886

资料来源：笔者计算。

就聚合（收敛）效度而言（见表5-18），修正后的企业价值创造行为量表中4个因子对应的 AVE 值中最小的是 0.685（B2），最大的是 0.771（B3），AVE 值全部大于 0.5；4个因子对应的组合信度 CR 值中，最小的是 0.813（B2），最大的是 0.871（B3），CR 全部高于 0.7。这说明修正后的企业价值创造行为量表数据具有良好的聚合（收敛）效度。

表 5-18　企业行为（B）修正模型 AVE 和 CR 指标结果

Factor	平均方差萃取 AVE 值	组合信度 CR 值
资源提供（B1）	0.696	0.816
价值主张（B2）	0.685	0.813
互动平台（B3）	0.771	0.871
参与程度（B4）	0.726	0.841

资料来源：笔者计算。

就区分效度分析而言（见表5-19），资源提供（B1）的 AVE 平方根值为 0.834，大于因子间相关系数绝对值的最大值为 0.813，说明具有良好的区分效度。价值主张（B2）的 AVE 平方根值为 0.828，大于因子间相关系数绝对值的最大值为 0.813，说明具有良好的区分效度。互动平台（B3）的 AVE 平方根值为 0.878，大于因子间相关系数绝对值的最大值为 0.792，说明具有良好的区分效度。参与程度（B4）的 AVE 平方根值为 0.852，大于因子间相关系数绝对值的最大值 0.792，说明具有良好的区分效度。修正后的企业价值创造行为量表所有因子均通过了区分度检验，说明修正后的企业价值创造行为量表数据具有良好的区分效度。

表 5-19　企业行为（B）修正模型区分效度：Pearson 相关与 AVE 平方根值

Factor	资源提供（B1）	价值主张（B2）	互动平台（B3）	参与程度（B4）
资源提供（B1）	0.834			
价值主张（B2）	0.813	0.828		

续表

Factor	资源提供（B1）	价值主张（B2）	互动平台（B3）	参与程度（B4）
互动平台（B3）	0.751	0.725	0.878	
参与程度（B4）	0.686	0.686	0.792	0.852

注：斜对角线数字为 AVE 平方根值。

资料来源：笔者计算。

通过 AMOS26.0 利用 B2C 价值创造问卷调查样本数据进行统计分析，得出企业价值创造修正模型各主要拟合指数（见表5-20）。

表5-20　企业行为（B）修正模型拟合指标

常用指标	χ^2	df	p	卡方自由度比（χ^2/df）	GFI	RMSEA	RMR	CFI	NFI
判断标准	—	—	>0.05	<3	>0.9	<0.10	<0.05	>0.9	>0.9
值	44.364	14	0.000	3.169	0.970	0.078	0.023	0.986	0.980
其他指标	TLI	AGFI	IFI	PGFI	PNFI	SRMR	RMSEA 90%CI		
判断标准	>0.9	>0.9	>0.9	>0.5	>0.5	<0.1	—		
值	0.972	0.922	0.986	0.377	0.490	0.024	0.053~0.105		

资料来源：笔者计算。

虽然卡方自由度比 = 3.169 不达标，但是 GFI = 0.970、AGFI = 0.922、RMSEA = 0.078、RMR = 0.023、CFI = 0.986、NFI = 0.980、TLI = 0.972、IFI = 0.986。这说明企业行为（B）整体模型拟合效度较好。图5-6展示了企业行为验证性因子分析修正模型标准化系数。

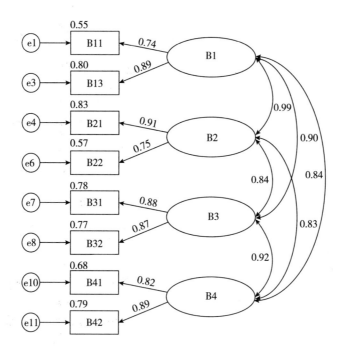

图 5-6 企业行为（B）验证性因子分析修正模型标准化系数展示

资料来源：笔者自绘。

三、B2C 价值量表验证性因子分析

1. 模型设定

本书将实用价值（C1）、享乐价值（C2）作为 B2C 价值创造（C）的两个维度，每个维度都是一个潜变量，它们分别由对应的观测题项来测量。模型设定（见图 5-7）。

用 AMOS26.0 对 B2C 价值（C）验证性因子分析模型进行演算（平均变抽取量 AVC 需要手工计算），得到以下参数值进行测量关系分析、聚合（收敛）效度分析、区分效度分析（见表 5-21）。

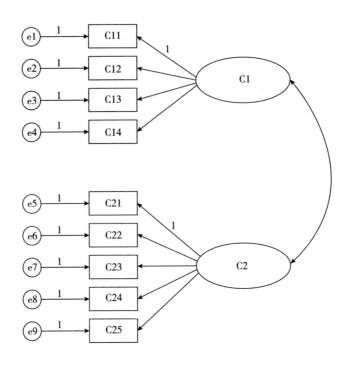

图 5-7　B2C 价值（C）验证性因子分析

资料来源：笔者自绘。

表 5-21　B2C 价值（C）CFA 分析基本汇总

Factor	数量
实用价值（C1）	4
享乐价值（C2）	5
汇总	9
分析样本量	354

资料来源：笔者自绘。

从表 5-21 可知，本次针对实用价值（C1）、享乐价值（C2）共 2 个因子，以及 9 个分析项进行验证性因子分析。本次分析有效样本量为 354，样本量适中。

就模型的测量关系而言（见表 5-22），从各测量项的标准化载荷系数绝对值来看，最小的数值为 0.806（C12），最大的数值为 0.929（C23），均大于 0.6；而且所有测量项均非常显著（P 值均为 0.000），这说明企业价值创造行为量表数据有着较好的测量关系。

表 5-22　B2C 价值（C）因子载荷系数

Factor（潜变量）	测量项（显变量）	非标准载荷系数（Coef.）	标准误（Std. Error）	z（C. R. 值）	p	标准载荷系数（Std. Estimate）
实用价值（C1）	C11	1.000	—	—	—	0.870
	C12	0.923	0.047	19.450	0.000	0.806
	C13	0.989	0.042	23.393	0.000	0.890
	C14	1.063	0.048	21.953	0.000	0.861
享乐价值（C2）	C21	1.000	—	—	—	0.885
	C22	1.012	0.047	21.714	0.000	0.836
	C23	1.022	0.037	27.490	0.000	0.929
	C24	1.005	0.041	24.416	0.000	0.884
	C25	0.967	0.044	22.237	0.000	0.846

资料来源：笔者计算。

本次针对实用价值（C1）、享乐价值（C2）共 2 个因子，以及 9 个分析项进行验证性因子分析（CFA）分析。从表 5-23 可知，实用价值（C1）、享乐价值（C2）共 2 个因子对应的 AVE 值均大于 0.9，且它们的 CR 值全部大于 0.7，说明本次分析的 B2C 价值创造测量数据具有良好的聚合（收敛）效度。

表 5-23　B2C 价值（C）模型 AVE 和 CR 指标结果

Factor	平均方差萃取 AVE 值	组合信度 C.R. 值
实用价值（C1）	0.735	0.917
享乐价值（C2）	0.765	0.942

资料来源：笔者计算。

就区分效度检测而言（见表5-24），实用价值（C1）的AVE平方根值为0.857，小于因子间相关系数绝对值的最大值为0.859，说明区分效度欠佳，可考虑移除标准载荷系数值较低项后重新分析。享乐价值（C2）的AVE平方根值为0.875，大于因子间相关系数绝对值的最大值为0.859，说明具有良好的区分效度。因此需要移除标准载荷系数值较低项C12后重新进行分析。

表5-24 B2C价值（C）区分效度：Pearson相关与AVE平方根值

Factor	实用价值（C1）	享乐价值（C2）
实用价值（C1）	0.857	
享乐价值（C2）	0.859	0.875

注：斜对角线数字为AVE平方根值。

资料来源：笔者计算。

2. 模型修正

移除标准载荷系数值较低项C12，得到以下新的B2C价值（C）验证性因子分析模型，模型设定（见图5-8）。

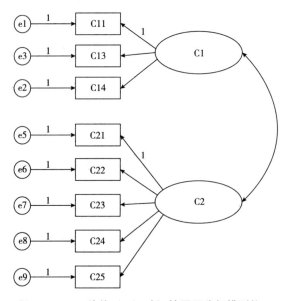

图5-8 B2C价值（C）验证性因子分析模型修正

资料来源：笔者自绘。

用 AMOS26.0 对 B2C 价值（C）验证性因子分析模型进行演算（平均变抽取量 AVC 需要手工计算），得到以下参数值进行测量关系分析、聚合（收敛）效度分析、区分效度分析、指标拟合优度（见表 5-25）。

表 5-25　B2C 价值（C）修正模型 CFA 分析基本汇总

Factor	数量
实用价值（C1）	3
享乐价值（C2）	5
汇总	8
分析样本量	354

资料来源：笔者自绘。

从表 5-25 可知，本次针对实用价值（C1）、享乐价值（C2）共 2 个因子，以及 8 个分析项进行验证性因子分析。本次分析有效样本量为 354，样本量适中。

就模型的测量关系而言（见表 5-26），从各测量项的标准化载荷系数绝对值来看，最小的数值为 0.836（C22），最大的数值为 0.930（C23），均大于 0.6；而且所有测量项均非常显著（P 值均为 0.000），这说明修正后的 B2C 价值量表数据有着较好的测量关系。

表 5-26　B2C 价值（C）修正模型因子载荷系数

Factor（潜变量）	测量项（显变量）	非标准载荷系数（Coef.）	标准误（Std. Error）	z（C. R. 值）	p	标准载荷系数（Std. Estimate）
实用价值（C1）	C11	1.000	—	—	—	0.865
	C13	0.979	0.044	22.117	0.000	0.875
	C14	1.085	0.049	22.049	0.000	0.874

续表

Factor （潜变量）	测量项 （显变量）	非标准 载荷系数 （Coef.）	标准误 （Std. Error）	z （C. R. 值）	p	标准载 荷系数 （Std. Estimate）
享乐价值 （C2）	C21	1.000	—	—	—	0.886
	C22	1.012	0.047	21.747	0.000	0.836
	C23	1.023	0.037	27.623	0.000	0.930
	C24	1.003	0.041	24.394	0.000	0.883
	C25	0.965	0.044	22.166	0.000	0.844

资料来源：笔者计算。

就聚合（收敛）效度而言，本次针对实用价值（C1）、享乐价值（C2）共2个因子，以及8个分析项进行验证性因子分析。从表5-27可知，实用价值（C1）、享乐价值（C2）共2个因子对应的AVE值全部均大于0.5，且CR值全部均高于0.7，说明修正后的B2C价值测量数据具有良好的聚合（收敛）效度。

表5-27 B2C价值（C）修正模型AVE和CR指标结果

Factor	平均方差萃取AVE值	组合信度CR值
实用价值（C1）	0.759	0.904
享乐价值（C2）	0.765	0.942

资料来源：笔者计算。

就区分效度分析而言（见表5-28），实用价值（C1）的AVE平方根值为0.871，大于因子间相关系数绝对值的最大值为0.859，说明具有良好的区分效度。享乐价值（C2）的AVE平方根值为0.875，大于因子间相关系数绝对值的最大值为0.859，说明其具有良好的区分效度。综合来看，B2C

价值测量数据具有良好的区分效度。

表 5-28　B2C 价值（C）修正模型区分效度：Pearson 相关与 AVE 平方根值

Factor	实用价值（C1）	享乐价值（C2）
实用价值（C1）	0.871	
享乐价值（C2）	0.859	0.875

注：斜对角线数字为 AVE 平方根值。
资料来源：笔者计算。

通过 AMOS26.0 利用调研样本数据进行统计分析，本书得出 B2C 价值模型各主要拟合指数（见表 5-29）。

表 5-29　B2C 价值（C）修正模型拟合指标

常用指标	χ^2	df	p	卡方自由度比（χ^2/df）	GFI	RMSEA	RMR	CFI	NFI
判断标准	—	—	>0.05	<3	>0.9	<0.10	<0.05	>0.9	>0.9
值	151.726	19	0.000	7.986	0.906	0.141	0.031	0.954	0.948
其他指标	TLI	AGFI	IFI	PGFI	PNFI	SRMR	RMSEA 90%CI		
判断标准	>0.9	>0.9	>0.9	>0.5	>0.5	<0.1	—		
值	0.933	0.822	0.954	0.478	0.643	0.031	0.120~0.162		

资料来源：笔者计算。

虽然卡方自由度比 = 7.986 不达标，但是 GFI = 0.906、RMR = 0.031、CFI = 0.954、NFI = 0.948、TLI = 0.933、IFI = 0.954。这说明整体模型拟合效度较好。B2C 价值创造验证性因子分析修正模型标准化系数（见图5-9）。

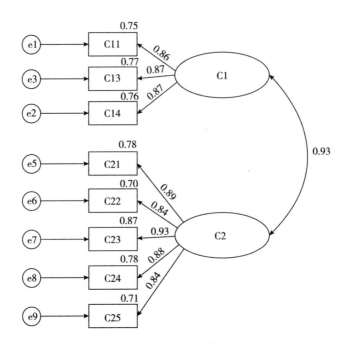

图 5-9　B2C 价值（C）验证性因子分析修正模型标准化系数

资料来源：笔者自绘。

第四节　结构方程模型

本节采用结构方程模型（SEM）来验证基于顾客主导逻辑的价值创造机理理论模型，采用极大似然估计法来计算理论模型的拟合指标与各个路径系数的估计值，得出假设检验相关的测量要素之间的相关关系。通过AMOS26.0 提供的临界比例（Critical Ratio，C. R.）或显著性水平 P 值就能够判断是否接受假设检验通过，以便考察通过结构方程模型分析获得的参数估计值是否具有统计意义。

一、动态能力影响企业行为

1. 模型设定

本书将前文修正后的动态能力（A）与企业行为（B）量表构建 A 影响 B 的模型。A 由市场感知能力（A1）、适应能力（A2）、整合能力（A3）、关系能力（A4）构成，B 由资源提供（B1）、价值主张（B2）、互动平台（B3）、参与程度（B4）构成，依据 A1、A2、A3、A4 对 B1、B2、B3、B4 的假设关系，结合信度分析与效度分析的结果，建立初始模型（见图 5-10）。

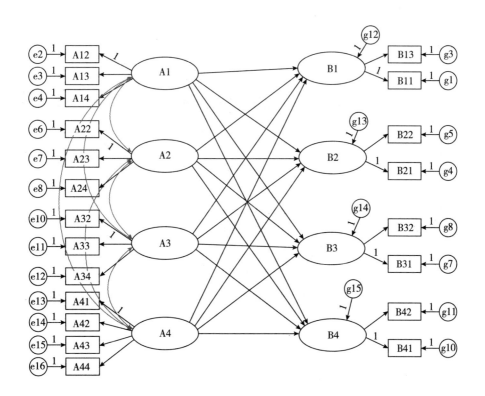

图 5-10　动态能力（A）影响企业行为（B）模型

资料来源：笔者自绘。

通过 AMOS26.0 利用 B2C 价值创造问卷调查数据进行分析，得出模型各主要拟合指数（见表 5-30）。

表 5-30　动态能力（A）影响企业行为（B）模型拟合指标

常用指标	χ^2	df	p	卡方自由度比（χ^2/df）	GFI	RMSEA	RMR	CFI	NFI
判断标准	—	—	>0.05	<3	>0.9	<0.10	<0.05	>0.9	>0.9
值	1071.321	302	0.000	3.547	0.810	0.085	0.039	0.929	0.904
其他指标	TLI	AGFI	IFI	PGFI	PNFI	SRMR	RMSEA 90%CI		
判断标准	>0.9	>0.9	>0.9	>0.9	>0.9	<0.1	—		
值	0.917	0.762	0.929	0.647	0.778	0.039	0.079~0.090		

资料来源：笔者计算。

模型拟合指标非常多，通常情况下很难所有指标均需要达标。虽然卡方自由度比（3.547>3）、GFI（0.810<0.9）、AGFI（0.762<0.9）不达标，但是 RMR（0.039<0.05）、RMSEA（0.085<0.10）、SRMR（0.039<0.1），而 CFI（0.929）、NFI（0.904）、NFJ（0.904）、TLI（0.917）、IFI（0.929）等指标均大于 0.9，这些指标均通过了检测。因此，总体而言，本模型整体拟合效度较好。

动态能力（A）影响企业行为（B）模型回归结果（见表 5-31）。

表 5-31　动态能力（A）影响企业行为（B）模型回归系数汇总

X	→	Y	非标准化回归系数	S.E.	z（C.R. 值）	p	标准化回归系数
A1	→	B1	−21.428	3.043	−7.043	0.000	−29.190
A1	→	B2	−27.547	3.742	−7.362	0.000	−26.891
A1	→	B3	−21.849	3.144	−6.950	0.000	−21.434
A1	→	B4	−18.197	2.855	−6.374	0.000	−17.329

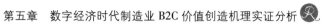

续表

X	→	Y	非标准化回归系数	S. E.	z（C. R. 值）	p	标准化回归系数
A2	→	B1	43.814	3.195	13.713	0.000	59.021
A2	→	B2	56.880	3.304	17.214	0.000	54.907
A2	→	B3	45.105	3.348	13.474	0.000	43.755
A2	→	B4	37.890	3.581	10.580	0.000	35.680
A3	→	B1	−29.858	3.506	−8.517	0.000	−40.917
A3	→	B2	−38.855	4.227	−9.193	0.000	−38.156
A3	→	B3	−30.947	3.652	−8.473	0.000	−30.540
A3	→	B4	−26.120	3.433	−7.608	0.000	−25.022
A4	→	B1	8.217	2.864	2.869	0.004	11.064
A4	→	B2	10.551	3.687	2.862	0.004	10.180
A4	→	B3	8.688	2.956	2.939	0.003	8.424
A4	→	B4	7.464	2.522	2.960	0.003	7.025
A1	→	A14	1.055	0.036	29.056	0.000	0.938
A1	→	A13	1.036	0.039	26.416	0.000	0.904
A1	→	A12	1.000	—	—	—	0.894
A2	→	A24	1.003	0.038	26.449	0.000	0.891
A2	→	A23	0.974	0.037	26.025	0.000	0.885
A2	→	A22	1.000	—	—	—	0.902
A3	→	A34	1.010	0.036	28.268	0.000	0.909
A3	→	A33	0.985	0.035	27.774	0.000	0.903
A3	→	A32	1.000	—	—	—	0.910
A4	→	A42	1.096	0.045	24.569	0.000	0.901
A4	→	A41	1.000	—	—	—	0.872
A4	→	A44	1.045	0.042	24.617	0.000	0.902
A4	→	A43	1.057	0.044	24.102	0.000	0.893
B1	→	B13	1.450	0.084	17.287	0.000	0.898
B1	→	B11	1.000	—	—	—	0.743
B2	→	B22	0.944	0.052	18.015	0.000	0.765
B2	→	B21	1.000	—	—	—	0.896

续表

X	→	Y	非标准化回归系数	S. E.	z （C. R. 值）	p	标准化回归系数
B3	→	B32	1.000	—	—	—	0.876
B3	→	B31	1.022	0.047	21.643	0.000	0.880
B4	→	B42	1.013	0.053	19.117	0.000	0.896
B4	→	B41	1.000	—	—	—	0.813

注：→表示回归影响关系。

资料来源：笔者计算。

由表 5-31 可知，市场感知能力（A1）显著地反向影响资源提供（B1）（标准化回归系数 $=-29.190$，$p < 0.01$）、价值主张（B2）（标准化回归系数 $=-26.891$，$p < 0.01$）、互动平台（B3）（标准化回归系数 $=-21.434$，$p < 0.01$）、参与程度（B4）（标准化回归系数 $=-17.329$，$p < 0.01$）；适应能力（A2）显著地正向影响资源提供（B1）（标准化回归系数 $=59.021$，$p < 0.01$）、价值主张（B2）（标准化回归系数 $=54.907$，$p < 0.01$）、互动平台（B3）（标准化回归系数 $=43.755$，$p < 0.01$）、参与程度（B4）（标准化回归系数 $=35.680$，$p < 0.01$）；整合能力（A3）显著地反向影响资源提供（B1）（标准化回归系数 $=-40.917$，$p < 0.01$）、价值主张（B2）（标准化回归系数 $=-38.156$，$p < 0.01$）、互动平台（B3）（标准化回归系数 $=-30.540$，$p < 0.01$）、参与程度（B4）（标准化回归系数 $=-25.022$，$p < 0.01$）；关系能力（A4）显著地正向影响资源提供（B1）（标准化回归系数 $=11.064$，$p < 0.01$）、价值主张（B2）（标准化回归系数 $=10.180$，$p < 0.01$）、互动平台（B3）（标准化回归系数 $=8.424$，$p < 0.01$）、参与程度（B4）（标准化回归系数 $=7.025$，$p < 0.01$）。但是，标准化回归系数大于 1 说明模型存在严重的共线问题。[①] 故需要重新设定模型。

---

① 当迭代收敛并得到参数估计值时，仍可能存在广义的 Heywood 问题，具体表现为：误差方差或因子方差为负；标准化负荷大于 1；相关系数大于 1；参数的标准误过大。详见王卫东：《结构方程模型原理与应用》，中国人民大学出版社 2010 年版。

2. 模型修正

直接构建市场感知能力（A1）、适应能力（A2）、整合能力（A3）、关系能力（A4）对资源提供（B1）、价值主张（B2）、互动平台（B3）、参与程度（B4）的影响模型存在严重共线性问题，故建立动态能力（A）影响企业价值创造行为（B）的修正模型（见图 5-11）。

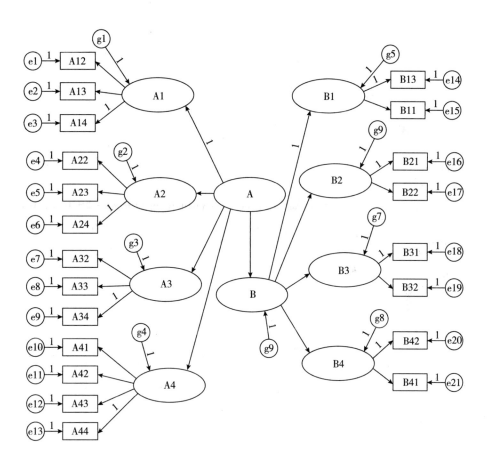

图 5-11　动态能力（A）影响企业行为（B）修正模型

资料来源：笔者自绘。

通过 AMOS26.0 利用 B2C 价值创造的问卷调查数据进行统计分析，得出模型各主要拟合指数（见表 5-32）。

表5-32　动态能力（A）影响企业行为（B）修正模型拟合指标

常用指标	χ^2	df	p	卡方自由度比（χ^2/df）	RMR	GFI	AGFI	RMSEA	NFI	RFI
判断标准	—	—	>0.05	<3	<0.05	>0.9	>0.9	<0.10	>0.9	>0.9
值	598.094	180	0.000	3.323	0.035	0.860	0.820	0.081	0.930	0.919
其他指标	IFI	TLI	CFI	PGFI	PNFI			RMSEA 90%CI		
判断标准	>0.9	>0.9	>0.9	>0.5	>0.5			—		
值	0.950	0.942	0.950	0.670	0.797			0.074~0.088		

资料来源：笔者计算。

虽然卡方自由度（3.323>3）、GFI（0.860<0.9）、AGFI（0.820<0.9）未达标，但是 RMR（0.035<0.05）、RMSEA（0.081<0.10），NFI（0.930）、RFI（0.919）、IFI（0.950）、TLI（0.942）、CFI（0.950）均大于0.9，PGFI（0.670）、PNFI（0.797）均大于0.9，说明大部分指标符合标准，所以总体而言本模型拟合较好。

动态能力（A）影响企业行为（B）修正模型回归结果（见表5-33）。

表5-33　动态能力（A）影响企业行为（B）修正模型回归系数汇总

X	→	Y	非标准化回归系数	S.E.	z（C.R.值）	p	标准化回归系数
A	→	B	0.844	0.048	17.466	0.000	0.828
B	→	B1	1				0.975
B	→	B2	0.952	0.046	20.889	0.000	0.96
B	→	B3	0.945	0.049	19.444	0.000	0.932
B	→	B4	0.955	0.048	19.753	0.000	0.915
A	→	A1	1				0.947
A	→	A2	0.99	0.039	25.625	0.000	0.993

续表

X	→	Y	非标准化回归系数	S. E.	z (C. R. 值)	p	标准化回归系数
A	→	A3	0.978	0.039	24.844	0.000	0.969
A	→	A4	0.943	0.043	22.042	0.000	0.918
B1	→	B13	1				0.885
B1	→	B11	0.703	0.041	16.99	0.000	0.747
B2	→	B21	1				0.887
B2	→	B22	0.965	0.054	17.818	0.000	0.774
B3	→	B31	1				0.878
B3	→	B32	0.983	0.045	21.771	0.000	0.878
B4	→	B42	1				0.901
B4	→	B41	0.976	0.052	18.921	0.000	0.808
A2	→	A24	1				0.899
A2	→	A23	0.965	0.037	25.795	0.000	0.888
A2	→	A22	0.99	0.037	27.051	0.000	0.905
A1	→	A14	1				0.942
A1	→	A13	0.978	0.032	30.35	0.000	0.904
A1	→	A12	0.942	0.032	29.034	0.000	0.892
A3	→	A34	1				0.907
A3	→	A33	0.986	0.035	28.017	0.000	0.911
A3	→	A32	0.995	0.036	28.029	0.000	0.912
A4	→	A44	1				0.9
A4	→	A43	1.017	0.039	26.045	0.000	0.896
A4	→	A42	1.057	0.039	26.814	0.000	0.906
A4	→	A41	0.955	0.039	24.221	0.000	0.869

资料来源：笔者计算。

　　根据模型的验证结果（见表 5-33、图 5-12），可以判定动态能力（A）显著正向影响企业行为（B）（标准化回归系数 = 0.828，p<0.01）。

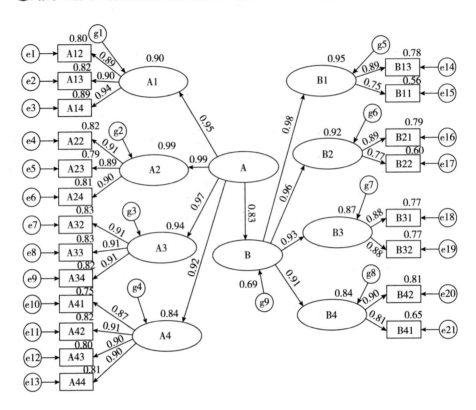

图 5-12 动态能力（A）影响企业行为（B）修正模型结果

资料来源：笔者自绘。

二、动态能力影响 B2C 价值创造

1. 模型设定

本书将前文修正后的动态能力（A）与 B2C 价值创造（C）量表构建动态能力（A）影响 B2C 价值创造（C）模型。A 由市场感知能力（A1）、适应能力（A2）、整合能力（A3）、关系能力（A4）构成，C 由实用价值（C1）、享乐价值（C2）构成，依据 A1、A2、A3、A4 对 C1、C2 的假设关系，结合信度分析与效度分析的结果，建立动态能力（A）影响 B2C 价值创造（C）的初始模型（见图 5-13）。

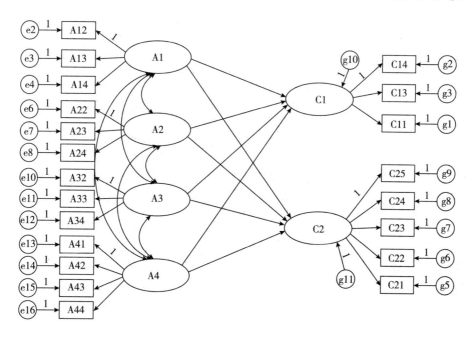

图 5-13　动态能力（A）影响 B2C 价值（C）模型

资料来源：笔者自绘。

通过 AMOS26.0 利用 B2C 价值创造问卷调查数据进行统计分析，得出模型各主要拟合指数（见表 5-34）。

表 5-34　动态能力（A）影响 B2C 价值（C）模型拟合指标

常用指标	χ^2	df	p	卡方自由度比 (χ^2/df)	GFI	RMSEA	RMR	CFI	NFI
判断标准	—	—	>0.05	<3	>0.9	<0.10	<0.05	>0.9	>0.9
值	569.677	175	0.000	3.255	0.865	0.080	0.026	0.957	0.939
其他指标	TLI	AGFI	IFI	PGFI	PNFI	SRMR	RMSEA 90%CI		
判断标准	>0.9	>0.9	>0.9	>0.9	>0.9	<0.1	—		
值	0.948	0.822	0.957	0.656	0.783	0.028	0.073~0.087		

资料来源：笔者计算。

虽然卡方自由度比（3.255＞3）、GFI（0.865＜0.9）、AGFI（0.822＜0.9）不达标，但是 RMSEA（0.080＜0.10）、RMR（0.026＜0.05），CFI（0.957）、NFI（0.939）、TLI（0.948）、IFI（0.957）等指标均大于0.9。这说明整体模型拟合效度不尽理想，但仍需进一步调整。

动态能力（A）影响 B2C 价值（C）模型回归结果（见表5-35）。

表5-35 动态能力（A）影响 B2C 价值（C）模型回归系数汇总

X	→	Y	非标准化回归系数	S.E.	z（C.R.值）	p	标准化回归系数
A1	→	C1	-16.789	25.174	-0.667	0.505	-17.464
A1	→	C2	-24.237	9.439	-2.568	0.010	-22.780
A2	→	C1	34.299	50.168	0.684	0.494	35.083
A2	→	C2	49.357	18.286	2.699	0.007	45.615
A3	→	C1	-20.723	31.155	-0.665	0.506	-21.789
A3	→	C2	-30.334	12.098	-2.507	0.012	-28.817
A4	→	C1	4.314	6.708	0.643	0.520	4.432
A4	→	C2	6.510	3.974	1.638	0.101	6.042
A1	→	A14	1.055	0.036	28.902	0.000	0.938
A1	→	A13	1.038	0.039	26.468	0.000	0.906
A1	→	A12	1.000	—	—	—	0.893
A2	→	A24	1.007	0.039	26.141	0.000	0.889
A2	→	A23	0.979	0.038	25.854	0.000	0.885
A2	→	A22	1.000	—	—	—	0.899
A3	→	A34	1.003	0.035	28.416	0.000	0.907
A3	→	A33	0.983	0.035	28.309	0.000	0.906
A3	→	A32	1.000	—	—	—	0.913
A4	→	A42	1.102	0.045	24.747	0.000	0.905
A4	→	A41	1.000	—	—	—	0.871
A4	→	A44	1.044	0.043	24.457	0.000	0.900
A4	→	A43	1.059	0.044	24.066	0.000	0.894
C1	→	C14	1.097	0.050	21.927	0.000	0.875

续表

X	→	Y	非标准化回归系数	S. E.	z (C. R. 值)	p	标准化回归系数
C1	→	C13	0.996	0.045	22.244	0.000	0.881
C1	→	C1	1.000	—	—		0.856
C2	→	C25	0.975	0.044	22.191	0.000	0.848
C2	→	C24	1.013	0.042	24.374	0.000	0.886
C2	→	C23	1.029	0.038	27.279	0.000	0.930
C2	→	C22	1.016	0.047	21.473	0.000	0.834
C2	→	C21	1.000	—	—		0.881

注：→表示回归影响关系。

资料来源：笔者计算。

如果较多的路径系数没有呈现出显著性，说明模型较差，建议重新设置模型关系及调整模型。如表 5-35 模型回归系数汇总所示市场感知能力（A1）显著负向影响享乐价值（C2）（标准化回归系数 = -22.780，p = 0.01），但对实用价值（C1）（标准化回归系数 = -17.464，p>0.10）的影响不显著；适应能力（A2）显著正向影响享乐价值（C2）（标准化回归系数 = 45.615，p<0.01），但对实用价值（C1）（标准化回归系数 = 35.083，p>0.10）的影响不显著；整合能力（A3）显著负向影响享乐价值（C2）（标准化回归系数 = -28.817，p<0.05），但对实用价值（C1）（标准化回归系数 = -21.789，p>0.10）的影响不显著；关系能力（A4）对实用价值（C1）（标准化回归系数 = 4.432，p>0.10）、享乐价值（C2）（标准化回归系数 = 6.042，p>0.05）的影响不显著。标准化负荷大于1，模型存在共线性问题，故需要重新设定模型。

2. 模型修正

直接构建市场感知能力（A1）、适应能力（A2）、整合能力（A3）、关系能力（A4）对实用价值（C1）、享乐价值（C2）的影响模型存在严重共线性问题，故建立动态能力（A）影响 B2C 价值创造（C）的修正模型（见图 5-14）。

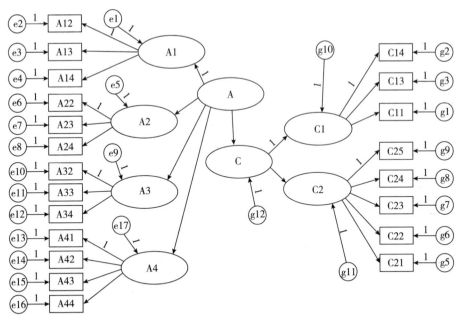

图 5-14 动态能力（A）影响 B2C 价值（C）修正模型

资料来源：笔者自绘。

通过 AMOS26.0 利用 B2C 价值创造问卷调查数据进行统计分析，得出修正后模型各主要拟合指数（见表 5-36）。

表 5-36 动态能力（A）影响 B2C 价值（C）修正模型拟合指标

常用指标	χ^2	df	p	卡方自由度比（χ^2/df）	RMR	GFI	AGFI	RMSEA	NFI	RFI
判断标准	—	—	>0.05	<3	<0.05	>0.9	>0.9	<0.10	>0.9	>0.9
值	604.389	182	0.000	3.321	0.028	0.856	0.817	0.081	0.935	0.926
其他指标	IFI	TLI	CFI	PGFI	PNFI			RMSEA 90%CI		
判断标准	>0.9	>0.9	>0.9	>0.5	>0.5			—		
值	0.954	0.947	0.954	0.670	0.811			0.091~0.110		

资料来源：笔者计算。

虽然卡方自由度（3.321>3）、GFI（0.856）和 AGFI（0.817）小于
0.9，不达标，但是 RMR（0.028<0.05）、RMSEA（0.081<0.1），NFI
（0.935）、RFI（0.926）、IFI（0.954）、TLI（0.947）、CFI（0.954）均大
于 0.9，PGFI（0.670）和 PNFI（0.811）均大于 0.5，总体而言，修正后
的模型拟合较好，模型回归结果（见表5-37）。

表5-37 动态能力（A）影响 B2C 价值（C）修正模型回归系数汇总

X	→	Y	非标准化回归系数	S.E.	z（C.R.值）	p	标准化回归系数
A	→	C	0.977	0.054	18.048	0.000	0.897
A	→	A1	1				0.946
A	→	A2	1.037	0.045	23.013	0.000	0.993
A	→	A3	1.035	0.046	22.589	0.000	0.971
A	→	A4	0.953	0.05	19.118	0.000	0.915
C	→	C1	1				0.979
C	→	C2	0.958	0.051	18.849	0.000	0.953
A3	→	A34	1.003	0.036	27.804	0.000	0.905
A3	→	A33	0.995	0.035	28.63	0.000	0.914
A3	→	A32	1				0.911
A4	→	A44	1.047	0.043	24.241	0.000	0.9
A4	→	A43	1.063	0.044	23.953	0.000	0.895
A4	→	A42	1.106	0.045	24.589	0.000	0.906
A4	→	A41	1				0.869
A1	→	A14	1.058	0.037	28.958	0.000	0.94
A1	→	A13	1.038	0.039	26.373	0.000	0.906
A1	→	A12	1				0.893
A2	→	A24	1.015	0.038	26.878	0.000	0.9
A2	→	A23	0.982	0.037	26.222	0.000	0.891
A2	→	A22	1				0.902
C1	→	C14	1				0.873
C1	→	C13	0.911	0.039	23.089	0.000	0.882

续表

X	→	Y	非标准化回归系数	S. E.	z (C. R. 值)	p	标准化回归系数
C1	→	C11	0.916	0.042	21.882	0.000	0.858
C2	→	C23	1.057	0.043	24.578	0.000	0.931
C2	→	C24	1.039	0.047	22.314	0.000	0.886
C2	→	C25	1				0.847
C2	→	C21	1.028	0.046	22.134	0.000	0.882
C2	→	C22	1.044	0.052	20.091	0.000	0.835

资料来源：笔者计算。

本模型的验证结果（见表 5-37、图 5-15），可以判定动态能力（A）显著正向影响 B2C 价值（C）（标准化回归系数＝0.897，p<0.01）。

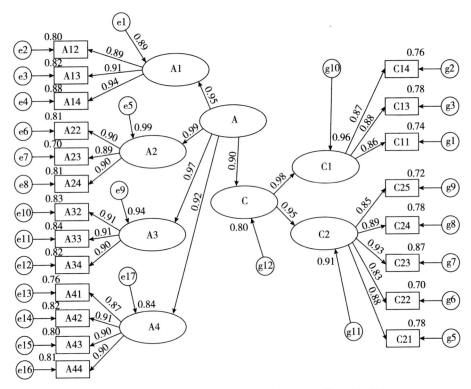

图 5-15 动态能力（A）影响 B2C 价值（C）修正模型结果

资料来源：笔者自绘。

三、企业价值创造行为影响 B2C 价值创造

1. 模型设定

本书将前文修正后的企业行为（B）影响 B2C 价值（C）量表构建企业行为（B）影响 B2C 价值（C）模型。B 由资源提供（B1）、价值主张（B2）、互动平台（B3）、参与程度（B4）构成，C 由实用价值（C1）、享乐价值（C2）构成，依据 B1、B2、B3、B4 对 C1、C2 的假设关系，结合信度分析与效度分析的结果，建立企业行为（B）影响 B2C 价值（C）的初始模型（见图 5-16）。

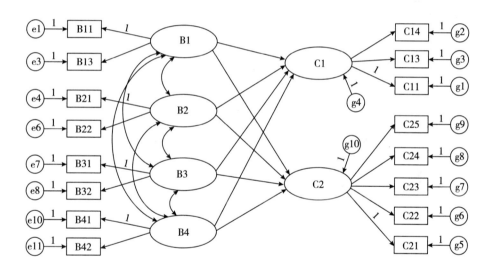

图 5-16　企业行为（B）影响 B2C 价值（C）模型结果

资料来源：笔者自绘。

通过 AMOS26.0 利用 B2C 价值创造问卷调查数据进行统计分析，得出企业行为（B）对 B2C 价值（C）影响模型各主要拟合指数（见表 5-38）。

表 5-38 企业行为（B）影响 B2C 价值（C）模型拟合指标

常用指标	χ^2	df	p	卡方自由度比（χ^2/df）	GFI	RMSEA	RMR	CFI	NFI
判断标准	—	—	>0.05	<3	>0.9	<0.10	<0.05	>0.9	>0.9
值	397.330	90	0.000	4.415	0.877	0.098	0.036	0.945	0.930
其他指标	TLI	AGFI	IFI	PGFI	PNFI	SRMR	RMSEA 90%CI		
判断标准	>0.9	>0.9	>0.9	>0.9	>0.9	<0.1	—		
值	0.927	0.813	0.945	0.580	0.698	0.038	0.088~0.108		

资料来源：笔者计算。

卡方自由度比（4.415>3）、GFI（0.877）和 AGFI（0.813）小于 0.9，不达标；但是 RMSEA（0.098<0.10）、RMR（0.036<0.05），CFI（0.945）、NFI（0.930）、TLI（0.927）、IFI（0.945）等指标均大于 0.9。可见，大部分拟合指标符合标准，说明企业行为（B）对 B2C 价值（C）影响模型整体拟合效度较好。

企业行为（B）影响 B2C 价值（C）模型回归结果（见表 5-39）。

表 5-39 企业行为（B）影响 B2C 价值（C）模型回归系数汇总

X	→	Y	非标准化回归系数	S.E.	z（C.R.值）	p	标准化回归系数
B1	→	C1	-1.161	2.583	-0.450	0.653	-0.902
B1	→	C2	-0.558	4.593	-0.121	0.903	-0.395
B2	→	C1	2.066	1.768	1.168	0.243	2.111
B2	→	C2	2.079	3.834	0.542	0.588	1.940
B3	→	C1	-4.533	2.615	-1.734	0.083	-4.733
B3	→	C2	-7.578	6.290	-1.205	0.228	-7.219
B4	→	C1	4.250	2.299	1.848	0.065	4.488
B4	→	C2	6.895	5.732	1.203	0.229	6.646
B1	→	B13	1.342	0.075	17.902	0.000	0.859

续表

X	→	Y	非标准化回归系数	S. E.	z (C. R. 值)	p	标准化回归系数
B1	→	B11	1.000	—	—	—	0.769
B2	→	B22	0.983	0.054	18.282	0.000	0.776
B2	→	B21	1.000	—	—	—	0.873
B3	→	B32	0.979	0.046	21.164	0.000	0.859
B3	→	B31	1.000	—	—	—	0.862
B4	→	B42	0.986	0.054	18.428	0.000	0.858
B4	→	B41	1.000	—	—	—	0.799
C1	→	C14	1.070	0.048	22.264	0.000	0.868
C1	→	C13	0.974	0.043	22.699	0.000	0.876
C1	→	C11	1.000	—	—	—	0.871
C2	→	C25	0.963	0.044	22.137	0.000	0.843
C2	→	C24	1.001	0.041	24.327	0.000	0.881
C2	→	C23	1.024	0.037	27.769	0.000	0.932
C2	→	C22	1.014	0.046	21.850	0.000	0.837
C2	→	C21	1.000	—	—	—	0.886

资料来源：笔者计算。

如果较多的路径系数没有呈现出显著性，说明模型较差，建议重新设置模型关系及调整模型。从表 5-39 可知：资源提供（B1）负向影响实用价值（C1）（标准化回归系数 = -0.902，p>0.10）、享乐价值（C2）（标准化回归系数 = -0.395，p>0.10），但影响不显著；价值主张（B2）正向影响实用价值（C1）（标准化回归系数 = 2.111，p>0.10）、享乐价值（C2）（标准化回归系数 = 1.940，p>0.10），但对两者的影响均不显著；互动平台（B3）显著负向影响实用价值（C1）（标准化回归系数 = -4.733，p>0.05），对享乐价值（C2）（标准化回归系数 = -7.219，p>0.10），影响不显著；参与程度（B4）正向影响实用价值（C1）（标准化回归系数 = 4.488，p>0.05）、享乐价值（C2）（标准化回归系数 = 6.646，p>0.10），但影响不显著。标准化负荷大于 1，模型存在共线性问题，故需要重新设定模型。

2. 模型修正

直接构建资源提供（B1）、价值主张（B2）、互动平台（B3）、参与程度（B4）对实用价值（C1）、享乐价值（C2）的影响模型存在严重共线性问题，故建立企业价值创造行为（B）影响 B2C 价值（C）的修正模型（见图 5-17）。

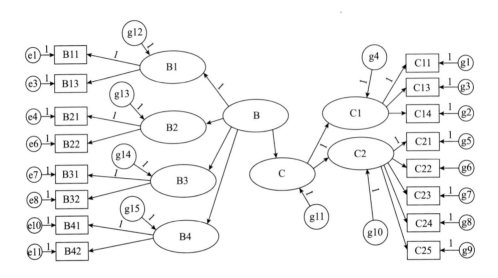

图 5-17 企业行为（B）影响 B2C 价值（C）修正模型

资料来源：笔者自绘。

通过 AMOS26.0 利用 B2C 价值创造调查问卷数据进行统计分析，得出修正后企业行为（B）对 B2C 价值（C）影响模型各主要拟合指数（见表 5-40）。

表 5-40 企业行为（B）影响 B2C 价值（C）修正模型拟合指标

常用指标	χ^2	df	p	卡方自由度比（χ^2/df）	RMR	GFI	AGFI	RMSEA	NFI	RFI
判断标准	—	—	>0.05	<3	<0.05	>0.9	>0.9	<0.10	>0.9	>0.9
值	442.150	97	0.000	4.558	0.040	0.864	0.809	0.0100	0.922	0.904
其他指标	IFI	TLI	CFI	PGFI	PNFI			RMSEA 90%CI		
判断标准	>0.9	>0.9	>0.9	>0.5	>0.5					

续表

常用指标	χ^2	df	p	卡方自由度比（χ^2/df）	RMR	GFI	AGFI	RMSEA	NFI	RFI
值	0.938	0.923	0.938	0.616	0.746			0.074~0.088		

资料来源：笔者计算。

卡方自由度（3.323>3）、GFI（0.860）和 AGFI（0.820）小于 0.9，但是 RMR（0.035<0.05）、RMSEA（0.01<0.10）、NFI（0.922）、RFI（0.904）、IFI（0.938）、TLI（0.923）、CFI（0.938）均大于 0.9，PGFI（0.616）和 PNFI（0.746）均大于 0.5，说明大部分拟合指标达标，企业行为（B）对 B2C 价值（C）影响修正模型整体拟合较好。

企业行为（B）影响 B2C 价值（C）修正模型回归结果（见表5-41）。

表 5-41　企业行为（B）影响 B2C 价值（C）修正模型回归系数汇总

X	→	Y	非标准化回归系数	S.E.	z（C.R. 值）	p	标准化回归系数
B	→	C	1.122	0.075	14.967	0.000	0.878
B	→	B4	1.239	0.089	13.966	0.000	0.892
B	→	B3	1.267	0.08	15.856	0.000	0.917
B	→	B2	1.307	0.076	17.098	0.000	0.979
B	→	B1	1				0.998
C	→	C2	1.061	0.054	19.728	0.000	0.951
C	→	C1	1				0.982
B1	→	B13	1.37	0.078	17.549	0.000	0.869
B1	→	B11	1				0.762
B2	→	B22	0.987	0.054	18.269	0.000	0.783
B2	→	B21	1				0.876
B3	→	B32	0.984	0.046	21.505	0.000	0.879
B3	→	B31	1				0.877
B4	→	B42	1.027	0.055	18.515	0.000	0.902

续表

X	→	Y	非标准化回归系数	S. E.	z（C. R. 值）	p	标准化回归系数
B4	→	B41	1				0.807
C1	→	C14	1.072	0.048	22.304	0.000	0.869
C1	→	C13	0.971	0.043	22.556	0.000	0.874
C1	→	C11	1				0.871
C2	→	C24	1.002	0.041	24.319	0.000	0.882
C2	→	C23	1.023	0.037	27.647	0.000	0.931
C2	→	C22	1.014	0.046	21.831	0.000	0.838
C2	→	C21	1				0.886
C2	→	C25	0.964	0.044	22.118	0.000	0.843

资料来源：笔者计算。

企业（B）对 B2C 价值（C）影响修正模型的验证结果（见表 5-41、图 5-18），总体可以判定企业（B）显著正向影响 B2C 价值（C）（标准化回归系数＝0.878，p<0.01）。

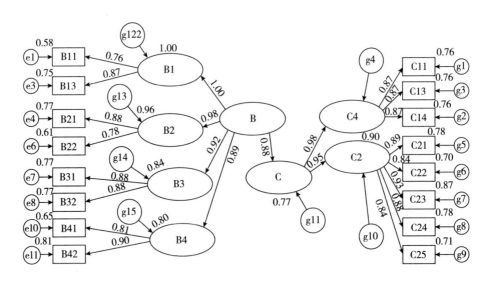

图 5-18 企业行为（B）影响 B2C 价值（C）修正模型结果

资料来源：笔者自绘。

四、动态能力、企业价值创造行为影响 B2C 价值创造

1. 模型设定

基于前面的验证性因子分析模型进行修正，同时构建动态能力（A）影响企业行为（B）、企业行为（B）影响 B2C 价值（C）、动态能力（A）影响 B2C 价值（C）模型，得出的模型结果如下：A 由市场感知能力（A1）、适应能力（A2）、整合能力（A3）、关系能力（A4）构成，B 由资源提供（B1）、价值主张（B2）、互动平台（B3）、参与程度（B4）构成，C 由实用价值（C1）、享乐价值（C2）构成，依据 A1、A2、A3、A4、B1、B2、B3、B4 对 C1、C2 的假设关系，结合信度分析与效度分析的结果，建立动态能力（A）、企业行为（B）影响 B2C 价值（C）的初始模型（见图 5-19）。

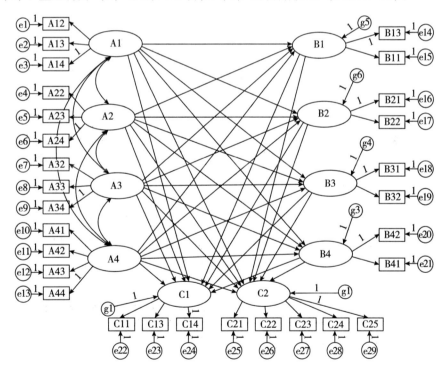

图 5-19 动态能力（A）、企业行为（B）影响 B2C 价值（C）模型

资料来源：笔者自绘。

通过 AMOS26.0 利用 B2C 价值创造问卷调查数据进行统计分析，得出动态能力（A）、企业行为（B）影响 B2C 价值（C）模型各主要拟合指数（见表 5-42）。

表 5-42　动态能力（A）、企业行为（B）影响 B2C 价值（C）模型拟合指标

常用指标	χ^2	df	p	卡方自由度比（χ^2/df）	GFI	RMSEA	RMR	CFI	NFI
判断标准	—	—	>0.05	<3	>0.9	<0.10	<0.05	>0.9	>0.9
值	1027.167	339	0.000	3.030	0.831	0.076	0.032	0.943	0.917
其他指标	TLI	AGFI	IFI	PGFI	PNFI	SRMR	RMSEA 90%CI		
判断标准	>0.9	>0.9	>0.9	>0.9	>0.9	<0.1	—		
值	0.931	0.783	0.943	0.648	0.766	0.033	0.070~0.081		

资料来源：笔者计算。

由表 5-42 可知，卡方自由度比（3.030>3），GFI（0.831）、AGFI（0.783）和 PGFI（0.648）均小于 0.9，不达标；但是 RMSEA（0.076<0.10）、RMR（0.032<0.05）、SRMR（0.033<0.1）、CFI（0.943）、NFI（0.917）、TLI（0.931）和 IFI（0.943）均大于 0.9。这说明整体模型拟合效度不尽理想，仍需调整。

通过 AMOS26.0 提供的临界比例（Critical Ratio，CR）或显著性水平 P 值就能够判断是否接受假设检验通过，以便考察通过结构方程模型分析获得的参数估计值是否具有统计意义。模型回归结果（见表 5-43）。

表 5-43　动态能力（A）、企业行为（B）影响 B2C 价值（C）模型回归系数汇总

X	→	Y	非标准化回归系数	S.E.	z（C.R. 值）	p	标准化回归系数
B1	→	C2	21.427	49.783	0.430	0.667	15.191
B1	→	C1	24.899	72.968	0.341	0.733	19.453

续表

X	→	Y	非标准化回归系数	S. E.	z (C. R. 值)	p	标准化回归系数
B2	→	C2	-15.627	38.341	-0.408	0.684	-14.672
B2	→	C1	-18.339	56.473	-0.325	0.745	-18.974
B3	→	C2	-0.153	1.316	-0.117	0.907	-0.149
B3	→	C1	-0.053	1.530	-0.035	0.972	-0.057
B4	→	C2	-0.090	1.010	-0.089	0.929	-0.089
B4	→	C1	-0.081	1.174	-0.069	0.945	-0.088
A1	→	B1	-19.029	2.636	-7.219	0.000	-25.289
A1	→	C2	10.432	8.660	1.205	0.228	9.829
A1	→	B2	-24.439	3.220	-7.589	0.000	-24.525
A1	→	B3	-19.419	2.750	-7.061	0.000	-18.780
A1	→	B4	-16.061	2.489	-6.453	0.000	-15.351
A1	→	C1	12.775	12.363	1.033	0.301	13.263
A2	→	B1	39.240	2.701	14.526	0.000	51.092
A2	→	C2	-13.237	1.931	-6.854	0.000	-12.219
A2	→	B2	50.880	2.751	18.498	0.000	50.026
A2	→	B3	40.446	2.956	13.681	0.000	38.323
A2	→	B4	33.770	3.164	10.675	0.000	31.624
A2	→	C1	-16.933	2.849	-5.944	0.000	-17.225
A3	→	B1	-25.272	2.987	-8.461	0.000	-33.736
A3	→	C2	6.691	6.768	0.989	0.323	6.333
A3	→	B2	-32.898	3.732	-8.816	0.000	-33.163
A3	→	B3	-26.273	3.205	-8.197	0.000	-25.523
A3	→	B4	-22.065	2.977	-7.411	0.000	-21.185
A3	→	C1	8.983	9.412	0.954	0.340	9.369
A4	→	B1	6.063	2.477	2.448	0.014	7.924
A4	→	C2	-3.219	3.316	-0.970	0.332	-2.982
A4	→	B2	7.780	3.216	2.419	0.016	7.677
A4	→	B3	6.500	2.573	2.526	0.012	6.181
A4	→	B4	5.592	2.173	2.573	0.010	5.256
A4	→	C1	-4.276	4.855	-0.881	0.378	-4.366

注：→表示回归影响关系。

资料来源：笔者计算。

由表5-43可知，同时考虑动态能力（A）影响企业行为（B）、企业行为（B）影响B2C价值（C）、动态能力（A）影响B2C价值（C），资源提供（B1）、价值主张（B2）、互动平台（B3）、参与程度（B4）对实用价值（C1）、享乐价值（C2）的影响均不显著。标准化负荷大于1，模型存在共线性问题，故需要重新设定模型。

2. 模型修正

由于存在共线性问题，故重新设定模型（见图5-20）。

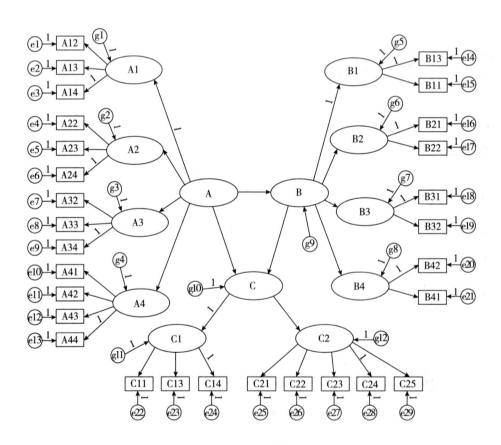

图5-20 动态能力（A）、企业行为（B）影响B2C价值（C）修正模型

资料来源：笔者自制。

通过 AMOS26.0 利用 B2C 价值创造问卷调查数据进行统计分析，得出修正后的模型各主要拟合指数（见表 5-44）。

表5-44 动态能力（A）、企业行为（B）影响 B2C 价值（C）修正模型拟合指标

常用指标	χ^2	df	p	卡方自由度比（χ^2/df）	RMR	GFI	AGFI	RMSEA	NFI	RFI
判断标准	—	—	>0.05	<3	<0.05	>0.9	>0.9	<0.10	>0.9	>0.9
值	1109.048	364	0.000	2.099	0.036	0.817	0.781	0.076	0.910	0.900
其他指标	IFI	TLI	CFI	PGFI	PNFI			RMSEA 90%CI		
判断标准	>0.9	>0.9	>0.9	>0.5	>0.5			—		
值	0.938	0.931	0.938	0.684	0.816			0.071~0.081		

资料来源：笔者计算。

由表 5-44 修正模型拟合指标可知，只有 GFI（0.817）和 AGFI（0.781）小于 0.9 不达标，但是卡方自由度=2.099<3 及其他指标均通过了检验，说明该模型不再需要修改。而且，从模型回归系数来看，本模型的回归系数指标显著且合理，进一步地说明本模型是可以接受。模型回归结果（见表 5-45）。

表5-45 动态能力（A）、企业行为（B）影响 B2C 价值（C）
修正模型回归系数汇总

X	→	Y	非标准化回归系数	S.E.	z（C.R.值）	p	标准化回归系数
A	→	B	0.648	0.046	14.193	0.000	0.828
B	→	C	0.55	0.076	7.267	0.000	0.43
A	→	C	0.542	0.058	9.275	0.000	0.541

资料来源：笔者计算。

本模型的验证结果（见表5-45、图5-21），具体可知动态能力（A）显著正向影响企业价值创造行为（B）（标准化回归系数=0.828，p<0.01），企业价值创造行为（B）显著正向影响B2C价值创造（C）（标准化回归系数=0.43，p<0.01），同时动态能力（A）显著正向影响B2C价值创造（C）（标准化回归系数=0.541，p<0.01）。

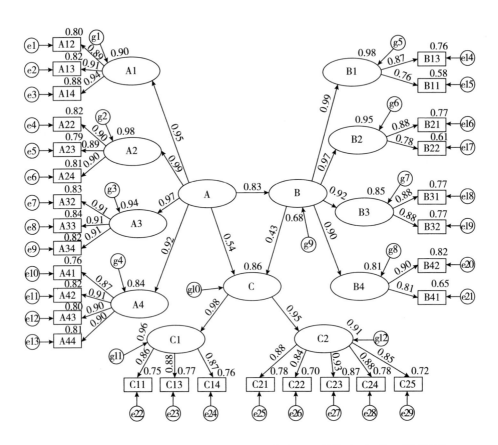

图5-21　动态能力（A）、企业行为（B）影响B2C价值（C）修正模型结果

资料来源：笔者自绘。

第五节 假设检验

一、相关性分析

为了更好地验证研究假设是否成立，本书对各变量进行了相关性分析，即变量之间的相关性越好，越有利于统计分析结果。使用 Pearson 相关系数去表示相关关系的强弱情况。利用 Stata17 的 pwcorr 命令输出各个变量的相关系数。如表 5-46 所示，各维度间具有显著的相关性。具体分析可知：市场感知能力（A1）与适应能力（A2）、整合能力（A3）、关系能力（A4）、资源提供（B1）、价值主张（B2）、互动平台（B3）、参与程度（B4）、实用价值（C1）、享乐价值（C2）共 10 项之间全部均呈现出显著性，并且相关系数值均大于 0，意味着市场感知能力（A1）与适应能力（A2）、整合能力（A3）、关系能力（A4）、资源提供（B1）、价值主张（B2）、互动平台（B3）、参与程度（B4）、实用价值（C1）、享乐价值（C2）共 9 项之间有着正相关关系。同时考虑 A11、A21、A31、B12、B23、B33、C12 移除后，验证性因子分析 CFA 结果更优化，故剔除后重新进行相关性分析，结果见表 5-46 变量的相关性分析，市场感知能力（A1）与适应能力（A2）、整合能力（A3）、关系能力（A4）、资源提供（B1）、价值主张（B2）、互动平台（B3）、参与程度（B4）、实用价值（C1）、享乐价值（C2）共 9 项之间全部均呈现出显著性，并且相关系数值均大于 0，仍表明具有显著的正向相关关系。

表 5-46 B2C 价值创造各变量的相关性分析

Factor	A1	A2	A3	A4	B1	B2	B3	B4	C1	C2
A1	1									

续表

Factor	A1	A2	A3	A4	B1	B2	B3	B4	C1	C2
A2	0.901***	1								
A3	0.847***	0.911***	1							
A4	0.828***	0.845***	0.864***	1						
B1	0.674***	0.696***	0.695***	0.657***	1					
B2	0.716***	0.720***	0.709***	0.666***	0.803***	1				
B3	0.710***	0.669***	0.676***	0.693***	0.713***	0.764***	1			
B4	0.730***	0.705***	0.671***	0.700***	0.693***	0.730***	0.836***	1		
C1	0.782***	0.794***	0.792***	0.721***	0.758***	0.748***	0.669***	0.672***	1	
C2	0.789***	0.782***	0.780***	0.750***	0.733***	0.764***	0.646***	0.673***	0.859***	1

注：*p 表示<0.10，**p 表示<0.05，***p 表示<0.01。

资料来源：笔者计算。

二、回归分析

本节主要选择性别、年龄、职业、学历和月收入这五个变量作为控制变量。

1. 动态能力（A）影响企业行为（B）

动态能力（A）对企业行为（B）的影响的回归结果（见表5-47）。本书用模型1分析动态能力（A）对企业行为（B）的影响。由表5-47可知，在引入控制变量后，动态能力（A）影响企业行为（B）（系数＝0.7856，p<0.01）有显著正向影响，假设1通过验证。

表5-47　A 影响 B 的回归结果

Factor	(1) B	(2) B1	(3) B2	(4) B3	(5) B4
性别	−0.0107 (0.0521)	−0.0226 (0.0619)	0.0296 (0.0655)	−0.0073 (0.0689)	−0.0644 (0.0706)

续表

Factor	（1） B	（2） B1	（3） B2	（4） B3	（5） B4
年龄	-0.0912**	-0.1044**	-0.0984*	-0.0877*	-0.1004*
	(0.0399)	(0.0473)	(0.0501)	(0.0527)	(0.0539)
职业	0.0058**	0.0148**	0.0119**	-0.0178**	-0.0014**
	(0.0197)	(0.0234)	(0.0248)	(0.0261)	(0.0267)
教育程度	0.0413**	0.0442**	0.0208**	0.0548**	0.0298**
	(0.0339)	(0.0402)	(0.0426)	(0.0448)	(0.0458)
月收入	0.0419**	0.0240**	0.0046**	0.0427**	0.0791**
	(0.0343)	(0.0409)	(0.0433)	(0.0455)	(0.0466)
A	0.7856***				
	(0.0031)				
A1		0.1755*	0.3369*	0.4637*	0.4425*
		(0.0831)	(0.0880)	(0.0925)	(0.0947)
A2		0.1820	0.1801	-0.1449	0.1614
		(0.1060)	(0.1122)	(0.1181)	(0.1209)
A3		0.2451*	0.2372*	0.1922	-0.0506
		(0.0943)	(0.0998)	(0.1050)	(0.1075)
A4		0.1002	0.0453	0.2914***	0.3040***
		(0.1715)	(0.1757)	(0.0079)	(0.0081)
_cons	0.3815	0.4108	0.4213	0.4493	0.4661
	(0.2694)	(0.3203)	(0.3392)	(0.3568)	(0.3652)
Fixed_Effect	Yes	Yes	Yes	Yes	Yes
N	354	354	354	354	354
r2_a	0.6527	0.5177	0.5542	0.5385	0.5608

注：*p 表示<0.10，**p 表示<0.05，***p 表示<0.01，括号内为 p 值。
资料来源：笔者计算。

模型 2~模型 5 用来分析动态能力（A）各维度与企业价值创造行为（B）各维度间的影响。从表 5-47 可以看出，市场感知能力（A1）显著正向影响资源提供（B1）（系数=0.1755，p<0.05）、价值主张（B2）（系

数=0.3369，p<0.01）、互动平台（B3）（系数=0.4637，p<0.01）、参与程度（B4）（系数=0.4425，p<0.01），假设1.1.1、假设1.1.2、假设1.1.3、假设1.1.4通过验证。说明市场感知能力越强的企业，在资源提供、价值主张、互动平台和参与程度等价值创造行为上的表现越优秀。

适应能力（A2）显著正向影响资源提供（B1）（系数=0.1820，p<0.10），但是对价值主张（B2）（系数=0.1801，p>0.10）、互动平台（B3）（系数=-0.1449，p>0.10）、参与程度（B4）（系数=0.1614，p>0.10）的影响不显著。假设1.2.1验证通过验证，但假设1.2.2、假设1.2.3、假设1.2.4未通过验证。从理论上来说，企业的适应能力越强，意味着企业越能够快速调整自己的行为以适应外界环境的变化，许多研究也验证了这一点。但是，本书的结果显示，适应能力强的制造业企业能根据外界的变化，迅速调整资源提供行为。但是价值主张、互动平台和参与程度等行为表现有些差强人意。可能的原因在于，价值主张事关企业的经营理念，具有一定的稳定性，不太会轻易改变；而企业主要通过线上的虚拟社区及线下的销售、客服等途径搭建互动平台并参与互动，互动渠道的搭建也具有相对的固定性。可见，价值主张、互动平台和参与程度都具有一定的稳定性，即便企业做出了些许调整，顾客也未必能准确地感知到。

整合能力（A3）显著正向影响资源提供（B1）（系数=0.2451，p<0.01）、价值主张（B2）（系数=0.2372，p<0.05）、互动平台（B3）（系数=0.1922，p<0.10），但是对参与程度（B4）（系数=-0.0506，p>0.10）的影响不显著。假设1.3.1、假设1.3.2、假设1.3.3通过验证，假设1.3.4未通过验证。资源整合能力主要反映的是企业在动态市场环境中整合、协调和重新配置内外部资源的能力。因此，从理论上来说，该能力对于与整合内、外部资源相关的行为有显著的正向影响。在本书中，资源提供、价值主张和互动平台是直接与资源配置相关的行为，因而它们与资源整合能力有显著的正相关关系；但是参与程度行为与资源整合关系不明显也在情理之中。

关系能力（A4）显著正向影响互动平台（B3）（系数=0.2914，p<

0.01）、参与程度（B4）（系数＝0.3040，p<0.01），但是对资源提供（B1）（系数＝0.1002，p>0.10）、价值主张（B2）（系数＝0.0453，p>0.10）的影响不显著。假设 1.4.3、假设 1.4.4 通过验证，但假设 1.4.1、假设 1.4.2 未通过验证。在本书中，关系能力主要体现在企业与顾客建立良好关系的能力。因此，从理论上来说，关系能力影响的主要是对客关系维护等方面的行为。互动平台、参与程度是企业积极搭建平台并与顾客互动的行为，关系能力对它们具有显著的正向影响符合预期；但是资源提供和价值主张虽然从本质上来说也会相对影响对客关系，但是这两种行为并不直接体现为维护顾客关系，不显著也在情理之中。

2. 企业行为（B）影响 B2C 价值（C）

企业行为（B）对 B2C 价值（C）影响的回归结果（见表5-48）。本书用模型 6 分析企业行为（B）对 B2C 价值（C）的影响。由表5-48 可知，在引入控制变量后，企业行为（B）对 B2C 价值（C）（系数＝0.8731，p<0.01）有显著正向影响，假设 2 通过验证。

表5-48 B 影响 C 的回归结果

Factor	(6) C	(7) C1	(8) C2
性别	0.0287* (0.0551)	0.0301* (0.0560)	0.0315* (0.0613)
年龄	0.1046** (0.0422)	0.0952** (0.0429)	0.1238** (0.0469)
职业	0.0258** (0.0209)	0.0279** (0.0212)	0.0101** (0.0232)
教育程度	−0.0258* (0.0359)	−0.0121** (0.0365)	−0.0287** (0.0399)
月收入	−0.0446** (0.0363)	−0.0229** (0.0370)	−0.0471** (0.0405)
B	0.8731*** (0.0033)		

Factor	(6) C	(7) C1	(8) C2
B1		0.4086*	0.3428*
		(0.0591)	(0.0646)
B2		0.2768*	0.4362*
		(0.0585)	(0.0639)
B3		0.0344*	-0.0673*
		(0.0596)	(0.0652)
B4		0.1445*	0.2132*
		(0.0537)	(0.0586)
_cons	-0.0669	-0.1621	-0.0224
	(0.2850)	(0.2893)	(0.3162)
Fixed_Effect	Yes	Yes	Yes
N	354	354	354
r2_a	0.6604	0.6408	0.6390

注：*p 表示<0.10，**p 表示<0.05，***p 表示<0.01，括号内为 p 值。

资料来源：笔者计算。

模型 7 和模型 8 用来分析企业行为（B）各维度对 B2C 价值（C）各维度间的影响。从表 5-48 可以看出，资源提供（B1）显著正向影响实用价值（C1）（系数=0.4086，p<0.01）、享乐价值（C2）（系数=0.3428，p<0.01），假设 2.1.1、假设 2.1.2 通过验证。价值主张（B2）显著正向影响实用价值（C1）（系数=0.2768，p<0.01）、享乐价值（C2）（系数=0.4362，p<0.01），假设 2.2.1、假设 2.2.2 通过验证。参与程度（B4）显著正向影响实用价值（C1）（系数=0.1445，p<0.01）、享乐价值（C2）（系数=0.2132，p<0.01），假设 2.4.1、假设 2.4.2 通过验证。这说明企业的资源提供、价值主张和参与程度等价值创造行为能显著地提高顾客的实用价值和享乐价值。互动平台（B3）对实用价值（C1）（系数=0.0344，p>0.10）、享乐价值（C2）（系数=-0.0673，p>0.10）的影响不显著，假设 2.3.1、假设 2.3.2未通过验证。从理论上来说，企业搭建互动平台，有利于顾客与企业、顾客与顾客之间就产品使用等相关信息进行交流，有利于提高顾客感知到的实用价值和享乐价值。但是本书中的结果不显著，可能的原因是当前虽然我国的多数制造业企业都有各自线上、线下的互动平台，但是这些互动平台并未起到应有的作用，从而影响了顾客对互动平台与 B2C 价值之间关系的感知。

3. 中介效应分析

首先，表5-47 是动态能力（A）对企业行为（B）影响的回归结果；模型 1 显示了动态能力（A）对企业行为（B）（系数 = 0.7856，p<0.01）有显著正向影响。其次，表5-48 是企业行为（B）对 B2C 价值（C）的回归结果；模型 6 显示了企业价值创造行为（B）对 B2C 价值创造（C）（系数 = 0.8731，p<0.01）有显著正向影响。

表5-49 是中介作用回归分析结果，模型 10 显示了加入企业行为（B）后，动态能力（A）对 B2C 价值（C）的显著性水平未发生变化（p<0.01），但回归性系数的大小却从 0.8801 变成了 0.5627，表明顾客能力在顾客行为和 C2B 价值之间关系起部分中介作用，假设 3 通过验证。在加入相关控制变量后，市场感知能力（A1）与适应能力（A2）、整合能力（A3）对实用价值（C1）有显著正向影响，市场感知能力（A1）与整合能力（A3）、关系能力（A4）对享乐价值（C2）有显著正向影响。关系能力（A4）对实用价值（C1）（系数 = -0.0127，p<0.1）及适应能力（A2）对享乐价值（C2）（系数 = 0.1025，p<0.1）的影响在 0.1 的显著性水平下显著。

表5-49　中介作用回归分析结果

Factor	(9) C	(10) C	(11) C1	(12) C1	(13) C2	(14) C2
性别	0.0179 * (0.0507)	0.0222 ** (0.0461)	0.0303 * (0.0537)	0.0341 ** (0.0485)	0.0234 * (0.0590)	0.0224 * (0.0529)
年龄	0.0241 ** (0.0387)	0.0609 ** (0.0355)	0.0015 ** (0.0411)	0.0456 ** (0.0373)	0.0256 ** (0.0451)	0.0709 ** (0.0407)
职业	0.0257 * (0.0192)	0.0234 ** (0.0175)	0.0298 ** (0.0204)	0.0237 ** (0.0184)	0.0145 ** (0.0223)	0.0050 ** (0.0200)

续表

Factor	(9) C	(10) C	(11) C1	(12) C1	(13) C2	(14) C2
教育程度	0.0070** (0.0330)	-0.0097** (0.0301)	0.0121** (0.0349)	-0.0032** (0.0315)	-0.0058** (0.0383)	-0.0152** (0.0343)
月收入	-0.0150** (0.0333)	-0.0320** (0.0304)	-0.0019** (0.0355)	-0.0104** (0.0321)	-0.0324** (0.0389)	-0.0376** (0.0350)
A	0.8801** (0.0298)	0.5627** (0.0461)				
B		0.4041** (0.0475)				
A1			0.3044* (0.0722)	0.2059* (0.0677)	0.3883* (0.0791)	0.2911* (0.0739)
A2			0.1905* (0.0921)	0.1082* (0.0846)	0.1025 (0.1010)	-0.0238* (0.0923)
A3			0.3577* (0.0819)	0.2593* (0.0752)	0.2821* (0.0898)	0.1901* (0.0819)
A4			-0.0127* (0.0621)	-0.0496* (0.0574)	0.1439* (0.0681)	0.1334* (0.0626)
B1				0.2864* (0.0523)		0.2166* (0.0571)
B2				0.1359* (0.0521)		0.3016* (0.0568)
B3				-0.0154* (0.0528)		-0.1529* (0.0576)
B4				0.0217** (0.0487)		0.0645* (0.0531)
_cons	-0.0925 (0.2618)	-0.2467 (0.2391)	-0.0949 (0.2782)	-0.2730 (0.2511)	0.0193 (0.3052)	-0.1581 (0.2737)
Fixed_ Effect	Yes	Yes	Yes	Yes	Yes	Yes
N	354	354	354	354	354	354
r2_a	0.7129	0.7619	0.6705	0.7337	0.6665	0.7337

注：*p 表示<0.10，**p 表示<0.05，***p 表示<0.01，括号内为 p 值。

资料来源：笔者计算。

当控制变量、自变量和中介变量同时进入模型后，中介变量企业行为（B）各维度对实用价值（C1）、享乐价值（C2）部分变量具有显著影响，动态能力（A）各维度对实用价值（C1）、享乐价值（C2）的影响显著减弱。进一步证明变量企业行为（B）的中介效应部分成立。中介变量企业行为（B）各维度中资源提供（B1）显著正向影响实用价值（C1）（系数 = 0.2864，p<0.1）、享乐价值（C2）（系数 = 0.2166，p<0.1），价值主张（B2）显著正向影响实用价值（C1）（系数 = 0.1359，p<0.1）、享乐价值（C2）（系数 = 0.3016，p<0.1），假设通过。互动平台（B3）对实用价值（C1）（系数 = -0.0154，p<0.1）的影响显著，显著负向影响享乐价值（C2）（系数 = -0.1529，p<0.1），与假设不符合。参与程度（B4）正向显著地影响实用价值（C1）（系数 = 0.0217，p<0.05）、享乐价值（C2）（系数 = 0.0645，p<0.1），假设通过。

三、假设检验结果

本书在概念模型和研究假设的基础上，以 354 名消费者为调查对象，采用实证分析方法，深入探讨了价值创造视角下企业能力对顾客忠诚的影响。本书的假设验证结果（见表 5-50）。

表 5-50　B2C 价值创造研究假设验证

序号	假设设定	是否通过验证
假设 1	动态能力（A）显著正向影响企业行为（B）	是
假设 1.1.1	市场感知能力（A1）显著正向影响资源提供（B1）	是
假设 1.1.2	市场感知能力（A1）显著正向影响价值主张（B2）	是
假设 1.1.3	市场感知能力（A1）显著正向影响互动平台（B3）	是
假设 1.1.4	市场感知能力（A1）显著正向影响参与程度（B4）	是
假设 1.2.1	适应能力（A2）显著正向影响资源提供（B1）	是
假设 1.2.2	适应能力（A2）显著正向影响价值主张（B2）	否
假设 1.2.3	适应能力（A2）显著正向影响互动平台（B3）	否

续表

序号	假设设定	是否通过验证
假设1.2.4	适应能力（A2）显著正向影响参与程度（B4）	否
假设1.3.1	整合能力（A3）显著正向影响资源提供（B1）	是
假设1.3.2	整合能力（A3）显著正向影响价值主张（B2）	是
假设1.3.3	整合能力（A3）显著正向影响互动平台（B3）	是
假设1.3.4	整合能力（A3）显著正向影响参与程度（B4）	否
假设1.4.1	关系能力（A4）显著正向影响资源提供（B1）	否
假设1.4.2	关系能力（A4）显著正向影响价值主张（B2）	否
假设1.4.3	关系能力（A4）显著正向影响互动平台（B3）	是
假设1.4.4	关系能力（A4）显著正向影响参与程度（B4）	是
假设2	企业行为（B）显著正向影响B2C价值（C）	是
假设2.1.1	资源提供（B1）显著正向影响实用价值（C1）	是
假设2.1.2	资源提供（B1）显著正向影响享乐价值（C2）	是
假设2.2.1	价值主张（B2）显著正向影响实用价值（C1）	是
假设2.2.2	价值主张（B2）显著正向影响享乐价值（C2）	是
假设2.3.1	互动平台（B3）显著正向影响实用价值（C1）	是
假设2.3.2	互动平台（B3）显著正向影响享乐价值（C2）	否
假设2.4.1	参与程度（B4）显著正向影响实用价值（C1）	否
假设2.4.2	参与程度（B4）显著正向影响享乐价值（C2）	是
假设3	企业行为（B）在动态能力（A）与B2C价值（C）之间具有中介效应	是
假设3.1.1	市场感知能力（A1）显著正向影响实用价值（C1）	是
假设3.1.2	资源提供（B1）在市场感知能力（A1）、实用价值（C1）之间具有中介效应	是
假设3.1.3	价值主张（B2）在市场感知能力（A1）、实用价值（C1）之间具有中介效应	是
假设3.1.4	互动平台（B3）在市场感知能力（A1）、实用价值（C1）之间具有中介效应	否
假设3.1.5	参与程度（B4）在市场感知能力（A1）、实用价值（C1）之间具有中介效应	否
假设3.2.1	市场感知能力（A1）显著正向影响享乐价值（C2）	是

序号	假设设定	是否通过验证
假设 3.2.2	资源提供（B1）在市场感知能力（A1）、享乐价值（C2）之间具有中介效应	是
假设 3.2.3	价值主张（B2）在市场感知能力（A1）、享乐价值（C2）之间具有中介效应	是
假设 3.2.4	互动平台（B3）在市场感知能力（A1）、享乐价值（C2）之间具有中介效应	否
假设 3.2.5	参与程度（B4）在市场感知能力（A1）、享乐价值（C2）之间具有中介效应	否
假设 3.3.1	适应能力（A2）显著正向影响实用价值（C1）	是
假设 3.3.2	资源提供（B1）在适应能力（A2）、实用价值（C1）之间具有中介效应	是
假设 3.3.3	价值主张（B2）在适应能力（A2）、实用价值（C1）之间具有中介效应	是
假设 3.3.4	互动平台（B3）在适应能力（A2）、实用价值（C1）之间具有中介效应	否
假设 3.3.5	参与程度（B4）在适应能力（A2）、实用价值（C1）之间具有中介效应	否
假设 3.4.1	适应能力（A2）显著正向影响享乐价值（C2）	否
假设 3.4.2	资源提供（B1）在适应能力（A2）、享乐价值（C2）之间具有中介效应	是
假设 3.4.3	价值主张（B2）在适应能力（A2）、享乐价值（C2）之间具有中介效应	是
假设 3.4.4	互动平台（B3）在适应能力（A2）、享乐价值（C2）之间具有中介效应	否
假设 3.4.5	参与程度（B4）在适应能力（A2）、享乐价值（C2）之间具有中介效应	否
假设 3.5.1	整合能力（A3）显著正向影响实用价值（C1）	是
假设 3.5.2	资源提供（B1）在整合能力（A3）、实用价值（C1）之间具有中介效应	是
假设 3.5.3	价值主张（B2）在整合能力（A3）、实用价值（C1）之间具有中介效应	是
假设 3.5.4	互动平台（B3）在整合能力（A3）、实用价值（C1）之间具有中介效应	否

续表

序号	假设设定	是否通过验证
假设 3.5.5	参与程度（B4）在整合能力（A3）、实用价值（C1）之间具有中介效应	否
假设 3.6.1	整合能力（A3）显著正向影响享乐价值（C2）	是
假设 3.6.2	资源提供（B1）在整合能力（A3）、享乐价值（C2）之间具有中介效应	是
假设 3.6.3	价值主张（B2）在整合能力（A3）、享乐价值（C2）之间具有中介效应	是
假设 3.6.4	互动平台（B3）在整合能力（A3）、享乐价值（C2）之间具有中介效应	否
假设 3.6.5	参与程度（B4）在整合能力（A3）、享乐价值（C2）之间具有中介效应	否
假设 3.7.1	关系能力（A4）显著正向影响实用价值（C1）	否
假设 3.7.2	资源提供（B1）在关系能力（A4）、实用价值（C1）之间具有中介效应	是
假设 3.7.3	价值主张（B2）在关系能力（A4）、实用价值（C1）之间具有中介效应	是
假设 3.7.4	互动平台（B3）在关系能力（A4）、实用价值（C1）之间具有中介效应	否
假设 3.7.5	参与程度（B4）在关系能力（A4）、实用价值（C1）之间具有中介效应	否
假设 3.8.1	关系能力（A4）显著正向影响享乐价值（C2）	是
假设 3.8.2	资源提供（B1）在关系能力（A4）、享乐价值（C2）之间具有中介效应	是
假设 3.8.3	价值主张（B2）在关系能力（A4）、享乐价值（C2）之间具有中介效应	是
假设 3.8.4	互动平台（B3）在关系能力（A4）、享乐价值（C2）之间具有中介效应	否
假设 3.8.5	参与程度（B4）在关系能力（A4）、享乐价值（C2）之间具有中介效应	是

资料来源：笔者自绘。

第六章　数字经济时代制造业 C2B 价值创造机理实证分析

第一节　基本统计特征

为探究数字经济时代制造业 C2B 价值创造的机理，本书以制造业企业为调查对象，主要测量制造业企业对顾客能力（包括知识能力、创新能力、互动能力）、行为（包括资源整合、自我服务消费、社会情景、顾客间互动）及 C2B 价值（包括顾客生涯价值和顾客资产价值）等变量的评价。调研对象的确定、调研渠道和方法等已在第四章样本选择中详细阐述，故不再赘述。本次调研全部通过问卷星在线进行调研。经过 45 天左右的时间，回收问卷 152 份，有效问卷 141 份，有效问卷率为 92.76%。

样本的基本统计特征（见表6-1）。样本中，从企业员工数量来看，选择小型企业（20≤X<300）的占比最高，比例为 58.16%；选择中型企业（300≤X<1000）和微型企业（X<20）的占比较为接近，分别是 16.31% 和 15.60%。从营业收入指标来看，选择小型企业（300≤Y<2000）的占比最高，比例为 56.03%；其次是微型企业（Y<300）占比 22.70%。这两个指标反映的是企业规模，说明样本中的企业以中小企业为主。从企业地区来看，企业地处江西的占比高达 85.1%。从企业所有制形式来看，"私营企业"占比最高为 78.72%。样本中企业规模、所有制形式等比较符合我国制

造业企业的整体分布。所以，总体而言本次调研样本分布较为合理，可以满足后续研究需要。

表 6-1　C2B 价值创造问卷基本统计特征①

名称	选项	频数	百分比（%）	累计百分比（%）
企业员工数量（X，单位：人）	微型（X<20）	22	15.60	15.60
	小型（20≤X<300）	82	58.16	73.76
	中型（300≤X<1000）	23	16.31	90.07
	大型（X≥1000）	14	9.93	100.00
近年来的营业收入（Y，单位：万元）	微型（Y<300）	32	22.70	22.70
	小型（300≤Y<2000）	79	56.03	78.72
	中型（2000≤Y<4000）	21	14.89	93.62
	大型（Y≥40000）	9	6.38	100.00
企业地区	安徽	1	0.70	0.70
	福建	2	1.40	2.10
	广东	6	4.30	6.40
	江苏	4	2.80	9.20
	江西	120	85.10	94.30
	上海	1	0.70	95.00
	四川	3	2.20	97.20
	浙江	4	2.80	100.00
企业所有制形式	国有企业	11	7.80	7.80
	私营企业	111	78.72	86.52
	外资企业	5	3.55	90.07
	其他	14	9.93	100.00
合计		141	100.00	100.00

资料来源：笔者计算。

---

① 本书根据国家统计局发布的《统计上大中小微企业划分办法（2017）》（国统字〔2017〕213号）划分企业规模。

第二节 内部一致性信度分析

本研究利用 SPSS26.0 计算了 C2B 价值创造问卷调查数据相关信度分析指标（包括修正后的项与总计相关性、项已删除的 α 系数和 Cronbach'α 系数）来检验 C2B 价值创造测量量表的内部一致性信度（见表 6-2）。

表 6-2 因子 D1 的 Cronbach 信度分析

名称	校正项总计相关性（CITC）	项已删除的 α 系数	Cronbach'α 系数
D11 多数顾客具有专科及以上学历	0.519	0.834	
D12 多数顾客能了解所要购买产品的优缺点及产品的关键性能指标	0.638	0.664	0.771
D13 多数顾客能对有过使用体验后购买的产品有更大信心	0.711	0.600	

注：标准化 Cronbach'α 系数为 0.792。

资料来源：笔者计算。

由表 6-2 可知，C2B 价值创造中 D1（顾客知识能力）测量量表的 Cronbach'α 系数为 0.771，大于 0.7，说明调查问卷数据信度质量良好。从"项已删除的 α 系数"来看，测量题项 D11 被删除后，信度系数会有明显的上升，因此说明应该删除 D11。从"CITC 值"来看，分析项 D11、D12、D13 的 CITC 值均大于 0.5，说明分析项 D11、D12、D13 之间具有良好的相关关系，同时也说明信度水平良好。综上所述，C2B 价值创造中因子 D1（顾客知识能力）量表数据信度质量高，可用于进一步分析。

由表 6-3 可知，D2（顾客创新能力）测量量表的 Cronbach'α 系数为 0.866，大于 0.8，说明 D2 测量量表的数据信度质量高。从"项已删除的 α

系数"来看，删除题项 D21、D22、D23 后，信度系数并不会有明显的上升，因此说明不需要对这些题做删除处理。从"CITC 值"来看，三个测量题项的 CITC 值均大于 0.7，说明这分析题项 D21、D22、D23 之间具有良好的相关关系，同时也说明信度水平良好。综上所述，D2（顾客创新能力）测量量表数据信度质量高，可用于进一步分析。

表 6-3 因子 D2 的 Cronbach 信度分析

名称	校正项总计相关性（CITC）	项已删除的 α 系数	Cronbach'α 系数
D21 多数顾客有很多创新的点子和想法	0.743	0.815	0.866
D22 多数顾客喜欢用独特的方法去做事	0.720	0.836	
D23 多数顾客喜欢具有创造性思维的任务	0.777	0.780	

注：标准化 Cronbach'α 系数为 0.867。
资料来源：笔者计算。

从表 6-4 可知，D3（顾客互动能力）测量量表的 Cronbach'α 系数为 0.875，大于 0.8，因而 D3 测量量表研究数据信度质量高。从"CITC 值"来看，分析项 D31、D32 的 CITC 值均大于 0.4，说明分析项 D31、D32 之间具有良好的相关关系，同时也说明信度水平良好。综上所述，D3（顾客互动能力）测量量表数据信度质量高，可用于进一步分析。

表 6-4 因子 D3 的 Cronbach 信度分析

名称	校正项总计相关性（CITC）	项已删除的 α 系数	Cronbach'α 系数
D31 多数顾客有很强的表达能力，能准确地向贵公司传达自己的需求	0.780	—	0.875
D32 多数顾客有很强的沟通能力，能够与贵公司及其他顾客进行有效沟通	0.780	—	

注：标准化 Cronbach'α 系数为 0.876。
资料来源：笔者计算。

由表 6-5 可知，E1（资源整合）测量量表的 Cronbach'α 系数为 0.915，大于 0.9，因而说明 E1 测量量表数据信度质量非常高。从"项已删除的 α 系数"来看，测量题项 E11、E12、E13 被删除后，信度系数均不会有明显的上升，因此说明这三个题项无须做删除处理。从"CITC 值"来看，分析项的 CITC 值均大于 0.8，说明分析项 E11、E12、E13 之间具有良好的相关关系，同时也说明信度水平良好。综上所述，E1 的测量量表数据信度质量高，可用于进一步分析。

表 6-5 因子 E1 的 Cronbach 信度分析

名称	校正项总计相关性（CITC）	项已删除的 α 系数	Cronbach'α 系数
E11 顾客会自己决定投入多少资源以及自己决定何时投入	0.805	0.898	0.915
E12 顾客在消费体验产品时会自己选择需要的各种资源	0.870	0.844	
E13 顾客会有选择性地接收企业提供的信息	0.812	0.890	

注：标准化 Cronbach'α 系数为 0.916。
资料来源：笔者计算。

由表 6-6 可知，E2（自我消费服务）测量量表的 Cronbach'α 系数为 0.874，大于 0.8，说明 E1 测量量表数据信度质量高。从"项已删除的 α 系数"来看，测量题项 E21、E22 和 E23 被删除后，信度系数并不会有明显的上升，说明这三个题项不应删除。从"CITC 值"来看，分析项 E21、E22 和 E23 的 CITC 值均大于 0.7，说明分析项 E21、E22 和 E23 之间具有良好的相关关系，同时也说明量表信度水平良好。综上所述，E2 测量量表数据信度质量高，可用于进一步分析。

表 6-6　因子 E2 的 Cronbach 信度分析

名称	校正项总计相关性（CITC）	项已删除的 α 系数	Cronbach'α 系数
E21 顾客会按照自己的想法设计产品的使用体验过程	0.728	0.849	
E22 顾客通过真诚的消费所购买的产品获得更好的效用效果	0.771	0.813	0.874
E23 顾客通过自己的设计与创造得到更理想的产品与服务	0.781	0.803	

注：标准化 Cronbach'α 系数为 0.875。

资料来源：笔者计算。

由表 6-7 可知，E3（社会情景）测量量表的 Cronbach'α 系数为 0.810，大于 0.8，因而说明 E3 测量量表的数据信度质量高。从"CITC 值"来看，分析项 E31、E32 的 CITC 值均大于 0.6，说明分析项 E31、E32 之间具有良好的相关关系，同时也说明信度水平良好。综上所述，E3（社会情景）测量量表数据信度质量高，可用于进一步分析。

表 6-7　因子 E3 的 Cronbach 信度分析

名称	校正项总计相关性（CITC）	项已删除的 α 系数	Cronbach'α 系数
E31 顾客在不同的环境中使用同样的产品获得的感觉体验不一样	0.685	—	
E32 顾客对产品的偏好总是不断在变化	0.685	—	0.810

注：标准化 Cronbach'α 系数为 0.813。

资料来源：笔者计算。

由表 6-8 可知，E4（顾客间互动）测量量表的 Cronbach'α 系数为 0.893，大于 0.8，因而说明 E4 的测量量表数据信度质量高。从"项已删除的 α 系数"，题项 E41、E42、E43 被删除后，信度系数均不会有明显的上升，因此说明无须对量表题项做删除处理。从"CITC 值"来看，分析项 E41、E42、E43 的 CITC 值均大于 0.7，说明分析项 E41、E42、E43 之间具有良好的相关关系，同时也说明信度水平良好。综上所述，E4（顾客间互动）测量量表的数据信度质量高，可用于进一步分析。

表 6-8　因子 E4 的 Cronbach 信度分析

名称	校正项总计相关性（CITC）	项已删除的 α 系数	Cronbach'α 系数
E41 顾客愿意与其他顾客进行产品相关信息交流	0.789	0.849	
E42 顾客之间存在共同感兴趣的主题	0.776	0.858	0.893
E43 顾客之间可以充分地进行交流，且交流的内容很容易理解	0.806	0.833	

注：标准化 Cronbach'α 系数为 0.893。

资料来源：笔者计算。

由表 6-9 可知，F11（购买价值）测量量表的 Cronbach'α 系数为 0.755，大于 0.7，说明 F11 测量量表数据信度质量良好。从"项已删除的 α 系数"来看，题项 F111 被删除后，信度系数会有明显的上升，因此应该删除题项 F111。从"CITC 值"来看，分析项 F111、F112、F113 的 CITC 值均大于 0.5，说明分析项 F111、F112、F113 之间具有较好的相关关系。综上所述，F11 测量量表数据信度质量高，可用于进一步分析。

表 6-9　因子 F11 的 Cronbach 信度分析

名称	校正项总计相关性（CITC）	项已删除的 α 系数	Cronbach'α 系数
F111 购买价值 1：销售给顾客的终端产品收入在本公司营业收入中的占比很大	0.561	0.707	
F112 购买价值 2：除终端产品外，顾客还会购买我们产品的零配件	0.589	0.683	0.755
F113 购买价值 3：除终端产品外，顾客还会购买我们的售后服务	0.627	0.624	

注：标准化 Cronbach'α 系数为 0.761。

资料来源：笔者计算。

由表 6-10 可知，F1（顾客生涯价值）测量量表的 Cronbach'α 系数为 0.895，大于 0.8，因而说明研究数据信度质量高。从"项已删除的 α 系数"来看，任意删除题项 F11、F12、F13、F14、F15，信度系数都不会有明显的上升，因此说明这些题项都无须删除。从"CITC 值"来看，分析项 F11、F12、F13、F14、F15 的 CITC 值均大于 0.6，说明分析项 F11、F12、F13、F14、F15 之间具有良好的相关关系，同时也说明信度水平良好。综上所述，F1（顾客生涯价值）测量量表的数据信度质量高，可用于进一步分析。

表 6-10　因子 F1 的 Cronbach 信度分析

名称	校正项总计相关性（CITC）	项已删除的 α 系数	Cronbach'α 系数
F111 购买价值 1	0.679	0.881	
F112 购买价值 2	0.612	0.893	
F113 购买价值 3	0.710	0.877	
F12 口碑价值	0.758	0.873	0.895
F13 信息价值	0.759	0.872	
F14 学习价值	0.754	0.872	
F15 交易价值	0.642	0.885	

注：标准化 Cronbach'α 系数为 0.899。
资料来源：笔者计算。

由表 6-11 可知，F2（顾客资产价值）测量量表的 Cronbach'α 值为 0.893，大于 0.8，说明 F2 测量量表的数据信度质量高。从"项已删除的 α 系数"来看，删除题项 F22 后，信度系数会有明显的上升，因此应该删除题项 F22。从"CITC 值"来看，分析项 F21、F22、F23 和 F24 的 CITC 值均大于 0.6，说明分析项 F21、F22、F23 和 F24 之间具有良好的相关关系，同时也说明信度水平良好。综上所述，F2 测量量表的数据信度质量高，可用于进一步分析。

表 6-11　因子 F2 的 Cronbach 信度分析

名称	校正项总计相关性（CITC）	项已删除的 α 系数	Cronbach'α 系数
F21 推荐价值	0.802	0.847	
F22 溢价价值	0.693	0.896	0.893
F23 重复购买	0.795	0.853	
F24 知识贡献	0.791	0.853	

注：标准化 Cronbach'α 系数为 0.898。

资料来源：笔者计算。

所以，本研究将删除初始量表中的题项 D11、F22，数据信度质量将进一步提高，便于做进一步分析。

第三节　验证性因子分析

本节将用 AMOS26.0 对顾客能力、顾客价值创造行为和 C2B 价值进行了验证性因子分析，并检验 C2B 价值创造中各因子测量量表的测量关系、聚合（收敛）效度、区分效度。

一、顾客能力量表验证性因子分析

1. 模型设定

本书将知识能力（D1）、创新能力（D2）、互动能力（D3）作为顾客能力（D）的三个维度（即三个潜变量），它们分别由问卷中对应的量表观测题项来测量。模型设定（见图 6-1）。

2. 模型结果

用 AMOS26.0 对顾客能力（D）验证性因子分析模型进行演算（平均变抽取量 AVC 需要手工计算），得到以下参数值进行测量关系分析、聚合（收敛）效度分析、区分效度分析、指标拟合优度分析（见表 6-12）。

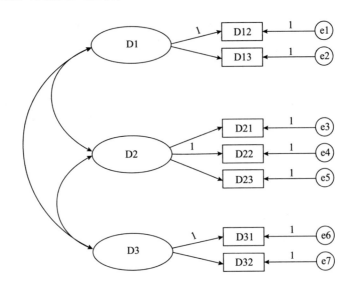

图 6-1　顾客能力（D）验证性因子分析

资料来源：笔者自绘。

表 6-12　顾客能力（D）CFA 分析基本汇总

Factor	数量
知识能力（D1）	2
创新能力（D2）	3
互动能力（D3）	2
汇总	7
分析样本量	141

资料来源：笔者自绘。

由表 6-12 可知，本次针对 D1、D2、D3 这 3 个因子它们及对应的 7 个分析项进行验证性因子分析。本次分析的有效样本量为 141，样本量适中。

从测量关系来看（见表 6-13），D1、D2、D3 对应的所有测量项的标准化载荷系绝对值中最小的是 D22（0.769），最大的是 D32（0.894），并且除了 D22 以外，其他所有测量项的标准载荷系数均超过 0.8。此外，所有测量项的 P 值都在 0.01 的显著性水平上显著。因此，可以判断顾客能力（D）

的测量量表具有较好的测量关系。

表 6-13　顾客能力（D）因子载荷系数

Factor （潜变量）	测量项 （显变量）	非标准 载荷系数 （Coef.）	标准误 （Std. Error）	z （C. R. 值）	p	标准载荷系数 （Std. Estimate）
D1 （知识 能力）	D12 多数顾客能了解所要购买产品的优缺点及产品的关键性能指标	1.000	—	—	—	0.826
	D13 多数顾客能对有过使用体验后购买的产品有更大信心	0.993	0.091	10.864	0.000	0.867
D2 （创新 能力）	D22 多数顾客喜欢用独特的方法去做事	1.000	—	—	—	0.769
	D21 多数顾客有很多创新的点子和想法	1.274	0.124	10.309	0.000	0.860
	D23 多数顾客喜欢具有创造性思维的任务	1.215	0.119	10.191	0.000	0.848
D3 （互动 能力）	D31 多数顾客有很强的表达能力，能准确地向贵公司传达自己的需求	1.000	—	—	—	0.872
	D32 多数顾客有很强的沟通能力，能够与贵公司及其他顾客进行有效沟通	1.114	0.086	12.908	0.000	0.894

资料来源：笔者计算。

就模型的聚合（收敛）效度而言，知识能力（D1）、创新能力（D2）、互动能力（D3）的 AVE 值分别是 0.715、0.690 和 0.782，均大于 0.5；它们的 CR 值分别是 0.834、0.869 和 0.877，均高于 0.7。因此，可以判断本次分析的顾客能力（D）测量量表数据具有良好的聚合（收敛）效度（见表 6-14）。

表 6-14　顾客能力（D）CFA 模型的 AVE 和 CR 指标结果

Factor	平均方差萃取 AVE 值	组合信度 CR 值
知识能力（D1）	0.715	0.834
创新能力（D2）	0.690	0.869
互动能力（D3）	0.782	0.877

资料来源：笔者计算。

就区分效度进行分析（见表 6-15），知识能力（D1）的 AVE 平方根值为 0.845，大于因子间相关系数绝对值的最大值 0.721，说明具有良好的区分效度。创新能力（D2）的 AVE 平方根值为 0.831，大于因子间相关系数绝对值的最大值 0.625，说明有良好的区分效度。互动能力（D3）的 AVE 平方根值为 0.884，大于因子间相关系数绝对值的最大值为 0.721，说明具有良好的区分效度。因此，综合而言，可以判断顾客能力（D）具有较好的区分度。

表 6-15　顾客能力（D）区分效度：Pearson 相关与 AVE 平方根值

Factor	D1	D2	D3
知识能力（D1）	0.845		
创新能力（D2）	0.589	0.831	
互动能力（D3）	0.721	0.625	0.884

注：斜对角线数字为 AVE 平方根值。

资料来源：笔者计算。

顾客能力（D）的模型拟合指标显示（见表 6-16），AGFI（0.897）未超过 0.9，PGFI（0.377）未超过 0.5，这两个指标未达标；而卡方自由度比（1.917）小于 3、RMSEA（0.081）小于 0.10、RMR（0.029）小于 0.05，GFI（0.960）、CFI（0.984）、NFI（0.967）、TLI（0.969）、IFI（0.984）均超过了 0.9，PNFI（0.507）超过了 0.5，符合拟合优度检验的判断规制。因此，可以判断顾客能力（D）整体模型拟合效度较好。

表 6-16　顾客能力（D）CFA 模型拟合指标

常用指标	χ^2	df	p	卡方自由度比（χ^2/df）	GFI	RMSEA	RMR	CFI	NFI
判断标准	—	—	>0.05	<3	>0.9	<0.10	<0.05	>0.9	>0.9
值	21.092	11	0.032	1.917	0.960	0.081	0.029	0.984	0.967
其他指标	TLI	AGFI	IFI	PGFI	PNFI		RMSEA 90%CI		
判断标准	>0.9	>0.9	>0.9	>0.5	>0.5		—		
值	0.969	0.897	0.984	0.377	0.507		0.023 ~ 0.133		

资料来源：笔者计算。

顾客能力（D）CFA 分析模型及标准化系数（见图 6-2）。

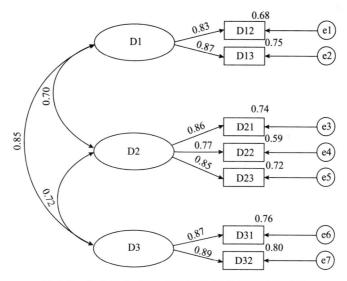

图 6-2　顾客能力（D）验证性因子分析标准化系数

资料来源：笔者自绘。

二、顾客价值创造行为量表验证性因子分析

1. 模型设定

本书将资源整合（E1）、自我服务消费（E2）、社会情景（E3）、顾客

间互动（E4）作为顾客价值创造行为（E）的四个维度（四个潜变量），它们分别由量表中对应的观测题项来测量。模型设定（见图6-3）。

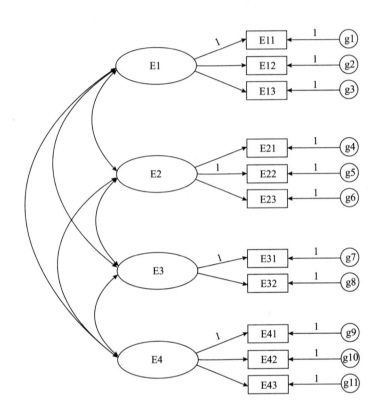

图6-3　顾客行为（E）验证性因子分析模型

资料来源：笔者自绘。

2. 模型结果

用AMOS26.0对顾客行为（E）验证性因子分析模型进行演算（平均变抽取量AVC需要手工计算），得到以下参数值进行测量关系分析、聚合（收敛）效度分析、区分效度分析、指标拟合优度分析。

由表6-17可知，本次针对E1、E2、E3、E4这4个因子及其对应的11个分析项进行验证性因子分析。本次分析有效样本量为141，样本量适中。

表6-17　顾客行为（E）CFA 分析基本汇总

Factor	数量
资源整合（E1）	3
自我服务消费（E2）	3
社会情景（E3）	2
顾客间互动（E4）	3
汇总	11
分析样本量	141

资料来源：笔者自制。

就测量关系来看（见表6-18），所有测量项的标准化载荷系数绝对值中，最小的是0.780（E32），最大的是0.913（E12），其余测量项的标准化载荷系数均大于0.8；而且所有测量项均非常显著（P 值均为0.000），这说明顾客行为（E）量表数据有着较好的测量关系。

表6-18　顾客行为（E）因子载荷系数

Factor（潜变量）	测量项（显变量）	非标准载荷系数（Coef.）	标准误（Std. Error）	z（C. R. 值）	p	标准载荷系数（Std. Estimate）
资源整合（E1）	E11 顾客会自己决定投入多少资源以及自己决定何时投入	1.000	—	—	—	0.854
	E12 顾客在消费体验产品时会自己选择需要的各种资源	0.994	0.066	14.980	0.000	0.913
	E13 顾客会有选择性地接收企业提供的信息	0.999	0.070	14.312	0.000	0.891
自我服务消费（E2）	E21 顾客会按照自己的想法设计产品的使用体验过程	1.000	—	—	—	0.802
	E22 顾客通过真诚的消费所购买的产品获得更好的效用效果	1.053	0.085	12.333	0.000	0.888
	E23 顾客通过自己的设计与创造得到更理想的产品与服务	1.093	0.100	10.929	0.000	0.813

续表

Factor（潜变量）	测量项（显变量）	非标准载荷系数（Coef.）	标准误（Std. Error）	z（C.R.值）	p	标准载荷系数（Std. Estimate）
社会情景（E3）	E31 顾客在不同的环境中使用同样的产品获得的感觉体验不一样	1.000	—	—	—	0.879
	E32 顾客对产品的偏好总是不断在变化	0.992	0.086	11.579	0.000	0.780
顾客间互动（E4）	E41 顾客愿意与其他顾客进行产品相关信息交流	1.000	—	—	—	0.880
	E42 顾客之间存在着共同感兴趣的主题	1.007	0.078	12.940	0.000	0.839
	E43 顾客之间可以充分地进行交流，且交流的内容很容易理解	1.082	0.081	13.324	0.000	0.854

资料来源：笔者计算。

就顾客行为（E）量表的聚合（收敛）效度而言（见表6-19），以及11个分析项进行验证性因子分析（CFA）分析。E1、E2、E3、E4这4个因子对应的AVE值中，最大的是0.784（E1），最小的是0.681（E3），所有因子的AVE值均大于0.5；它们的CR值最大的是0.916（E1），最小的是0.810（E3），均高于0.7。因此，可以判断本次分析的顾客价值创造行为量表数据具有良好的聚合（收敛）效度。

表6-19 顾客行为（E）模型 AVE 和 CR 指标结果

Factor	平均方差萃取 AVE 值	组合信度 CR 值
资源整合（E1）	0.784	0.916
自我服务消费（E2）	0.693	0.871
社会情景（E3）	0.681	0.810
顾客间互动（E4）	0.734	0.892

资料来源：笔者计算。

就区分效度而言（见表 6-20），资源整合（E1）的 AVE 平方根值为 0.885，大于因子间相关系数绝对值的最大值 0.828，说明具有良好的区分效度。自我服务消费（E2）的 AVE 平方根值为 0.833，大于因子间相关系数绝对值的最大值 0.828，说明具有良好的区分效度。社会情景（E3）的 AVE 平方根值为 0.825，大于因子间相关系数绝对值的最大值 0.785，说明具有良好的区分效度。顾客间互动（E4）的 AVE 平方根值为 0.857，大于因子间相关系数绝对值的最大值 0.785，说明具有良好的区分效度。因此，可以判断，顾客行为（E）测量量表数据具有较好的区分度。

表 6-20　顾客行为（E）区分效度：Pearson 相关与 AVE 平方根值

Factor	资源整合（E1）	自我服务消费（E2）	社会情景（E3）	顾客间互动（E4）
资源整合（E1）	0.885			
自我服务消费（E2）	0.828	0.833		
社会情景（E3）	0.778	0.770	0.825	
顾客间互动（E4）	0.739	0.675	0.785	0.857

注：斜对角线数字为 AVE 平方根值。

资料来源：笔者计算。

从顾客行为（E）CFA 模型拟合指标来看（见表 6-21），只有 AGFI（0.845）小于 0.9，未达标；其余指标全部达标，其中卡方自由度比 = 1.903，GFI = 0.916、RMSEA = 0.080、RMR = 0.021、CFI = 0.975、NFI = 0.949、TLI = 0.963、IFI = 0.975、PGFI = 0.527、PNFI = 0.655，这说明整体模型拟合效度较好。

表 6-21　顾客行为（E）CFA 模型拟合指标

常用指标	χ^2	df	p	卡方自由度比（χ^2/df）	GFI	RMSEA	RMR	CFI	NFI
判断标准	—	—	>0.05	<3	>0.9	<0.10	<0.05	>0.9	>0.9
值	72.316	38	0.001	1.903	0.916	0.080	0.021	0.975	0.949
其他指标	TLI	AGFI	IFI	PGFI	PNFI		RMSEA 90%CI		

续表

常用指标	χ^2	df	p	卡方自由度比 (χ^2/df)	GFI	RMSEA	RMR	CFI	NFI
判断标准	>0.9	>0.9	>0.9	>0.5	>0.5		—		
值	0.963	0.854	0.975	0.527	0.655		0.051~0.108		

资料来源：笔者计算。

顾客行为（E）验证性因子分析模型及标准化系数（见图6-4）。

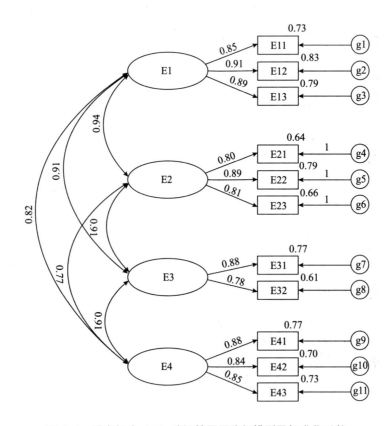

图6-4 顾客行为（E）验证性因子分析模型及标准化系数

资料来源：笔者绘制。

三、C2B 价值量表验证性因子分析

1. 顾客生涯价值（F1）模型设定及结果

由于购买价值（F11）有三个指标衡量，故首先要检测 F111、F112、F113 三个测量项对购买价值（F11）的测量关系及聚合（收敛）效度。

从测量关系来看（见表 6-22），3 个测量项的标准载荷系数绝对值中最大的是 0.783（F113），最小的是 0.667（F111），所有测量项的标准化载荷系数绝对值均大于 0.6，且都在 0.01 的显著性水平上显著。因此，可以判断购买价值（F11）的量表具有较好的测量关系。

表 6-22　购买价值（F11）因子载荷系数

Factor（潜变量）	测量项（显变量）	非标准载荷系数（Coef.）	标准误（Std. Error）	z（C. R.值）	p	标准载荷系数（Std. Estimate）
F11（顾客购买价值）	F111 购买价值：销售给顾客的终端产品收入在本公司营业收入中的占比很大	1.000	—	—	—	0.667
	F112 除终端产品外，顾客还会购买我们产品的零配件	1.392	0.225	6.194	0.000	0.706
	F113 除终端产品外，顾客还会购买我们的售后服务	1.329	0.217	6.117	0.000	0.783

资料来源：笔者计算。

从顾客生涯价值（F1）及其七个分析项进行验证性因子分析可知（见表 6-23）。因子 F1 对应的 AVE 值为 0.522，大于 0.5；CR 值为 0.763，高于 0.7。因此，可以判断顾客生涯价值（F1）意味着本次分析数据具有良好的聚合（收敛）效度。

表 6-23　顾客生涯价值（F1）模型 AVE 和 CR 指标结果

Factor	平均方差萃取 AVE 值	组合信度 CR 值
顾客生涯价值（F1）	0.522	0.763

资料来源：笔者计算。

　　顾客生涯价值（F1）由购买价值（F11）、口碑价值（F12）、信息价值（F13）、学习价值（F14）、交易价值（F15）五个指标衡量，因此构建模型（见图6-5）。

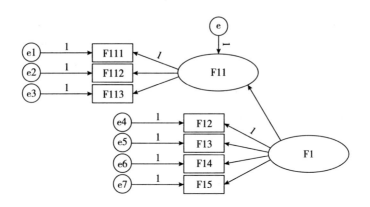

图6-5　顾客生涯价值（F1）验证性因子分析

资料来源：笔者自绘。

　　顾客生涯价值（F1）CFA模型的回归系数均在0.01的显著性水平上显著，说明该模型量表的测量关系显著（见表6-24）。

表6-24　顾客生涯价值（F1）CFA模型回归系数汇总

X→	Y	非标准化回归系数	S. E.	z (C. R. 值)	p	标准化回归系数
F1→	F11	0.890	0.100	8.907	0.000	0.966
F11→	F113 除终端产品外，顾客还会购买我们的售后服务	1.205	0.139	8.681	0.000	0.773
F11→	F112 除终端产品外，顾客还会购买我们产品的零配件	1.173	0.161	7.273	0.000	0.647
F11→	F111 购买价值：销售给顾客的终端产品收入在本公司营业收入中的占比很大	1.000	—	—	—	0.726
F1→	F12 口碑价值：顾客愿意为我们的产品做正面的宣传	1.000	—	—	—	0.816

续表

X→	Y	非标准化回归系数	S.E.	z (C.R. 值)	p	标准化回归系数
F1→	F15 交易价值：顾客会通过转卖、联合销售等方式扩宽我们的市场范围	0.966	0.113	8.540	0.000	0.675
F1→	F14 学习价值：顾客愿意通过自我搜集、查阅资料了解我们的产品	1.186	0.105	11.330	0.000	0.838
F1→	F13 信息价值：顾客的数据信息为我们产品研发、生产、销售等环节提供了很大的帮助	1.035	0.096	10.828	0.000	0.810

注：→表示回归影响关系。

资料来源：笔者计算。

从顾客生涯价值（F1）CFA 模型的拟合指标来看（见表 6-25），RMSEA（0.108）超过了 0.10，AGFI（0.872）未达到 0.9，PGFI（0.437）未到达 0.5；其他所有拟合指标均达到了测量标准，其中卡方自由度比 = 2.644、GFI = 0.940、RMR = 0.037、CFI = 0.959、NFI = 0.937、NNFI = 0.934、TLI = 0.934、IFI = 0.960。总体而言，可以判断，顾客生涯价值（F1）CFA 整体模型拟合效度较好。

表 6-25 顾客生涯价值（F1）CFA 模型拟合指标

常用指标	χ^2	df	p	卡方自由度比 (χ^2/df)	GFI	RMSEA	RMR	CFI	NFI
判断标准	—	—	>0.05	<3	>0.9	<0.10	<0.05	>0.9	>0.9
值	34.369	13	0.001	2.644	0.940	0.108	0.037	0.959	0.937
其他指标	TLI	AGFI	IFI	PGFI	PNFI		RMSEA 90%CI		
判断标准	>0.9	>0.9	>0.9	>0.5	>0.5		—		
值	0.934	0.872	0.960	0.437	0.580		0.065~0.153		

资料来源：笔者计算。

顾客生涯价值（F1）CFA 模型及其标准化系数（见图 6-6）。

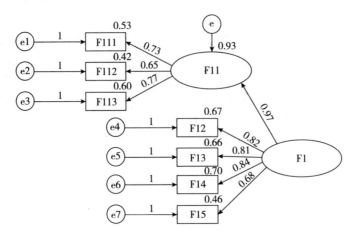

图 6-6　顾客生涯价值（F1）CFA 模型及其标准化系数

资料来源：笔者绘制。

2. C2B 价值（F）量表验证性因子分析

C2B 价值（F）CFA 模型设定（见图 6-7）。

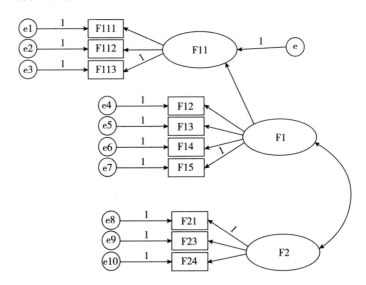

图 6-7　顾客价值（F）验证性因子分析

资料来源：笔者绘制。

用 AMOS26.0 对顾客价值（F）验证性因子分析模型进行演算，得到以下参数值进行测量关系分析、指标拟合优度分析（见表6-26）。

表 6-26　C2B 价值（F）CFA 模型拟合指标

常用指标	χ^2	df	p	卡方自由度比（χ^2/df）	GFI	RMSEA	RMR	CFI	NFI	NNFI
判断标准	—	—	>0.05	<3	>0.9	<0.10	<0.05	>0.9	>0.9	>0.9
值	102.025	33	0.000	3.092	0.887	0.122	0.038	0.931	0.903	0.907
其他指标	TLI	AGFI	IFI	PGFI	PNFI	RMSEA 90%CI				
判断标准	>0.9	>0.9	>0.9	>0.5	>0.5	—				
值	0.907	0.812	0.932	0.532	0.662	0.096~0.1150				

注：Default Model：χ^2（45）= 1052.083，p = 1.000。

资料来源：笔者计算。

从 C2B 价值（F）验证性因子分析模型的拟合指标来看（见表6-26），卡方自由度比（3.092）超过了3，RMSEA（0.122）超过了0.10，GFI（0.887）和 AGFI（0.812）未超过0.9，这些指标均未达标。其他指标均符合模型拟合优度的判定标准。总体而言，C2B 价值（F）CFA 模型拟合优度较好。

C2B 价值（F）CFA 模型及其标准化系数（见图6-8）。

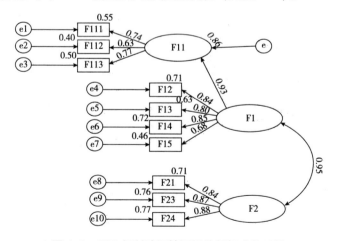

图 6-8　C2B 机制验证性因子分析标准化系数

资料来源：笔者自绘。

第四节　结构方程模型

本书采用结构方程模型（SEM）来验证 C2B 价值创造的机理模型。采用极大似然估计法来计算理论模型的拟合指标与各个路径系数的估计值，得出假设检验相关的测量要素之间的相关关系。

一、顾客能力影响顾客行为

1. 模型设定

本书将顾客能力（D）与顾客行为（E）量表构建顾客能力（D）影响顾客行为（E）模型（见图6-9）。

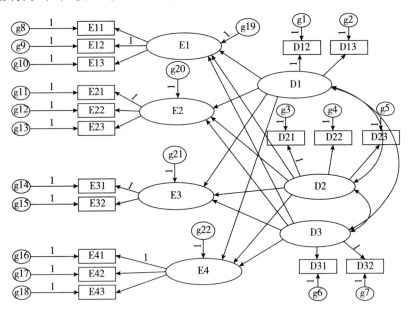

图6-9　顾客能力（D）影响顾客行为（E）模型

资料来源：笔者自绘。

2. 模型结果

通过 AMOS26.0 利用 C2B 价值创造调查问卷的样本数据进行统计分析，得出模型各主要拟合指数（见表6-27）。

表6-27 顾客能力（D）影响顾客行为（E）的模型拟合指标

常用指标	χ^2	df	p	卡方自由度比（χ^2/df）	GFI	RMSEA	RMR	CFI	NFI
判断标准	—	—	>0.05	<3	>0.9	<0.10	<0.05	>0.9	>0.9
值	298.519	120	0.000	2.488	0.815	0.103	0.034	0.920	0.875
其他指标	TLI	AGFI	IFI	PGFI	PNFI		RMSEA 90%CI		
判断标准	>0.9	>0.9	>0.9	>0.5	>0.5		—		
值	0.898	0.736	0.921	0.572	0.686		0.0898~0.118		

资料来源：笔者计算。

从顾客能力（D）对顾客行为（E）影响的模型拟合指标来看，RMSEA（0.103）超过了 0.10，GFI（0.815）、NFI（0.875）、TLI（0.898）和 AGFI（0.736）均未达到 0.9，这些拟合优度指标不达标；其余指标，如卡方自由度比（2.488）小于 3，RMR（0.034）小于 0.05，CFI（0.920）、IFI（0.921）均大于 0.9，PGFI（0.572）和 PNFI（0.686）均大于 0.5。这说明 D 对 E 影响的模型从整体上来说拟合效度一般。

通过 AMOS26.0 提供的临界比例或显著性水平 P 值就能够判断是否接受假设检验通过，以便考察通过结构方程模型分析获得的参数估计值是否具有统计意义。模型回归结果（见表6-28）。

表6-28 顾客能力（D）影响顾客行为（E）模型回归系数汇总

X	→	Y	非标准化回归系数	S.E.	z（C.R.值）	p	标准化回归系数
D1	→	E2	−1.081	0.394	−2.741	0.006	−1.068
D1	→	E3	−1.705	0.533	−3.2	0.001	−1.825
D2	→	E2	0.135	0.138	0.976	0.329	0.169

X	→	Y	非标准化回归系数	S. E.	z （C. R. 值）	p	标准化回归系数
D2	→	E3	0.039	0.179	0.216	0.829	0.052
D3	→	E2	1.578	0.365	4.324	0.000	1.765
D3	→	E3	2.098	0.48	4.375	0.000	2.542
D1	→	E1	−1.051	0.405	−2.595	0.009	−1.026
D1	→	E4	−1.103	0.405	−2.722	0.006	−1.105
D2	→	E1	−0.085	0.144	−0.588	0.557	−0.105
D2	→	E4	0.072	0.142	0.508	0.611	0.092
D3	→	E4	1.589	0.372	4.27	0.000	1.802
D3	→	E1	1.77	0.375	4.724	0.000	1.955
E2	→	E22	0.997	0.083	11.937	0.000	0.855
E2	→	E21	1				0.815
E3	→	E32	0.997	0.086	11.564	0.000	0.781
E3	→	E31	1				0.877
E2	→	E23	1.114	0.095	11.689	0.000	0.843
D1	→	D12	1				0.809
D1	→	D13	0.989	0.09	10.934	0.000	0.846
D2	→	D21	1				0.853
D2	→	D22	0.801	0.076	10.479	0.000	0.778
D2	→	D23	0.968	0.082	11.797	0.000	0.852
D3	→	D32	1				0.844
D3	→	D31	0.893	0.074	12.086	0.000	0.82
E4	→	E43	1.085	0.081	13.406	0.000	0.856
E4	→	E42	1.003	0.078	12.872	0.000	0.837
E4	→	E41	1				0.88
E1	→	E13	1.006	0.061	16.421	0.000	0.891
E1	→	E12	1				0.912
E1	→	E11	1.01	0.068	14.961	0.000	0.856

注：→表示回归影响关系。

资料来源：笔者计算。

标准化路径系数值呈现出显著性，则说明有显著影响/测量关系。如表6-28模型回归系数汇总所示，创新能力（D2）对资源整合（E1）（标准化回归系数＝−0.105，p>0.10）、自我服务消费（E2）（标准化回归系数＝0.169，p>0.10）、社会情景（E3）（标准化回归系数＝0.052，p>0.10）、顾客间互动（E4）（标准化回归系数＝0.092，p>0.10）影响不显著。知识能力（D1）对资源整合（E1）（标准化回归系数＝−1.026，p<0.01）、自我服务消费（E2）（标准化回归系数＝−1.068，p<0.01）、社会情景（E3）（标准化回归系数＝−1.825，p<0.01）、顾客间互动（E4）（标准化回归系数＝−1.105，p<0.01）具有显著的负向影响。互动能力（D3）对资源整合（E1）（标准化回归系数＝1.955，p<0.01）、自我服务消费（E2）（标准化回归系数＝1.765，p<0.01）、社会情景（E3）（标准化回归系数＝2.542，p<0.01）、顾客间互动（E4）（标准化回归系数＝1.802，p<0.01）具有显著的正向影响。但是标准化负荷大于1，模型存在共线性，故需要重新设定模型。顾客能力影响顾客价值创造行为模型标准化路径系数结果（见图6-10）。

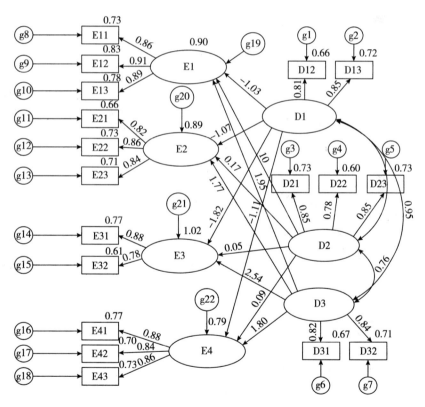

图6-10 顾客能力（D）影响顾客行为（E）模型标准化系数

资料来源：笔者自绘。

3. 模型修正

我们先对顾客能力的三个维度、七个指标进行因子分析（见表6-29），KMO值=0.862（见表6-30），适合做因子分析。通过公因子方差分析，发现D22指标的方差提取最低。此外，仅提取出一个主成分，并且剔除掉D22指标，模型结果更优化，故此剔除掉D22指标，并将顾客价值创造能力的三个维度统一为一个维度。

表6-29 公因子方差

指标	初始	提取
D12 多数顾客能了解所要购买产品的优缺点及产品的关键性能指标	1.000	0.627
D13 多数顾客能对有过使用体验后购买的产品有更大信心	1.000	0.633
D21 多数顾客有很多创新的点子和想法	1.000	0.695
D22 多数顾客喜欢用独特的方法去做事	1.000	0.512
D23 多数顾客喜欢具有创造性思维的任务	1.000	0.619
D31 多数顾客有很强的表达能力，能准确地向贵公司传达自己的需求	1.000	0.680
D32 多数顾客有很强的沟通能力，能够与贵公司及其他顾客进行有效沟通	1.000	0.697

注：提取方法为主成分分析法。
资料来源：笔者计算。

表6-30 KMO和巴特利特检验

指标	值	
KMO取样适切性量数	0.862	
巴特利特球形度检验	近似卡方	626.291
	自由度	21
	显著性	0.000

资料来源：笔者计算。

本书采用极大似然估计法来计算理论模型的拟合指标与各个路径系数的估计值，得出假设检验相关的测量要素之间的相关关系。

通过AMOS26.0利用调研样本数据进行统计分析，本书得出模型各主要拟合指数（见表6-31）。

表 6-31　顾客能力（D）影响顾客行为（E）修正模型拟合指标

常用指标	χ^2	df	p	卡方自由度比（χ^2/df）	RMR	GFI	AGFI	RMSEA	NFI	RFI
判断标准	—	—	>0.05	<3	<0.05	>0.9	>0.9	<0.10	>0.9	>0.9
值	313.709	112	0.000	2.801	0.043	0.803	0.730	0.113	0.862	0.832
其他指标	IFI	TLI	CFI	PGFI	PNFI			RMSEA 90%CI		
判断标准	>0.9	>0.9	>0.9	>0.5	>0.5			—		
值	0.906	0.885	0.905	0.587	0.710			0.099~0.128		

资料来源：笔者计算。

从顾客能力（D）影响顾客行为（E）修正模型的拟合指标来看（见表 6-31），GFI（0.803）、AGFI（0.730）、NFI（0.862）、RFI（0.832）和 TLI（0.885）均未达到 0.9，RMSEA（0.113）超过了 0.10，这几项指标未达标，但是其他指标均符合拟合优度的判断标准，其中卡方自由度比（2.801）小于 3，RMR（0.043）小于 0.05，CFI（0.905）、IFI（0.906）超过了 0.9，PGFI（0.587）和 PNFI（0.710）超过了 0.5。所以，综合而言顾客能力（D）影响顾客行为（E）修正模型整体拟合效度较好。

通过 AMOS26.0 提供的临界比例或显著性水平 p 值就能够判断是否接受假设检验通过，以便考察通过结构方程模型分析获得的参数估计值是否具有统计意义。模型回归结果（见表 6-32）。

表 6-32　顾客能力（D）影响顾客行为（E）修正模型回归系数汇总

X	→	Y	非标准化回归系数	S.E.	z（C.R. 值）	p	标准化回归系数
D	→	E2	0.998	0.127	7.828	0.000	0.950
D	→	E3	0.942	0.112	8.387	0.000	0.939
D	→	E1	1.043	0.126	8.26	0.000	0.953

X	→	Y	非标准化回归系数	S.E.	z (C.R.值)	p	标准化回归系数
D	→	E4	0.913	0.116	7.861	0.000	0.871
E2	→	E22	1.03	0.086	12.022	0.000	0.872
E2	→	E21	1				0.805
E3	→	E32	0.957	0.087	11.021	0.000	0.766
E3	→	E31	1				0.895
E2	→	E23	1.116	0.099	11.287	0.000	0.833
D	→	D21	1				0.638
D	→	D12	0.799	0.123	6.519	0.000	0.614
D	→	D23	0.964	0.099	9.753	0.000	0.636
E4	→	E43	1.087	0.082	13.259	0.000	0.856
E4	→	E42	1.008	0.079	12.81	0.000	0.839
E4	→	E41	1				0.878
E1	→	E13	0.986	0.069	14.331	0.000	0.886
E1	→	E12	0.986	0.065	15.184	0.000	0.913
E1	→	E11	1				0.861
D	→	D32	1.115	0.139	8.002	0.000	0.79
D	→	D31	0.992	0.127	7.798	0.000	0.765
D	→	D13	0.88	0.119	7.397	0.000	0.715

资料来源：笔者计算。

由表6-32可知，顾客能力（D）通过影响资源整合（E1）（标准化回归系数＝0.953，p<0.01）、自我服务消费（E2）（标准化回归系数＝0.950，p<0.01）、社会情景（E3）（标准化回归系数＝0.939，p<0.01）、顾客间互动（E4）（标准化回归系数＝0.871，p<0.01）四条路径显著地影响顾客行为（E）。顾客能力（D）对顾客行为（E）修正模型标准化系数展示（见图6-11）。

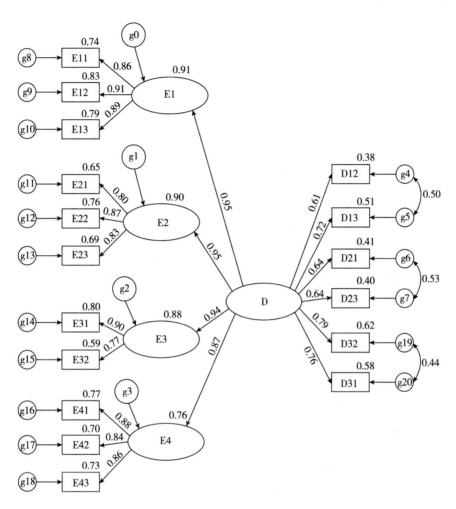

图 6-11　顾客能力（D）影响顾客行为（E）修正模型标准化系数

资料来源：笔者自绘。

二、顾客能力影响 C2B 价值

1. 模型设定

本书将顾客能力（D）与 C2B 价值（F）量表构建顾客能力（D）影响

C2B 价值（F）模型。顾客能力（D）由知识能力（D1）、创新能力（D2）、互动能力（D3）构成，C2B 价值（F）由顾客生涯价值（F1）、顾客资产价值（F2）构成，依据 D1、D2、D3 对 F1、F2 的假设关系，结合信度分析与效度分析的结果，建立顾客能力（D）影响 C2B 价值（F）的初始模型（见图 6-12）。

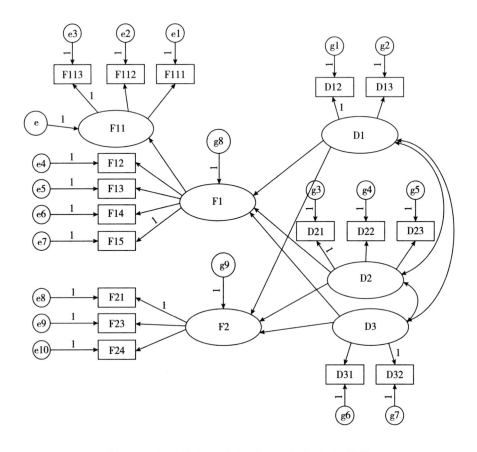

图 6-12　顾客能力（D）影响 C2B 价值（F）模型

资料来源：笔者自绘。

2. 模型结果

通过 AMOS26.0 利用 C2B 价值创造问卷调查样本数据进行统计分析，

得出顾客能力（D）影响 C2B 价值（F）模型各主要拟合指数（见表6-33）。

表 6-33　顾客能力（D）影响 C2B 价值（F）模型拟合指标

常用指标	χ^2	df	p	卡方自由度比 (χ^2/df)	GFI	RMSEA	RMR	CFI	NFI
判断标准	—	—	>0.05	<3	>0.9	<0.10	<0.05	>0.9	>0.9
值	270.758	109	0.000	2.484	0.818	0.103	0.043	0.912	0.862
其他指标	TLI	AGFI	IFI	PGFI	PNFI		RMSEA 90%CI		
判断标准	>0.9	>0.9	>0.9	>0.5	>0.5		—		
值	0.890	0.744	0.913	0.582	0.691		0.089~0.118		

资料来源：笔者计算。

从顾客能力（D）影响 C2B 价值（F）模型拟合指标来看（见表6-33），RMSEA（0.103）超过了 0.10，GFI（0.818）、NFI（0.862）、TLI（0.890）、AGFI（0.744）均未超过 0.9，这些指标不达标；其他指标均达到了模型拟合优度的判定标准，包括卡方自由度（2.484）未超过 3，RMR（0.043）小于 0.05，CFI（0.912）、IFI（0.913）均超过了 0.9，PGFI（0.582）、PNFI（0.691）均超过了 0.5。这说明总体而言，顾客能力（D）影响 C2B 价值（F）模型的整体拟合效度较好。

由表6-34可知，顾客能力（D）影响顾客行为（E）的标准化路径系数值呈现出显著性，则说明有显著影响/测量关系。创新能力（D2）对顾客生涯价值（F1）（标准化回归系数 = −0.054，p>0.10）、顾客资产价值（F2）（标准化回归系数 = −0.014，p>0.10）影响不显著。知识能力（D1）对顾客生涯价值（F1）（标准化回归系数 = −1.748，p<0.05）、顾客资产价值（F2）（标准化回归系数 = −1.884，p<0.05）显著的负向影响。互动能力（D3）对顾客生涯价值（F1）（标准化回归系数 = 2.647，p<0.01）、顾客资

产价值（F2）（标准化回归系数＝2.701，p<0.01）显著的正向影响。但是标准化负荷大于1，模型存在共线性，故需要重新设定模型。

表 6-34　顾客能力（D）影响 C2B 价值（F）模型回归系数汇总

X	→	Y	非标准化回归系数	S.E.	z (C.R.值)	p	标准化回归系数
D1	→	F1	−1.686	0.828	−2.037	0.042	−1.748
D2	→	F1	−0.041	0.189	−0.216	0.829	−0.054
D3	→	F1	2.225	0.754	2.95	0.003	2.647
F1	→	F11	1.043	0.131	7.957	0.000	0.944
D1	→	F2	−2.051	0.965	−2.125	0.034	−1.884
D2	→	F2	−0.012	0.22	−0.053	0.958	−0.014
D3	→	F2	2.562	0.853	3.003	0.003	2.701
F11	→	F113	1				0.757
F11	→	F112	0.948	0.132	7.161	0.000	0.618
F11	→	F111	0.883	0.099	8.915	0.000	0.756
F1	→	F13	1.006	0.117	8.568	0.000	0.775
F1	→	F12	1.058	0.114	9.322	0.000	0.85
F2	→	F24	0.968	0.072	13.383	0.000	0.881
F2	→	F23	0.916	0.07	13.128	0.000	0.871
F2	→	F21	1				0.843
F1	→	F14	1.214	0.131	9.267	0.000	0.844
F1	→	F15	1				0.688
D1	→	D12	1				0.794
D1	→	D13	1.004	0.095	10.598	0.000	0.842
D2	→	D21	1				0.847
D2	→	D22	0.805	0.078	10.314	0.000	0.776
D2	→	D23	0.981	0.084	11.66	0.000	0.858
D3	→	D31	0.905	0.075	12.063	0.000	0.826
D3	→	D32	1				0.84

注：→表示回归影响关系。

资料来源：笔者计算。

顾客能力（D）影响 C2B 价值（F）模型标准化路径系数结果（见图 6-13）。

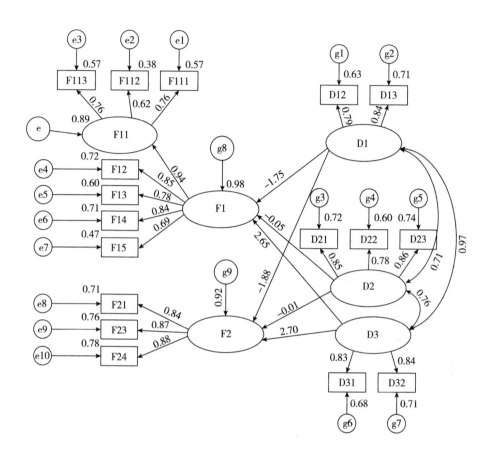

图 6-13 顾客能力（D）影响 C2B 价值（F）模型标准化系数

资料来源：笔者自绘。

3. 模型修正

和顾客价值创造能力影响顾客价值创造行为修正模型一样，剔除掉 D22 指标，并将顾客价值创造能力的三个维度统一为一个维度。

通过 AMOS26.0 利用 C2B 价值创造问卷调查数据进行统计分析，顾客能力（D）影响 C2B 价值（F）修正模型各主要拟合指数（见表 6-35）。

表6-35 顾客能力（D）影响C2B价值（F）修正模型拟合指标

常用指标	χ^2	df	p	卡方自由度比（χ^2/df）	RMR	GFI	AGFI	RMSEA	NFI	RFI
判断标准	—	—	>0.05	<3	<0.05	>0.9	>0.9	<0.10	>0.9	>0.9
值	225.461	96	0.000	2.349	0.045	0.839	0.772	0.098	0.876	0.845
其他指标	IFI	TLI	CFI	PGFI	PNFI			RMSEA 90%CI		
判断标准	>0.9	>0.9	>0.9	>0.5	>0.5			—		
值	0.925	0.905	0.924	0.593	0.701			0.0828~0.115		

资料来源：笔者计算。

从表6-35可以看出，虽然 RMSEA、GFI、AGFI 不达标，但是卡方自由度=2.349、RMR=0.045、IFI=0.925、CFI=0.924，这说明整体模型拟合效度较好。

模型回归结果（见表6-36）。顾客能力（D）通过影响顾客生涯价值（F1）（标准化回归系数=0.974，p<0.01）、顾客资产价值（F2）（标准化回归系数=0.933，p<0.01）两条路径显著的影响C2B价值（F）。

表6-36 模型回归系数汇总

X	→	Y	非标准化回归系数	S. E.	z（C. R. 值）	p	标准化回归系数
D	→	F1	1.144	0.161	7.117	0.000	0.974
F1	→	F11	1.051	0.132	7.981	0.000	0.949
D	→	F2	1.259	0.153	8.239	0.000	0.933
F11	→	F113	1				0.758
F11	→	F112	0.954	0.132	7.244	0.000	0.622
F11	→	F111	0.878	0.098	8.919	0.000	0.753
F1	→	F13	1.016	0.119	8.559	0.000	0.781
F1	→	F12	1.072	0.115	9.355	0.000	0.859
F2	→	F24	0.948	0.072	13.254	0.000	0.878
F2	→	F23	0.93	0.075	12.414	0.000	0.899
F2	→	F21	1				0.857
F1	→	F14	1.209	0.132	9.187	0.000	0.839

续表

X	→	Y	非标准化回归系数	S. E.	z (C. R. 值)	p	标准化回归系数
F1	→	F15	1				0.686
D	→	D12	1				0.651
D	→	D13	1.052	0.102	10.301	0.000	0.724
D	→	D21	1.181	0.174	6.802	0.000	0.638
D	→	D23	1.129	0.168	6.728	0.000	0.63
D	→	D31	1.189	0.148	8.005	0.000	0.775
D	→	D32	1.306	0.162	8.074	0.000	0.784

资料来源：笔者计算。

顾客能力（D）对 C2B 价值（F）修正模型标准化系数展示（见图6-14）。

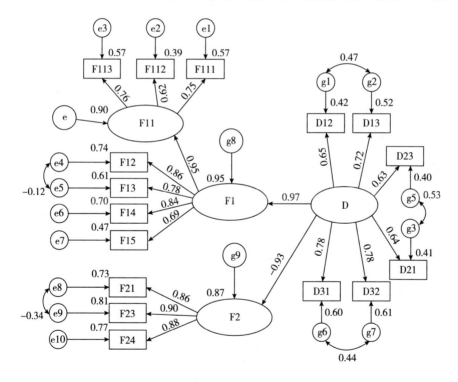

图6-14 顾客能力（D）影响 C2B 价值（F）修正模型标准化系数

资料来源：笔者自绘。

三、顾客行为影响 C2B 价值

1. 模型设定

本书将前文修正后的顾客行为（E）与 C2B 价值（F）量表构建顾客行为（E）影响 C2B 价值（F）模型。顾客行为（E）由资源整合（E1）、自我服务消费（E2）、社会情景（E3）、顾客间互动（E4）构成，C2B 价值（F）由顾客生涯价值（F1）、顾客资产价值（F2）构成，依据 E1、E2、E3、E4 对 F1、F2 的假设关系，结合信度分析与效度分析的结果，建立顾客行为（E）影响 C2B 价值（F）的初始模型（见图 6-15）。

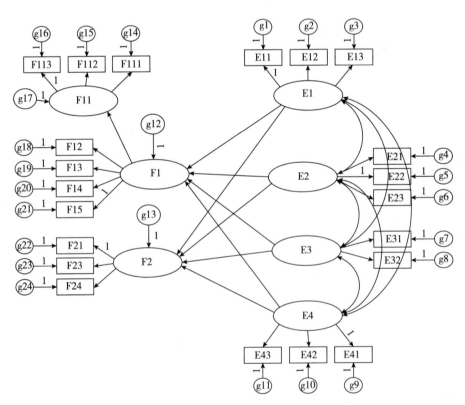

图 6-15　顾客行为（E）影响 C2B 价值（F）模型

资料来源：笔者自绘。

2. 模型结果

通过 AMOS26.0 利用 C2B 价值创造调查问卷样本数据进行统计分析，得出顾客行为（E）影响 C2B 价值（F）模型的各主要拟合指数（见表6-37）。

表6-37　顾客行为（E）影响 C2B 价值（F）模型拟合指标

常用指标	χ^2	df	p	卡方自由度比（χ^2/df）	GFI	RMSEA	RMR	CFI	NFI
判断标准	—	—	>0.05	<3	>0.9	<0.10	<0.05	>0.9	>0.9
值	369.257	174	0.000	2.122	0.804	0.090	0.031	0.926	0.870
其他指标	TLI	AGFI	IFI	PGFI	PNFI	RMSEA 90%CI			
判断标准	>0.9	>0.9	>0.9	>0.5	>0.5	—			
值	0.910	0.740	0.927	0.606	0.721	0.077～0.102			

资料来源：笔者计算。

从顾客行为（E）影响 C2B 价值（F）模型的拟合指标来看（见表6-37），GFI（0.804）、NFI（0.870）、AGFI（0.740）均未到达0.9，说明这3个拟合优度指标不达标；其余指标均达到了拟合优度指标的判定标准，其中卡方自由度比（2.122）小于3，RMSEA（0.090）小于0.10，RMR（0.031）小于0.05，CFI（0.926）、TLI（0.910）、IFI（0.927）均超过了0.9，PGFI（0.606）和 PNFI（0.721）均超过了0.5。所以，综合而言顾客行为（E）影响 C2B 价值（F）模型的整体模型拟合效度较好。

顾客行为（E）影响 C2B 价值（F）模型的回归结果（见表6-38）。

表6-38　顾客行为（E）影响 C2B 价值（F）模型回归系数汇总

X	→	Y	非标准化回归系数	S.E.	z（C.R.值）	p	标准化回归系数
E1	→	F1	-0.374	0.78	-0.479	0.632	-0.414
E2	→	F1	2.13	1.131	1.882	0.06	2.368
E3	→	F1	-2.92	1.65	-1.77	0.077	-2.875

续表

X	→	Y	非标准化回归系数	S. E.	z（C. R. 值）	p	标准化回归系数
E4	→	F1	1.919	0.868	2.21	0.027	2.023
F1	→	F11	1.057	0.133	7.929	0.000	0.934
E1	→	F2	−0.126	0.721	−0.175	0.861	−0.122
E3	→	F2	−2.846	1.397	−2.038	0.042	−2.443
E2	→	F2	1.877	0.901	2.082	0.037	1.82
E4	→	F2	1.975	0.733	2.693	0.007	1.816
F11	→	F113	1				0.77
F11	→	F112	0.951	0.129	7.346	0.000	0.63
F11	→	F111	0.85	0.097	8.774	0.000	0.739
F1	→	F13	1.021	0.12	8.528	0.000	0.78
F1	→	F12	1.07	0.116	9.228	0.000	0.852
F2	→	F24	0.962	0.07	13.731	0.000	0.882
F2	→	F23	0.901	0.068	13.201	0.000	0.863
F2	→	F21	1				0.849
F1	→	F14	1.23	0.134	9.192	0.000	0.848
F1	→	F15	1				0.682
E1	→	E11	1				0.86
E1	→	E12	0.985	0.065	15.109	0.000	0.911
E2	→	E21	0.949	0.077	12.247	0.000	0.798
E2	→	E22	1				0.885
E2	→	E23	1.047	0.082	12.797	0.000	0.818
E3	→	E31	1				0.867
E3	→	E32	0.997	0.088	11.364	0.000	0.773
E4	→	E41	1				0.872
E4	→	E42	1.015	0.078	12.945	0.000	0.839
E4	→	E43	1.099	0.081	13.519	0.000	0.86
E1	→	E13	0.99	0.069	14.405	0.000	0.889

资料来源：笔者计算。

由表6-38可知，资源整合（E1）对顾客生涯价值（F1）（标准化回归系数=−0.414，p>0.10）、顾客资产价值（F2）（标准化回归系数=−0.122，p>0.10）影响不显著。自我服务消费（E2）对顾客生涯价值（F1）（标准化回归系数=2.368，p<0.10）、顾客资产价值（F2）（标准化回归系数=

1.820，p<0.05）具有显著的正向影响。社会情景（E3）对顾客生涯价值
（F1）（标准化回归系数=-2.875，p<0.10）、顾客资产价值（F2）（标准化
回归系数=-2.443，p<0.05）具有显著的负向影响。自顾客间互动（E4）
对顾客生涯价值（F1）（标准化回归系数=2.023，p<0.05）、顾客资产价值
（F2）（标准化回归系数=1.816，p<0.01）具有显著的正向影响。但是标准
化负荷大于1，模型存在共线性，故需要重新设定模型。

顾客价值创造行为影响 C2B 价值模型标准化系数（见图6-16）。

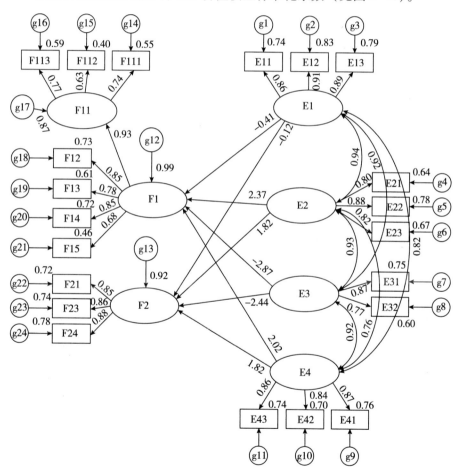

图 6-16　顾客行为（E）影响 C2B 价值（F）模型标准化系数

资料来源：笔者自绘。

3. 模型修正

对于顾客行为（E）的各项指标，我们先进行相关性分析，随后进行因子分析。

由表6-39相关性矩阵可知，E12指标与E11、E13指标相关性较高，相关系数分别达到0.804、0.814，具有较高的替代性。

表6-39 顾客行为（E）相关性矩阵

相关性	E11	E12	E13	E21	E22	E23	E31	E32	E41	E42	E43
E11	1.000	0.804	0.731	0.653	0.696	0.654	0.701	0.606	0.646	0.566	0.584
E12	0.804	1.000	0.814	0.663	0.806	0.644	0.717	0.577	0.675	0.611	0.571
E13	0.731	0.814	1.000	0.673	0.783	0.622	0.758	0.625	0.692	0.643	0.613
E21	0.653	0.663	0.673	1.000	0.671	0.687	0.721	0.584	0.580	0.541	0.557
E22	0.696	0.806	0.783	0.671	1.000	0.743	0.693	0.568	0.623	0.577	0.513
E23	0.654	0.644	0.622	0.687	0.743	1.000	0.677	0.577	0.540	0.488	0.533
E31	0.701	0.717	0.758	0.721	0.693	0.677	1.000	0.685	0.677	0.672	0.645
E32	0.606	0.577	0.625	0.584	0.568	0.577	0.685	1.000	0.682	0.623	0.635
E41	0.646	0.675	0.692	0.580	0.623	0.540	0.677	0.682	1.000	0.715	0.756
E42	0.566	0.611	0.643	0.541	0.577	0.488	0.672	0.623	0.715	1.000	0.739
E43	0.584	0.571	0.613	0.557	0.513	0.533	0.645	0.635	0.756	0.739	1.000

资料来源：笔者计算。

KMO和巴特利特检验（见表6-40），KMO值=0.940，非常适合因子分析。

表6-40 KMO和巴特利特检验

指标		值
KMO取样适切性量数		0.940
巴特利特球形度检验	近似卡方	1360.461
	自由度	55
	显著性	0.000

资料来源：笔者计算。

由表 6-41 可知，E43 的提取方差最低，且剔除 E43 后的模型结果拟合更优化，故此剔除掉 E12、E43 指标，并将 E 的四个维度统一为一个维度。重新设定模型进行分析。通过 AMOS26.0 利用 C2B 价值创造问卷调查数据进行统计分析，得出顾客行为（E）影响 C2B 价值（F）修正模型各主要拟合指数（见表 6-42）。

表 6-41　公因子方差

指标	初始	提取
E11 顾客会自己决定投入多少资源以及自己决定何时投入	1.000	0.710
E12 顾客在消费体验产品时会自己选择需要的各种资源	1.000	0.758
E13 顾客会有选择性地接收企业提供的信息	1.000	0.771
E21 顾客会按照自己的想法设计产品的使用体验过程	1.000	0.649
E22 顾客通过真诚的消费所购买的产品获得更好的效用效果	1.000	0.717
E23 顾客通过自己的设计与创造得到更理想的产品与服务	1.000	0.619
E31 顾客在不同的环境中使用同样的产品获得的感觉体验不一样	1.000	0.766
E32 顾客对产品的偏好总是不断在变化	1.000	0.615
E41 顾客愿意与其他顾客进行产品相关信息交流	1.000	0.694
E42 顾客之间存在共同感兴趣的主题	1.000	0.618
E43 顾客之间可以充分地进行交流，且交流的内容很容易理解	1.000	0.611

注：提取方法为主成分分析法。

资料来源：笔者计算。

表 6-42　顾客行为（E）影响 C2B 价值（F）修正模型拟合指标

常用指标	χ^2	df	p	卡方自由度比（χ^2/df）	RMR	GFI	AGFI	RMSEA	NFI	RFI
判断标准	—	—	>0.05	<3	<0.05	>0.9	>0.9	<0.10	>0.9	>0.9
值	327.356	132	0.000	2.480	0.039	0.802	0.744	0.103	0.856	0.833
其他指标	IFI	TLI	CFI	PGFI	PNFI			RMSEA 90%CI		
判断标准	>0.9	>0.9	>0.9	>0.5	>0.5			—		
值	0.909	0.893	0.908	0.619	0.738			0.0898～0.117		

资料来源：笔者计算。

模型拟合指标非常多，通常下很难所有指标均需要达标。虽然、GFI、AGFI、RMSEA 等不达标，但是卡方自由度比＝2.480、RMR＝0.039、CFI＝0.908、IFI＝0.909。这说明整体模型拟合效度较好。

修正模型回归结果（见表6-43）。

表6-43 顾客行为（E）影响C2B价值（F）模型修正回归系数汇总

X	→	Y	非标准化回归系数	S. E.	z（C. R. 值）	p	标准化回归系数
E1	→	F1	0.895	0.082	10.852	0.000	0.900
F1	→	F11	1.026	0.101	10.183	0.000	0.958
E1	→	F2	0.948	0.089	10.642	0.000	0.894
F11	→	F113	1				0.775
F11	→	F112	0.949	0.127	7.477	0.000	0.633
F11	→	F111	0.836	0.095	8.824	0.000	0.733
F1	→	F13	0.971	0.087	11.169	0.000	0.789
F1	→	F12	1				0.847
F1	→	F14	1.134	0.093	12.144	0.000	0.832
E1	→	E11	1				0.83
E1	→	E13	0.989	0.077	12.794	0.000	0.858
E1	→	E21	0.961	0.088	10.976	0.000	0.778
E1	→	E22	0.984	0.08	12.313	0.000	0.838
E1	→	E23	1.027	0.095	10.838	0.000	0.771
E1	→	E31	0.903	0.071	12.635	0.000	0.851
E1	→	E32	0.885	0.086	10.322	0.000	0.745
F2	→	F21	1				0.84
F2	→	F23	0.904	0.072	12.589	0.000	0.857
F2	→	F24	0.99	0.073	13.559	0.000	0.899
E1	→	E42	0.897	0.086	10.474	0.000	0.753
E1	→	E41	0.905	0.079	11.485	0.000	0.801

资料来源：笔者计算。

由表 6-43 可知，顾客价值创造行为（E）通过影响顾客生涯价值（F1）（标准化回归系数 = 0.900，p<0.01）、顾客资产价值（F2）（标准化回归系数 = 0.894，p<0.01）两条路径显著的影响 C2B 价值（F）。顾客价值创造行为（E）对 C2B 价值（F）修正模型标准化系数展示（见图 6-17）。

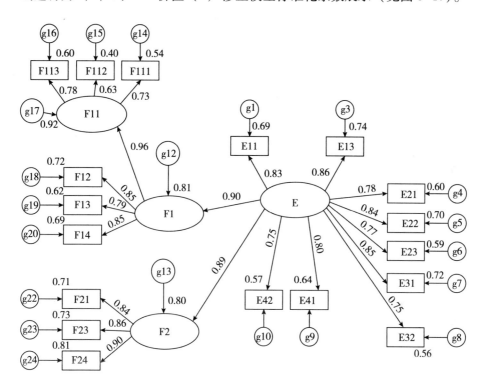

图 6-17　顾客行为（E）影响 C2B 价值（F）修正模型标准化系数

资料来源：笔者自绘。

四、顾客能力、顾客行为影响 C2B 价值

1. 模型设定

C2B 价值创造理论假设模型共由十个潜变量组成，知识能力（D1）、创新能力（D2）、互动能力（D3）是外生变量，E、F 是内生变量。利用

AMOS26.0 软件，可以绘出顾客能力（D）、顾客行为（E）与 C2B 价值（F）的关系结构方程模型图（见图 6-18）。

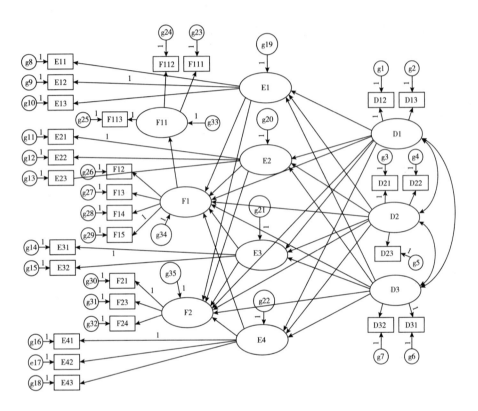

图 6-18　顾客能力（D）、顾客行为（E）与 C2B 价值（F）的关系结构方程模型
资料来源：笔者自绘。

2. 模型结果

本书采用极大似然估计法来计算理论模型的拟合指标与各个路径系数的估计值，得出假设检验相关的测量要素之间的相关关系。

通过 AMOS26.0 利用 C2B 价值创造问卷调查样本数据进行统计分析，得出顾客能力（D）、顾客行为（E）影响 C2B 价值（F）模型各主要拟合指数（见表 6-44）。

表 6-44 顾客能力（D）、顾客行为（E）影响 C2B 价值（F）模型拟合指标

常用指标	χ^2	df	p	卡方自由度比(χ^2/df)	RMR	GFI	AGFI	RMSEA	NFI	RFI
判断标准	—	—	>0.05	<3	<0.05	>0.9	>0.9	<0.10	>0.9	>0.9
值	729.378	320	0.000	2.279	0.038	0.738	0.667	0.096	0.816	0.783
其他指标	IFI	TLI	CFI	PGFI	PNFI			RMSEA 90%CI		
判断标准	>0.9	>0.9	>0.9	>0.5	>0.5			—		
值	0.886	0.865	0.886	0.581	0.691			0.086~0.105		

资料来源：笔者计算。

顾客能力（D）、顾客行为（E）影响 C2B 价值（F）模型的拟合指标来看（见表 6-44），GFI（0.738）、AGFI（0.667）、NFI（0.816）、RFI（0.783）、IFI（0.886）、TLI（0.865）和 CFI（0.886）均未达到 0.9，这些指标未达标；其他指标达到了拟合优度的判定标准，包括卡方自由度比（2.279）小于 3，RMR（0.038）小于 0.05，RMSEA（0.096）小于 0.10，PGFI（0.581）和 PNFI（0.691）均超过了 0.5。所以，总体而言，该模型拟合优度结果不理想，模型有待进一步修正。

由表 6-45 可知，路径系数大多数不显著，且标准化系数大于 1，说明存在共线性问题，模型设定有待修正。

表 6-45 顾客能力（D）、顾客行为（E）影响 C2B 价值（F）模型回归系数汇总

X	→	Y	非标准化回归系数	S.E.	z（C.R. 值）	p	标准化回归系数
D1	→	E1	-2.23	1.032	-2.16	0.031	-2.093
D1	→	E2	-2.279	1.017	-2.241	0.025	-2.168
D1	→	E3	-3.32	1.409	-2.356	0.018	-3.456
D1	→	E4	-2.132	0.984	-2.167	0.003	-2.059
D2	→	E1	0.044	0.22	0.202	0.84	0.055

续表

X	→	Y	非标准化回归系数	S. E.	z (C. R. 值)	p	标准化回归系数
D2	→	E2	0.261	0.217	1.203	0.229	0.328
D2	→	E3	0.197	0.294	0.669	0.503	0.271
D2	→	E4	0.168	0.208	0.804	0.421	0.214
D3	→	E4	2.553	0.885	2.884	0.004	2.667
D3	→	E3	3.568	1.259	2.834	0.005	4.019
D3	→	E2	2.659	0.917	2.901	0.004	2.737
D3	→	E1	2.846	0.929	3.064	0.002	2.891
E1	→	F1	0.696	0.649	1.073	0.283	0.749
E2	→	F1	1.233	0.701	1.758	0.079	1.309
E3	→	F1	-1.27	1.909	-0.665	0.506	-1.232
E4	→	F1	0.737	0.32	2.303	0.021	0.771
D1	→	F1	1.625	2.59	0.627	0.53	1.642
D2	→	F1	-0.117	0.255	-0.458	0.647	-0.156
D3	→	F1	-1.849	2.586	-0.715	0.475	-2.021
F1	→	F11	1.055	0.132	8.021	0.000	0.938
E1	→	F2	1.223	0.818	1.496	0.135	1.149
E2	→	F2	1.294	0.829	1.56	0.119	1.199
E3	→	F2	-1.663	2.348	-0.708	0.479	-1.408
E4	→	F2	1.02	0.389	2.625	0.009	0.931
D1	→	F2	2.024	3.334	0.607	0.544	1.784
D2	→	F2	-0.055	0.326	-0.168	0.866	-0.064
D3	→	F2	-2.642	3.375	-0.783	0.434	-2.52

资料来源：笔者计算。

3. 模型修正

在这里我们基于前面的分析设定模型，直接展示修正后的模型的结果（见图6-19）。

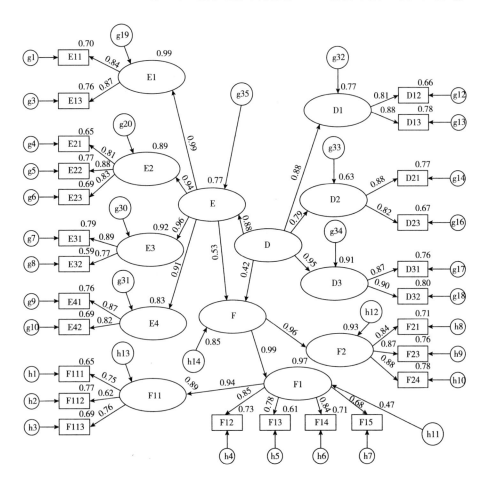

图 6-19 顾客能力 (D)、顾客价值创造行为 (E) 影响价值 (F) 模型结果

资料来源：笔者绘制。

　　从修正后的 D、E 影响 F 模型的拟合指标来看（见表 6-46），且虽然部分指标未达到标准，但卡方自由度（2.099）小于 3，其他大部分指标也都达到了拟合优度的判定指标。而且，结合 D、E 影响 F 修正模型回归系数汇总表（见表 6-47）来看，模型指标显著且合理，说明模型也是可以接受的，不再需要修改。

表6-46　顾客能力（D）、顾客行为（E）影响C2B价值（F）修正模型拟合指标

常用指标	χ^2	df	p	卡方自由度比（χ^2/df）	RMR	GFI	AGFI	RMSEA	NFI	RFI
判断标准	—	—	>0.05	<3	<0.05	>0.9	>0.9	<0.10	>0.9	>0.9
值	649.847	262	0.000	2.099	0.039	0.773	0.719	0.089	0.834	0.810
其他指标	IFI	TLI	CFI	PGFI	PNFI			RMSEA 90%CI		
判断标准	>0.9	>0.9	>0.9	>0.5	>0.5			—		
值	0.906	0.891	0.905	0.623	0.729			0.078~0.099		

资料来源：笔者计算。

表6-47　顾客能力（D）、顾客行为（E）影响C2B价值（F）
修正模型回归系数汇总

X	→	Y	非标准化回归系数	S. E.	z（C. R. 值）	p	标准化回归系数
D	→	E	1.012	0.121	8.386	0.000	0.879
E	→	F	0.54	0.139	3.893	0.000	0.529
D	→	F	0.492	0.163	3.02	0.003	0.419

资料来源：笔者计算。

图6-19更加清晰明了地展示顾客能力（D）、顾客价值创造行为（E）与价值（F）的关系。本书的验证结果见表6-47与图6-19，具体可知顾客能力（D）显著正向影响顾客价值创造行为（E）（标准化回归系数=0.879，p<0.01），顾客能力（D）显著正向影响价值（F）（标准化回归系数=0.419，p<0.01），同时顾客价值创造行为（E）显著正向影响价值（F）（标准化回归系数=0.529，p<0.01）。

第五节　假设检验

一、相关性分析

为了更好地验证研究假设是否成立，本书对各变量进行了相关性分析，即变量之间的相关性越好，越有利于统计分析结果。使用 Pearson 相关系数去表示相关关系的强弱情况。利用 Stata17 的 pwcorr 命令输出各个变量的相关系数。如表 6-48 所示，各维度间具有显著的相关性。具体分析可知：知识能力（D1）、创新能力（D2）、互动能力（D3）、资源整合（E1）、自我服务消费（E2）、社会情景（E3）、顾客间互动（E4）、顾客生涯价值（F1）、顾客资产价值（F2）共九项之间全部均呈现出显著性，并且相关系数值均大于 0，这意味着知识能力（D1）、创新能力（D2）、互动能力（D3）、资源整合（E1）、自我服务消费（E2）、社会情景（E3）、顾客间互动（E4）、顾客生涯价值（F1）、顾客资产价值（F2）共九项之间有着正相关关系。

表 6-48　C2B 价值创造各变量的相关性分析

Factor	D1	D2	D3	E1	E2	E3	E4	F1	F2
D1	1								
D2	0.653***	1							
D3	0.734***	0.625***	1						
E1	0.681***	0.590***	0.738***	1					
E2	0.676***	0.672***	0.690***	0.828***	1				
E3	0.518***	0.580***	0.673***	0.778***	0.770***	1			

续表

Factor	D1	D2	D3	E1	E2	E3	E4	F1	F2
E4	0.596***	0.599***	0.720***	0.739***	0.675***	0.785***	1		
F1	0.677***	0.644***	0.738***	0.744***	0.734***	0.684***	0.731***	1	
F2	0.662***	0.664***	0.730***	0.756***	0.731***	0.699***	0.795***	0.832***	1

注：*$p<0.10$、**$p<0.05$、***$p<0.01$。

资料来源：笔者计算。

二、回归分析

1. 顾客能力（D）对顾客行为（E）的影响

顾客能力（D）对顾客行为（E）影响的回归结果（见表6-49）。本书用模型1分析顾客能力（D）对顾客行为（E）的影响。由下表可知，在引入控制变量后，顾客能力（D）对顾客行为（E）（系数=0.7367，$p<0.01$）有显著正向影响，H1通过验证。

表6-49 顾客能力（D）对顾客行为（E）的回归结果

Factor	（1）E	（2）E1	（3）E2	（4）E3	（5）E4
员工数量	−0.1054* (0.0601)	−0.1342* (0.0699)	−0.0674* (0.0738)	−0.0996* (0.0768)	−0.0345* (0.0767)
营业收入	0.1151* (0.0620)	0.1761* (0.0719)	0.0984* (0.0759)	0.1532* (0.0790)	−0.0042* (0.0788)
所有制	0.0209** (0.0497)	−0.0268* (0.0578)	0.0429* (0.0609)	0.0211* (0.0634)	0.0229* (0.0633)
公司年龄	0.0347** (0.0247)	0.0554** (0.0287)	0.0668** (0.0303)	0.0104** (0.0316)	0.0182** (0.0315)
行业	0.0050** (0.0162)	0.0169** (0.0190)	0.0017** (0.0201)	0.0037** (0.0209)	−0.0066** (0.0209)

续表

Factor	(1) E	(2) E1	(3) E2	(4) E3	(5) E4
D	0.7367** (0.0480)				
D1		0.2419* (0.0831)	0.2585* (0.0877)	-0.0495* (0.0913)	0.0545* (0.0911)
D2		0.1016* (0.0643)	0.2554* (0.0679)	0.2252* (0.0707)	0.1894* (0.0705)
D3		0.4139* (0.0734)	0.2954* (0.0774)	0.4575* (0.0806)	0.4822* (0.0804)
_cons	0.2127 (0.2157)	0.1176 (0.2497)	-0.0445 (0.2635)	0.3554 (0.2743)	0.5103 (0.2739)
Fixed_Effect	Yes	Yes	Yes	Yes	Yes
N	141	141	141	141	141
r2_a	0.6441	0.6021	0.5918	0.4827	0.5326

注：括号内为 p 值，*p 表示<0.1；**p 表示<0.05；***p 表示<0.01。
资料来源：笔者计算。

　　模型 2 至模型 5 用来分析顾客能力各维度对顾客行为各维度间的影响。从表6-49 可以看出，知识能力（D1）、互动能力（D3）对资源整合（E1）的标准化回归系数分别为 0.2419、0.4139，且通过显著性检验（p<0.01），结果表明知识能力（D1）、互动能力（D3）对资源整合（E1）均有显著正向影响，假设通过验证。说明知识能力和互动能力越强的顾客，整合资源进行价值创造的能力越强。创新能力（D2）对资源整合（E1）的标准化回归系数为 0.1016，不通过显著性检验，假设不通过。理论上来讲，创新能力有助于提高顾客在资源整合方面的表现。但是，本书中的创新能力主要衡量的是顾客在日常消费过程中产生的关于产品或服务的一些创意和灵感，并运用这些创意和灵感来解决实际问题的能力，因此，创新能力并不能直接作用于资源整合行为，假设检验未通过也是可以理解的。

　　知识能力（D1）、创新能力（D2）、互动能力（D3）对自我服务消费

（E2）的标准化回归系数分别为 0.2585、0.2554、0.2954，且通过假设性检验（p<0.01），结果表明知识能力（D1）、创新能力（D2）、互动能力（D3）对自我服务消费（E2）均有显著正向影响，假设通过验证。说明顾客的知识能力、创新能力和互动能力越强，其自我服务消费的行为表现越优越，符合理论预期。

创新能力（D2）、互动能力（D3）对社会情景（E3）的标准化回归系数分别为 0.2252、0.4575，且通过显著性检验（p<0.01），结果表明创新能力（D2）、互动能力（D3）对社会情景（E3）均有显著正向影响，假设通过验证。知识能力（D1）对社会情景（E3）的标准化回归系数为-0.0495，不通过显著性检验，假设不通过。本书中的社会情景主要是指顾客在一定的社会情景下运用各种资源，通过个人与产品或顾客之间的互动来创造价值。从理论上来说，顾客的每一种能力都对社会情景的表现有正向影响，但是，与互动和解决问题相关的能力可能对社会情景的影响会更显著。本书中的创新能力和互动能力便属于这一类能力。知识能力并不能直接外化为互动和解决问题，因为受个人性格和动手能力等因素的影响，知识能力强的顾客并不意味着在特定情景中解决问题的能力就强。

创新能力（D2）、互动能力（D3）对顾客间互动（E4）的标准化回归系数分别为 0.1894、0.4822，且通过显著性检验（p<0.01），结果表明创新能力（D2）、互动能力（D3）对顾客间互动（E4）均有显著正向影响，假设通过验证。知识能力（D1）对顾客间互动（E4）的标准化回归系数为 0.0545，不通过显著性检验，假设不通过。同社会情景的情形一样，顾客间的互动受个人性格等因素的影响更大，因此知识能力强的顾客并不意味着人际交往能力强。

2. 顾客行为（E）对 C2B 价值（F）的影响

顾客行为（E）对 C2B 价值（F）影响的回归结果（见表 6-50）。本书用模型 6 分析顾客价值创造行为（E）对 C2B 价值（F）的影响。由表 6-50 可知，在引入控制变量后，顾客行为（E）对 C2B 价值（F）（系数=0.8767，p<0.01）有显著正向影响，通过验证。

表 6-50 顾客行为 (E) 对 C2B 价值 (F) 的回归结果

Factor	(6) F	(7) F1	(8) F2
员工数量	0.0235*	0.0146*	-0.0006*
	(0.0568)	(0.0652)	(0.0611)
营业收入	-0.0027*	0.0630*	-0.0199*
	(0.0584)	(0.0683)	(0.0640)
所有制	0.0001**	-0.0598*	0.0971**
	(0.0466)	(0.0534)	(0.0500)
公司年龄	-0.0004**	0.0020**	-0.0130**
	(0.0233)	(0.0268)	(0.0251)
行业	0.0298**	0.0332**	0.0280**
	(0.0152)	(0.0174)	(0.0163)
E	0.8767**		
	(0.0487)		
E1		0.1830	0.2215*
		(0.1022)	(0.0959)
E2		0.3153*	0.2550*
		(0.0917)	(0.0860)
E3		-0.0360	-0.0846*
		(0.1003)	(0.0940)
E4		0.3854*	0.5100*
		(0.0846)	(0.0793)
_cons	0.1826	0.2251	-0.0139
	(0.1988)	(0.2278)	(0.2136)
Fixed_Effect	Yes	Yes	Yes
N	141	141	141
r2_a	0.7115	0.6478	0.7105

注: 括号内为 p 值, *p 表示<0.1; **p 表示<0.05; ***p 表示<0.01。
资料来源: 笔者计算。

模型 7 和模型 8 用来分析顾客行为 (E) 对 C2B 价值 (F) 各维度的影响。从表 6-50 可以看出, 在引入控制变量后, 资源整合 (E1)、自我服务消费（E2）、顾客间互动（E4）对顾客生涯价值（F1）的标准化回归系数分别为0.1830、0.3153、0.3854，且通过显著性检验（p<0.1），结果表明资源整合（E1）、自我服务消费（E2）、顾客间互动（E4）对顾客生涯价值（F1）均有显著正向影响，假设通过验证。资源整合（E1）、自我服务消费（E2）、顾客间互动（E4）对顾客资产价值（F2）的标准化回归系数分别0.2215、0.2550、0.5100，且通过显著性检验（p<0.1），结果表明资源整合（E1）、自我服务消费（E2）、顾客间互动（E4）对顾客资产价值（F2）均有显著正向影响，假设通过验证。社会情景（E3）对顾客生涯价值（F1）、顾客资产价值（F2）的标准化回归系数为负且未通过显著性检验。

3. 中介效应检验

首先，表6-49展示了顾客能力（D）对顾客行为（E）的回归结果，模型1显示了顾客能力（D）和顾客行为（E）（系数=0.7367，p<0.01）具有显著正相关关系；其次，表6-50顾客行为（E）对C2B价值（F）的回归结果，模型6显示了顾客行为（E）对C2B价值（F）（系数=0.8767，p<0.01）有显著正向影响；而表6-51中介作用回归分析结果，模型9显示了顾客能力（D）对C2B价值（F）（系数=0.7661，p<0.01）有显著正向影响。模型10显示了加入E后，顾客能力（D）对C2B价值（F）的显著性水平未发生变化（p<0.01），但回归性系数的大小却从0.7661变成了0.3318，表明顾客行为在顾客能力和企业C2B价值之间起部分中介作用，通过验证。

表6-51　中介作用回归分析结果

Factor	(9) F	(10) F	(11) F1	(12) F1	(13) F2	(14) F2
员工数量	-0.0469* (0.0628)	0.0152* (0.0527)	-0.0172* (0.0671)	0.0153* (0.0617)	-0.0442* (0.0703)	-0.0031* (0.0592)
营业收入	0.0917* (0.0648)	0.0238* (0.0544)	0.1111* (0.0690)	0.0796* (0.0647)	0.0244* (0.0723)	-0.0086* (0.0620)
所有制	0.0137* (0.0520)	0.0013** (0.0431)	-0.0487* (0.0555)	-0.0598* (0.0506)	0.1053* (0.0581)	0.0961** (0.0484)

续表

Factor	(9) F	(10) F	(11) F1	(12) F1	(13) F2	(14) F2
公司年龄	0.0245**	0.0040**	0.0352**	0.0136**	0.0180**	−0.0083**
	(0.0258)	(0.0216)	(0.0276)	(0.0257)	(0.0289)	(0.0246)
行业	0.0299**	0.0269**	0.0302**	0.0301**	0.0282**	0.0280**
	(0.0170)	(0.0141)	(0.0183)	(0.0166)	(0.0192)	(0.0159)
D	0.7661*	0.3318*				
	(0.0502)	(0.0691)				
E		0.5895*				
		(0.0749)				
D1			0.1696*	0.0872*	0.1380*	0.0315*
			(0.0798)	(0.0780)	(0.0836)	(0.0747)
D2			0.1990*	0.0965*	0.2565*	0.1393*
			(0.0618)	(0.0600)	(0.0647)	(0.0575)
D3			0.3963*	0.1841*	0.3794*	0.0937*
			(0.0704)	(0.0748)	(0.0738)	(0.0717)
E1				0.0903**		0.1824*
				(0.1017)		(0.0975)
E2				0.1788*		0.1389*
				(0.0949)		(0.0910)
E3				−0.0060*		−0.0721*
				(0.0983)		(0.0942)
E4				0.2587*		0.4192*
				(0.0852)		(0.0816)
_cons	0.1335	0.0081	0.1943	0.0618	0.0540	−0.1496
	(0.2256)	(0.1877)	(0.2398)	(0.2206)	(0.2512)	(0.2114)
Fixed_Effect	Yes	Yes	Yes	Yes	Yes	Yes
N	141	141	141	141	141	141
r2_a	0.6396	0.7523	0.6156	0.6853	0.6055	0.7298

注：括号内为 p 值，*p 表示<0.1；**p 表示<0.05；***p 表示<0.01。

资料来源：笔者计算。

在控制相关变量后，知识能力（D1）、创新能力（D2）、互动能力

（D3）对顾客生涯价值（F1）的标准化回归系数分别为0.1696、0.1990、0.3963，且通过显著性检验（p<0.05），结果表明知识能力（D1）、结果表明创新能力（D2）、互动能力（D3）对顾客生涯价值（F1）有显著正向影响。创新能力（D2）、互动能力（D3）对顾客资产价值（F2）的标准化回归系数分别为0.2565、0.3794，且通过显著性检验（p<0.01），结果表明，创新能力（D2）、互动能力（D3）对顾客资产价值（F2）有显著正向影响。知识能力（D1）对顾客资产价值（F2）（系数＝0.1380，p>0.10）的正向影响不显著。

当控制变量、自变量和中介变量同时进入模型后，中介变量顾客价值创造行为（E）各维度对顾客生涯价值（F1）、顾客资产价值（F2）部分变量具有显著影响，顾客能力（D）各维度对顾客生涯价值（F1）、顾客资产价值（F2）的影响显著减弱。进一步地证明变量顾客价值创造行为（E）的中介效应部分成立（见表6-51）。

中介变量顾客价值创造行为（E）各维度中，资源整合（E1）显著正向影响顾客资产价值（F2）（标准化回归系数＝0.1824，p<0.10），假设通过；对顾客生涯价值（F1）的标准化回归系数为0.0903但不通过显著性检验，假设不通过。自我服务消费（E2）显著正向影响顾客生涯价值（F1）（标准化回归系数＝0.1788，p<0.10），假设通过；对顾客资产价值（F2）的标准化回归系数为0.1389，但不通过显著性检验，假设不通过。社会情景（E3）对顾客生涯价值（F1）、顾客资产价值（F2）的标准化回归系数为负且不通过显著性检验，假设不通过。顾客间互动（E4）对顾客生涯价值（F1）、顾客资产价值（F2）均有显著正向影响，假设通过验证。

三、假设检验结果

本书在概念模型和研究假设的基础上，采用实证分析方法，深入探讨了价值创造视角下顾客参与行为对顾客行为的影响。模型的假设验证结果（见表6-52）。

表 6-52　C2B 价值创造研究假设验证

序号	假设设定	是否通过验证
假设 4	顾客能力（D）显著正向影响顾客行为（E）	是
假设 4.1.1	知识能力（D1）显著正向影响资源整合（E1）	是
假设 4.1.2	知识能力（D1）显著正向影响自我服务消费（E2）	是
假设 4.1.3	知识能力（D1）显著正向影响社会情景（E3）	否
假设 4.1.4	知识能力（D1）显著正向影响顾客间互动（E4）	否
假设 4.2.1	创新能力（D2）显著正向影响资源整合（E1）	否
假设 4.2.2	创新能力（D2）显著正向影响自我服务消费（E2）	是
假设 4.2.3	创新能力（D2）显著正向影响社会情景（E3）	是
假设 4.2.4	创新能力（D2）显著正向影响顾客间互动（E4）	是
假设 4.3.1	互动能力（D3）显著正向影响资源整合（E1）	是
假设 4.3.2	互动能力（D3）显著正向影响自我服务消费（E2）	是
假设 4.3.3	互动能力（D3）显著正向影响社会情景（E3）	是
假设 4.3.4	互动能力（D3）显著正向影响顾客间互动（E4）	是
假设 5	顾客行为（E）显著正向影响 C2B 价值（F）	是
假设 5.1.1	资源整合（E1）显著正向影响顾客生涯价值（F1）	是
假设 5.1.2	资源整合（E1）显著正向影响顾客资产价值（F2）	是
假设 5.2.1	自我服务消费（E2）显著正向影响顾客生涯价值（F1）	是
假设 5.2.2	自我服务消费（E2）显著正向影响顾客资产价值（F2）	是
假设 5.3.1	社会情景（E3）显著正向影响顾客生涯价值（F1）	否
假设 5.3.2	社会情景（E3）显著正向影响顾客资产价值（F2）	否
假设 5.4.1	顾客间互动（E4）显著正向影响顾客生涯价值（F1）	是
假设 5.4.2	顾客间互动（E4）显著正向影响顾客资产价值（F2）	是
假设 6	顾客行为（E）在顾客能力（D）与 C2B 价值（F）之间具有中介效应	部分通过
假设 6.1.1	知识能力（D1）显著正向影响顾客生涯价值（F1）	是
假设 6.1.2	资源整合（E1）在知识能力（D1）、顾客生涯价值（F1）之间具有中介效应	否
假设 6.1.3	自我服务消费（E2）在知识能力（D1）、顾客生涯价值（F1）之间具有中介效应	是
假设 6.1.4	社会情景（E3）在知识能力（D1）、顾客生涯价值（F1）之间具有中介效应	否

续表

序号	假设设定	是否通过验证
假设 6.1.5	顾客间互动（E4）在知识能力（D1）、顾客生涯价值（F1）之间具有中介效应	是
假设 6.2.1	知识能力（D1）显著正向影响顾客资产价值（F2）	是
假设 6.2.2	资源整合（E1）在知识能力（D1）、顾客资产价值（F2）之间具有中介效应	否
假设 6.2.3	自我服务消费（E2）在知识能力（D1）、顾客资产价值（F2）之间具有中介效应	否
假设 6.2.4	社会情景（E3）在知识能力（D1）、顾客资产价值（F2）之间具有中介效应	否
假设 6.2.5	顾客间互动（E4）在知识能力（D1）、顾客资产价值（F2）之间具有中介效应	是
假设 6.3.1	创新能力（D2）显著正向影响顾客生涯价值（F1）	否
假设 6.3.2	资源整合（E1）在创新能力（D2）、顾客生涯价值（F1）之间具有中介效应	否
假设 6.3.3	自我服务消费（E2）在创新能力（D2）、顾客生涯价值（F1）之间具有中介效应	是
假设 6.3.4	社会情景（E3）在创新能力（D2）、顾客生涯价值（F1）之间具有中介效应	否
假设 6.3.5	顾客间互动（E4）在创新能力（D2）、顾客生涯价值（F1）之间具有中介效应	是
假设 6.4.1	创新能力（D2）显著正向影响顾客资产价值（F2）	是
假设 6.4.2	资源整合（E1）在创新能力（D2）、顾客资产价值（F2）之间具有中介效应	是
假设 6.4.3	自我服务消费（E2）在创新能力（D2）、顾客资产价值（F2）之间具有中介效应	否
假设 6.4.4	社会情景（E3）在创新能力（D2）、顾客资产价值（F2）之间具有中介效应	否
假设 6.4.5	顾客间互动（E4）在创新能力（D2）、顾客资产价值（F2）之间具有中介效应	是
假设 6.5.1	互动能力（D3）显著正向影响顾客生涯价值（F1）	是
假设 6.5.2	资源整合（E1）在互动能力（D3）、顾客生涯价值（F1）之间具有中介效应	否

续表

序号	假设设定	是否通过验证
假设 6.5.3	自我服务消费（E2）在互动能力（D3）、顾客生涯价值（F1）之间具有中介效应	是
假设 6.5.4	社会情景（E3）在互动能力（D3）、顾客生涯价值（F1）之间具有中介效应	否
假设 6.5.5	顾客间互动（E4）在互动能力（D3）、顾客生涯价值（F1）之间具有中介效应	是
假设 6.6.1	互动能力（D3）显著正向影响顾客资产价值（F2）	是
假设 6.6.2	资源整合（E1）在互动能力（D3）、顾客资产价值（F2）之间具有中介效应	是
假设 6.6.3	自我服务消费（E2）在互动能力（D3）、顾客资产价值（F2）之间具有中介效应	否
假设 6.6.4	社会情景（E3）在互动能力（D3）、顾客资产价值（F2）之间具有中介效应	否
假设 6.6.5	顾客间互动（E4）在互动能力（D3）、顾客资产价值（F2）之间具有中介效应	是

资料来源：笔者自制。

第七章 结论与讨论

第一节 主要研究结论

制造业行稳致远是经济高质量发展的重要"压舱石"。特别是在全球贸易保护主义抬头、外部环境不确定性加剧的背景下,制造业对中国经济健康有序发展、社会就业大局稳定起到了重要支撑作用。在数字经济时代,制造业顾客价值创造在影响因素、模式、路径等方面也呈现出与以往经济形态下价值创造不同的特点。因此,有必要深入系统地研究数字经济时代制造业顾客价值创造的机理,以助推中国制造业企业实现持续的竞争优势,从而实现制造业强国的历史使命。

为此,本书在系统梳理价值创造、顾客价值创造、数字经济时代价值创造的机制、模式、路径等文献资料以及数字经济时代制造业相关政策文件的基础上,基于顾客价值的双重属性这一综合视角,将"企业动态能力→企业价值创造行为→B2C 价值创造"和"顾客能力→顾客行为→C2B价值创造"这两条逻辑主线整合到统一的研究框架内,并根据该研究框架构建了 B2C 价值创造和 C2B 价值创造的概念模型并且就"能力→行为""行为→价值创造""能力→价值创造""能力→行为→价值创造"四个方面提出了一系列研究假设,而后通过调查问卷等形式获得实证分析所需数据信息,再分别运用验证性因子分析、结构方程和回归分析对第三章中提出的关于 B2C 价值创造和 C2B 价值创造机理的假设进行检验，以期揭示数字经济时代制造业顾客价值创造的机理。本书得出以下研究结论：

（1）企业的动态能力显著正向影响企业的价值创造行为，说明企业动态能力是影响价值创造行为的重要因素。其中，市场感知能力对资源提供、价值主张、互动平台、参与程度等价值创造行为均有显著的正向影响；适应能力仅对资源提供有显著的正向影响，而对其他价值创造行为的影响均不明显；整合能力对资源提供、价值主张和互动平台均有显著的正向影响，但对参与程度的影响不明显；关系能力仅对互动平台和参与程度有显著正向影响，但对资源提供和价值主张没有明显的影响。

（2）企业的价值创造行为显著正向影响 B2C 价值，说明价值创造行为是影响 B2C 价值的重要因素。其中，资源提供、价值主张对实用价值和享乐价值均有显著正向影响；而互助平台仅对实用价值有显著正向影响；参与程度则仅对享乐价值有显著正向影响。

（3）企业的动态能力显著正向影响 B2C 价值创造，说明企业的动态能力是影响 B2C 价值创造的又一重要因素。其中，市场感知能力和整合能力对 B2C 价值中的实用价值和享乐价值均有显著正向影响；但是适应能力仅对实用价值有显著正向影响；而关系能力则仅对实用价值有显著正向影响。

（4）企业的价值创造行为在动态能力和 B2C 价值创造之间具有中介效应，说明动态能力主要是通过企业的价值创造行为来影响 B2C 价值创造。其中，企业的资源整合与价值主张行为是企业市场感知能力、适应能力、整合能力及关系能力等动态能力对 B2C 价值创造（包括实用价值和享乐价值）产生影响的重要途径；但是企业的互动平台和参与程度行为均不是动态能力的四个测量维度对 B2C 价值创造（包括实用价值和享乐价值）产生影响的中介。

（5）顾客能力对顾客价值创造行为有显著正向影响，说明顾客能力是影响顾客价值创造行为的重要因素。其中，顾客的知识能力对顾客的资源整合和自我服务消费行为有显著的正向影响，但是对顾客的社会情景和顾客间互动行为影响不显著；顾客的创新能力对顾客的自我服务消费、社会情景和顾客间的互动有显著正向影响，但对顾客的资源整合行为影响不显著；顾客的互动能力则对顾客的所有价值创造行为（资源整合、自我服务消费、社会情景和顾客间互动）有显著正向影响。

（6）顾客价值创造行为显著正向影响 C2B 价值创造，说明顾客价值创造行为是 C2B 价值的重要影响因素。其中，顾客的资源整合、自我服务消费和顾客间的互动等行为均显著正向影响 C2B 价值创造（包括顾客资产价值和顾客生涯价值），但是社会情景则对顾客生涯价值和顾客资产价值均不具有显著影响。

（7）顾客能力对 C2B 价值创造有显著的正向影响，说明顾客能力是 C2B 价值创造的重要影响因素。其中，顾客的知识能力和互动能力对 C2B 价值（包括顾客生涯价值和顾客资产价值）均具有显著的正向影响；而顾客的创新能力仅对顾客的资产价值有显著的正向影响，对顾客生涯价值的影响则不显著。

（8）顾客的价值创造行为在顾客能力与 C2B 价值创造之间的中介效应只有部分通过，说明有些顾客能力并不是通过价值创造行为来影响 C2B 价值的。其中，自我服务消费和顾客间的互动行为对顾客的知识能力与顾客生涯价值具有中介效应，但资源整合和社会情景则对顾客生涯价值不具有中介效应；仅有顾客间的互动行为对顾客的知识能力与顾客资产价值具有中介效应，其余三种行为的中介效应均不明显；自我消费服务和顾客间的互动行为对创新能力与顾客生涯价值有中介效应，但资源整合和社会情景的中介效应不明显；资源整合和顾客间的互动行为对创新能力和顾客资产价值具有中介效应，但是自我服务和社会情景的中介效应不明显；自我服务消费行为和顾客间的互动行为对互动能力和顾客生涯价值有显著的中介效应，但是资源整合、社会情景行为的中介效应不明显；资源整合、顾客间的互动行为对顾客的互动能力与顾客资产价值有显著的中介效应，但是自我服务和社会情景的中介效应则不明显。

第二节 数字经济时代制造业顾客价值创造提升策略

本书通过理论模型构建和实证分析相结合的方式，揭示了数字经济时代制造业顾客价值创造的机理。本书的相关结论表明，数字经济时代制造业企业的动态能力及其价值创造行为均显著正向影响 B2C 价值创造，而且顾客的价值创造能力及价值创造行为也都对 C2B 价值创造有显著的正向影响。根据本书的相关研究结论，制造业企业若想提供高质量的顾客价值，维持可持续的竞争优势，可以企业动态能力及其价值创造行为、顾客能力及其价值创造行为作为提升制造业企业顾客价值创造能力的重要抓手。

一、应辩证看待 B2C 价值与 C2B 价值之间的关系

"顾客价值"的概念本就应该包括企业为顾客创造的价值（即本书所称 B2C 价值）和顾客给企业带来的价值（即本书所称 C2B 价值）。因此从这个意义上来讲，B2C 价值和 C2B 价值实际上是一枚硬币的两面，这两种价值相伴相生。制造业企业通过提供能够满足顾客多层次价值诉求的产品和服务（即提供高质量的 B2C 价值），可以提高顾客的感知价值和体验价值。B2C 价值越高，顾客的感知价值和体验价值越高，顾客满意度和忠诚度也会随之提高，并最终会以 C2B 价值的方式回报企业。C2B 价值是顾客给企业带来的顾客生涯价值（包括购买价值、口碑宣传、信息价值、学习价值、交易价值）和顾客资产价值（包括推荐价值、溢价价值、重复购买、知识贡献）等价值总和。C2B 价值越大，顾客给企业带来的利得越多。

我们也应看到 B2C 价值和 C2B 价值也有不一致的时候。当 C2B 价值高，而 B2C 价值低的时候，顾客较容易流失；当 B2C 价值高，而 C2B 价值

低时，则说明企业顾客关系管理的成本过高，得不偿失（杨彬等，2014）。从社会交换理论和公平理论的角度来看，企业和顾客关系平衡的实质在于交易双方能获得公平的价值，达到共赢的局面。因此，制造业企业应从 B2C 价值和 C2B 价值构成维度出发，以企业与顾客的良性互动为抓手，实现 B2C 价值和 C2B 价值的高位平衡。这种稳定的互利关系才是健康、可持续的顾企关系，也才能从根本上形成和实现企业的可持续竞争优势。

二、多渠道构建和提升企业动态能力

本书证明，动态能力对企业价值创造行为和 B2C 价值创造均有显著的正向影响。因此，构建和提升企业的动态能力是促进顾客价值创造的重要途径。

首先，企业应加强市场监控管理，着力提高企业的市场感知能力。本书证实，市场感知能力对企业价值创造行为以及 B2C 价值的所有维度都具有显著的正向影响，可见市场感知能力对于提升企业价值创造效率具有至关重要的作用。在这个瞬息万变的时代，企业及时掌握市场技术、顾客需求、竞争者动向等信息，并快速进行自我调整以适应市场变化，及时、准确地把握市场时机，对于企业的长远发展至关重要。

其次，企业应培养互联网思维，着力提高自身的资源整合能力。本书证实，企业的资源整合能力除对参与程度影响不显著外，对企业价值创造的其他维度及 B2C 价值的所有维度都存在显著的正向影响，因此资源整合能力是影响企业顾客价值创造的又一关键因素。开放、共享在互联网思维中是十分重要的。因此，在数字经济时代，企业能调配的资源且不仅限于自身所拥有的资源，要善于利用数字经济的开放性和共享性。为此，企业应及时与外界进行信息、资源等方面交换共享，保持整个企业系统柔性和开放性，切实提高企业的资源整合能力，最大限度地利用好企业自身及企业所处生态系统的各种资源。这无形中就提高了企业价值创造的工具和手段，从而促进企业价值创造能力的水平的提升。

三、深度挖掘顾客资源，做好顾客关系管理

本书的相关研究显示，顾客能力对顾客价值创造行为和 C2B 价值创造均有显著的正向影响，顾客价值创造行为对 C2B 价值创造也有显著的正向影响。这些研究结果进一步验证了学者关于"顾客是企业价值创造的重要来源""顾客在企业价值创造中发挥重要作用"等论断。因此，企业应深度挖掘顾客资源，做好顾客关系管理以最大化地利用好顾客资源，使顾客成为企业价值创造的重要源泉。

企业要充分利用顾客的数据信息，精准识别顾客的能力。尽管本书及其他文献一直强调，顾客是企业价值创造的重要源泉，但这并不意味着所有顾客都能为企业带来价值。顾客参与企业价值创造，可能会带来"价值共创"，但也可能会带来"价值共毁"。根据经典的"二八法则"，20%的头部顾客将为企业创造 80% 以上的价值，而最差的顾客则很可能会给企业带来"价值共毁"（科特勒、凯勒，2015）。企业必须具备高效识别和细分顾客的能力，因为企业对顾客的选择决定了企业在当下和未来能够获取的价值（Kumar，2018）。大数据时代，企业通过收集顾客过往购买产品档次、购买频率等交易数据、顾客登记的人口统计学特征数据，以及顾客的社交关系网等信息，可以实现对顾客的精准画像，从而帮助企业细分顾客，识别出高价值顾客，同时为不同顾客群提供满足其内在价值诉求的产品和服务。

企业要在精准识别顾客的基础上，最大化地利用好高价值顾客资源。在传统商品主导逻辑下，顾客只是价值的消耗者，仅为企业提供购买价值。在当前的服务主导逻辑和顾客主导逻辑下，顾客的重要地位逐渐凸显，成为价值的共创者甚至是独创者。此时的顾客除了能为企业提供购买价值外，还能通过其参与行为，为企业提供顾客生涯价值和顾客资产价值。因此，顾客的购买能力和参与价值创造的能力是判断高价值顾客的重要标准。高价值顾客不仅自身能力很强，可以为企业产品生产提供知识、创意等资源，且具有较大影响力，能够影响和带动其他顾客参与企业的价值创造过程。

四、积极搭建平台，为顾客价值创造提供条件

根据本书的相关结论，企业的顾客价值创造行为对 B2C 价值创造有显著的正向影响，且在动态能力与 B2C 价值的关系中有显著的中介效应；而顾客的价值创造行为对 C2B 价值创造也有显著的正向影响，在顾客能力与 C2B 价值的关系中也有部分中介效应。为此，企业应该积极搭建平台，为顾客价值创造提供条件。

从企业内部管理的角度来看，不同的企业行为对价值创造的影响和贡献是不同的。因此，在确保企业"做正确的事"的前提下，要努力使企业能"正确地做事"。本书证实，企业价值创造行为中，资源整合和价值主张对 B2C 价值的两个维度均具有显著的正向影响，且它们也是动态能力对 B2C 价值创造产生影响的重要途径；而企业的互助平台和参与程度的作用则不明显。因此，价值主张和资源整合是企业提升价值创造效率的重要抓手。

由于顾客价值创造行为在价值创造过程中的重要作用，企业应采取激励措施，提高顾客参与价值创造的热情。企业可以采取多种途径和方式，积极宣传顾客参与价值创造活动为企业和顾客自身带来的好处，并对顾客的参与行为给予及时的回报。例如，企业可以通过搭建虚拟社区、数字平台等方式，给顾客提供参与价值创造和互动的平台；企业还可以通过类似于开元软件的方式，让顾客直接参与到产品的研发、设计、生产、销售等环节，并根据其贡献大小支付报酬，甚至允许其参股。

第三节　研究不足与展望

根据心理学中"能力—行为—结果"之间的内在逻辑，本书基于顾客

价值双重属性的视角，将"企业动态能力—企业价值创造行为—B2C 价值创造"与"顾客能力—顾客价值创造行为—C2B 价值创造"这两条逻辑主线纳入统一的分析框架，以实现对数字经济时代制造业企业的顾客价值创造机理问题进行全面、系统的分析，这具有一定的创新性。而且这一综合性的分析框架避免了基于顾客价值单一属性视角可能带来的偏差，使研究结论更全面可靠。但是，本书在分析中也存在一些不足，主要体现在：

（1）受问卷调查渠道的限制，本书针对制造业企业的问卷调查虽得到江西省发展和改革委员会等多级政府部门的帮助，在本级政府企业群和全国商会群里发放电子问卷，但是回复问卷的企业大部分来自江西省、广东省、四川省及部分浙江省和上海市的制造业企业，样本量不是特别大。因此，样本的限制，本书无法对书中的相关研究假设的检验结果做区域异质性、行业异质性分析。

（2）本书基于顾客价值的企业属性和顾客属性这两种属性的价值创造机理研究，并将其纳入统一的分析框架进行了有益的探索。如果能将被调查企业和顾客实现一一对应，那么本书还能再深入探讨"企业动态能力—企业价值创造行为—B2C 价值创造"与"顾客能力—顾客价值创造行为—C2B 价值创造"这两条逻辑主线之间的关系，使研究内容更丰富，研究结论更全面。但遗憾的是，受调研难度的限制，本书未做到这一点。

今后在有关数字经济时代制造业顾客价值创造的相关研究中，除了可以针对本书存在的上述不足之处加以改进之外，还可以尝试从以下方面加以拓展：①本书验证了"企业动态能力—企业价值创造行为—B2C 价值创造"与"顾客能力—顾客价值创造行为—C2B 价值创造"这两条逻辑主线中各构成要素之间的内在关系，一定程度上揭示了数字经济时代制造业顾客价值创造的机理，但是企业（顾客）的能力和行为以及顾客价值是一个相当复杂的概念，受内在、外在等多种因素的影响，因此今后的研究可以尝试基于心理学、管理学、经济学等多学科交叉的视角，对各种构成要素的前置因素、构成维度进行更细致的刻画，以期得到更科学的结论；②在传统经济形态中，顾客价值创造的主体主要是企业和顾客，本书也主要从企业和顾客自身、企业与顾客之间的互动、顾客与顾客之间的互动等角度探讨顾客价值创造机理问题，而在数字经济时代，价值创造的主体已从企业和顾客这两个微观经济主体拓展到价值链乃至价值生态系统的参与主体，这些参与主体在顾客价值创造过程中的作用不容小觑，今后可以尝试将这些主体纳入到分析框架中，探讨价值链、价值生态系统对顾客价值创造的影响。

参考文献

白景坤、张雅、李思晗：《平台型企业知识治理与价值共创关系研究》，《科学学研究》2020 年第 12 期。

曹越、毕新华：《开放式创新社区价值共创模式与知识治理机制》，《科技管理研究》2021 年第 6 期。

车文博：《心理学原理》，黑龙江人民出版社 1986 年版。

程开明：《结构方程模型的特点及应用》，《统计与决策》2006 年第 5 期。

陈伟、吴宗法、徐菊：《价值共毁研究的起源、现状与展望》，《外国经济与管理》2018 年第 6 期。

陈衍泰、孟媛媛、张露嘉等：《产业创新生态系统的价值创造和获取机制分析》，《科研管理》2015 年第 S1 期。

陈艳利、梁田、徐同伟：《国有资本经营预算制度、管理层激励与企业价值创造》，《山西财经大学学报》2018 年第 6 期。

崔丽、雷婧、张璐等：《基于价值主张与动态能力互动的企业资源配置案例研究》，《科研管理》2021 年第 4 期。

［英］大卫·李嘉图：《政治经济学及赋税原理》，郭大力、王亚南译，联合出版公司 2013 年版。

戴亦舒、叶丽莎、董小英：《创新生态系统的价值共创机制》，《研究与发展管理》2018 年第 4 期。

邓宏、王玉荣：《顾客需求获取方式对顾客价值的影响》，《技术经济》2016 年第 3 期。

董保宝、葛宝山：《新创企业资源整合过程与动态能力关系研究》，《科研管理》2012 年第 2 期。

董保宝、王侃、周晓月：《新创企业网络导向的测量与功效：基于中国经验的实证研究》，《管理学报》2016 年第 5 期。

方润生、杨垣：《基于价值网络的企业产出优势：特点与构成》，《科研管理》2002 年第 2 期。

菲利普·科特勒、凯文·莱恩·凯勒：《营销管理（第 14 版）》，王永贵、陈荣、何佳讯等译，格致出版社、上海人民出版社 2015 年版。

风笑天：《方法论背景中的问卷调查法》，《社会学研究》1994 年第 3 期。

冯军政、王海军、周丹等：《数字平台架构与整合能力的价值创造机制研究》，《科学学研究》2021 年第 1 期。

郭朝阳、许杭军、郭惠玲：《服务主导逻辑演进轨迹追踪与研究述评》，《外国经济与管理》2012 年第 7 期。

韩洪灵、陈帅弟：《数字商业生态系统研究：本质构成、技术支持与价值创造》，《湖北大学学报（哲学社会科学版）》2021 年第 4 期。

韩清池、赵国杰：《消费者价值创造主导逻辑与概念模型构建》，《西安电子科技大学学报（社会科学版）》2014 年第 4 期。

何国正、陈荣秋：《消费品行业领先用户识别方法研究》，《统计与决策》2009 年第 4 期。

侯娜、刘雯雯：《新零售情境下企业动态能力如何影响价值链重构？——天使之橙和汇源果汁的双案例研究》，《管理案例研究与评论》2019 年第 2 期。

胡海波、费梅菊、胡京波：《资源编排视角下企业价值创造演化：李渡酒业2002—2019 年纵向案例研究》，《江西财经大学学报》2021 年第 2 期。

胡宗良：《企业创新的本质是价值创造》，《经济纵横》2007 年第 1 期。

黄嘉涛：《企业动态能力对价值创造的影响：共创体验的视角》，《企业经济》2017 年第 8 期。

霍春辉：《产业集群持续竞争优势的动态能力分析视角》，《辽宁大学学报（哲学社会科学版）》2006 年第 5 期。

贾建锋、柳森、杨洁等：《透视环境经营——对松下电器产业株式会社的案例研究》，《管理案例研究与评论》2012 年第 4 期。

贾薇、张明立、王宝：《基于顾客价值分类的顾客价值创造模式研究》，《哈尔滨工业大学学报》2008 年第 3 期。

贾薇：《顾客参与对顾客价值创造的影响机理研究》，博士学位论文，哈尔滨工业大学，2010 年，第 55-80 页。

简兆权、肖霄：《网络环境下的服务创新与价值共创：携程案例研究》，《管理工程学报》2015 年第 1 期。

江积海、李琴：《平台型商业模式创新中连接属性影响价值共创的内在机理》，《管理评论》2016 年第 7 期。

江若尘、徐冬莉：《虚拟品牌社区公民行为概念界定与量表开发》，《软科学》2012 年第 10 期。

金帆：《价值生态系统：云经济时代的价值创造机制》，《中国工业经济》2014 年第 4 期。

李彬、王凤彬、秦宇：《动态能力如何影响组织操作常规？：一项双案例比较研究》，《管理世界》2013 年第 8 期。

李朝辉、金永生、卜庆娟：《顾客参与虚拟品牌社区价值共创对品牌资产影响研究品牌体验的中介作用》，《营销科学报》2014 年第 4 期。

李靖华、林莉、李倩岚：《制造业服务化商业模式创新：基于资源基础观》，《科研管理》2019 年第 3 期。

李娜：《基于顾客主导逻辑价值共创机理研究》，硕士学位论文，哈尔滨工业大学，2020 年，第 12-34 页。

李强、翁智刚、高丁卉：《顾客参与能力识别：内涵、方法与策略》，《外国经济与管理》2021 年第 6 期。

李文莲、夏健明：《基于"大数据"的商业模式创新》，《中国工业经济》2013 年第 5 期。

李晓华：《"互联网+"改造传统产业的理论基础》，《经济纵横》2016 年第 3 期。

李晓华、王怡帆：《数据价值链与价值创造机制研究》，《经济纵横》2020年第 11 期。

李耀：《顾客主导逻辑下顾客单独创造价值——基于认知互动视角的实证研究》，《中国工业经济》2014 年第 1 期。

李耀：《顾客单独创造价值的结果及途径——一项探索性研究》，《管理评论》2015 年第 2 期。

李耀、王新新：《价值的共同创造与单独创造及顾客主导逻辑下的价值创造研究评介》，《外国经济与管理》2011 年第 9 期。

刘飞、简兆权、毛蕴诗：《动态能力的界定、构成维度与特性分析》，《暨南学报（哲学社会科学版）》2010 年第 4 期。

刘国亮、冯立超、刘佳：《企业价值创造与获取研究——基于价值网络》，《学习与探索》2016 年第 12 期。

刘婕、谢海、张燕等：《动态能力视角下平台型企业的价值共创演化路径探析——基于积微物联的单案例研究》，《软科学》2021 年第 5 期。

刘林青、雷昊、谭力文：《从商品主导逻辑到服务主导逻辑——以苹果公司为例》，《中国工业经济》2010 年第 9 期。

刘胜华：《顾客资产的构成及对市场营销的启示》，《统计与决策》2005 年第 20 期。

刘天、谢炜：《企业价值创造模式研究》，《财会通讯》2015 年第 26 期。

刘文波、卢思怡、陈荣秋：《基于双重属性的顾客价值理论分析模型》，《华东经济管理》2015 年第 1 期。

刘洋、董久钰、魏江：《数字创新管理：理论框架与未来研究》，《管理世界》2020 年第 7 期。

罗家国、邱庚香、潘莎莎：《基于克伦巴赫信度分析的工科学生实践教学质量评价之改进》，《创新与创业教育》2015 年第 2 期。

罗珉、刘永俊：《企业动态能力的理论架构与构成要素》，《中国工业经济》2009 年第 1 期。

罗珉、李亮宇：《互联网时代的商业模式创新：价值创造视角》，《中国工业经济》2015 年第 1 期。

吕铁、李载驰：《数字技术赋能制造业高质量发展——基于价值创造和价值获取的视角》，《学术月刊》2021 年第 4 期。

马永开、李仕明、潘景铭：《工业互联网之价值共创模式》，《管理世界》2020 年第 8 期。

孟庆春、张正、王莺潼：《消费者参与创新对供应链价值创造的影响研究》，《科研管理》2021 年第 10 期。

孟庆红、戴晓天、李仕明：《价值网络的价值创造、锁定效应及其关系研究综述》，《管理评论》2011 年第 12 期。

孟晓斌：《国际创业背景下中小企业组织动态能力及其绩效机制研究》，博士学位论文，浙江大学，2008 年，第 18-81 页。

彭芬芬、席运江、廖晓等：《从商品主导逻辑到服务主导逻辑：起源、发展及未来研究展望》，《改革与战略》2015 年第 11 期。

［法］萨伊：《政治经济学概论》，陈福生、陈振骅译，商务印书馆 2020 年版。

石喜爱、李廉水、程中华等：《"互联网+"对中国制造业价值链攀升的影响分析》，《科学学研究》2018 年第 8 期。

孙璐：《企业信息交互能力对价值共创及竞争优势的影响研究》，博士学位论文，哈尔滨工业大学，2016 年，第 29-90 页。

孙新波、钱雨、张明超等：《大数据驱动企业供应链敏捷性的实现机理研究》，《管理世界》2019 年第 9 期。

孙新波、张媛、王永霞等：《数字价值创造：研究框架与展望》，《外国经济与管理》2021 年第 10 期。

孙艳霞：《基于不同视角的企业价值创造研究综述》，《南开经济研究》2012 年第 1 期。

谭国威、马钦海：《顾客能力对共创价值的作用路径》，《技术经济》2017 年第 6 期。

唐方成、蒋沂桐：《虚拟品牌社区中顾客价值共创行为研究》，《管理评论》

2018 年第 12 期。

唐国锋、李丹：《工业互联网背景下制造业服务化价值创造体系重构研究》，
《经济纵横》2020 年第 8 期。

田霖、韦小满、王桥影：《多种测量信度观与自学考试信度分析》，《教育与
考试》2013 年第 2 期。

汪涛、崔楠、杨奎：《顾客参与对顾客感知价值的影响：基于心理账户理
论》，《商业经济与管理》2009 年第 11 期。

王国红、汪媛媛、黄昊等：《资源整合对企业价值链延伸的影响研究》，《研
究与发展管理》2020 年第 4 期。

王红萍：《动态能力、价值共创与竞争优势的关系研究》，博士学位论文，
中南财经政法大学，2019 年，第 55-67 页。

王满、沙秀娟、叶香君：《企业价值链的价值创造评价鱼骨图构建研究》，
《经济问题探索》2017 年第 6 期。

王世权：《试论价值创造的本源性质、内在机理与治理要义》，《外国经济与
管理》2010 年第 8 期。

王卫东：《结构方程模型原理与应用》，中国人民大学出版社 2010 年版。

王翔、李东、后士香：《商业模式结构耦合对企业绩效的影响的实证研究》，
《科研管理》2015 年第 7 期。

王新新、张佳佳：《价值涌现：平台生态系统价值创造的新逻辑》，《经济管
理》2021 年第 2 期。

王雪冬、匡海波、董大海等：《CSV 视阈下的价值链重构路径研究——基于
招商局集团 PPC 商业模式的案例研究》，《管理评论》2019 年第 1 期。

卫武、夏清华、贺伟等：《企业的可见性和脆弱性有助于提升对利益相关者
压力的认知及其反应——动态能力的调节作用》，《管理世界》2013 年
第 11 期。

魏津瑜、李翔：《基于工业互联网平台的装备制造企业价值共创机理研究》，
《科学管理研究》2020 年第 1 期。

吴明隆：《结构方程模型——AMOS 的操作与应用》，重庆大学出版社 2009

年版。

吴晓波、章小初、陈小玲：《B-C 移动商务价值主张实证研究》，《管理工程学报》2011 年第 4 期。

武柏宇、彭本红：《服务主导逻辑、网络嵌入与网络平台的价值共创》，《研究与发展管理》2018 年第 1 期。

武文珍、陈启杰：《价值共创理论形成路径探析与未来研究展望》，《外国经济与管理》2012 年第 6 期。

肖萌、马钦海：《价值共创中顾客创造角色认同对顾客价值的影响——共创程度的中介作用和支配度的调节作用》，《技术经济》2018 年第 9 期。

肖萌、马钦海：《顾客资源对顾客价值共创行为的影响研究——感知控制和主观规范的调节作用》，《东北大学学报（社会科学版）》2019 年第 2 期。

肖萌、马钦海：《价值共创中顾客资源对顾客价值的作用》，《东北大学学报（自然科学版）》2019 年第 8 期。

谢礼珊、关新华、朱翊敏：《服务导向和顾客价值共创对一线员工顾客需求知识的影响——互动导向的跨层次调节作用》，《营销科学学报》2015 年第 1 期。

谢卫红、林培望、李忠顺等：《数字化创新：内涵特征、价值创造与展望》，《外国经济与管理》2020 年第 9 期。

辛杰、张虹霓：《企业家信仰、文化强度与价值创造》，《山东大学学报（哲学社会科学版）》2019 年第 3 期。

邢纪红、王翔：《传统制造企业"互联网+"商业模式创新的结构特征及其实现路径研究》，《世界经济与政治论坛》2017 年第 2 期。

徐岚：《顾客为什么参与创造？——消费者参与创造的动机研究》，《心理学报》2007 年第 2 期。

徐蕾、颜上力：《协同创新背景下制造企业商业模式创新对价值创造的双中介作用机理研究》，《浙江社会科学》2019 年第 7 期。

徐晔彪：《基于 EVA 的汽车制造企业价值创造机理、路径及评价研究》，博士学位论文，武汉理工大学，2014年，第17页。

徐远彬、卢福财：《互联网对制造企业价值创造的影响研究——基于价值创造环节的视角》，《当代财经》2021年第1期。

许晖、于超、王亚君：《模块化与开放性双重视角下的平台型组织价值创造机制研究——以浪潮和东软为例》，《科学学与科学技术管理》2021年第2期。

许正良、柳铮、古安伟：《企业高层领导在顾客价值创造中的作用》，《中国软科学》2009年第2期。

杨彬、周启清、田甜：《双视角下的客户价值管理研究》，《山东社会科学》2014年第2期。

杨凤：《顾客价值及消费者视角下电子商务网站竞争优势研究》，博士学位论文，武汉大学，2012年，第72-98页。

杨学成、涂科：《平台支持质量对用户价值共创公民行为的影响——基于共享经济背景的研究》，《经济管理》2018年第3期。

杨学成、涂科：《出行共享中的用户价值共创机理》，《管理世界》2017年第8期。

张伯旭、李辉：《推动互联网与制造业深度融合——基于"互联网+"创新的机制和路径》，《经济与管理研究》2017年第2期。

张昊、吕逍林：《价值共创中其他用户行为表现对消费者创造力的影响》，《东北大学学报（社会科学版）》2021年第3期。

张惠琴：《动态能力、创新氛围、知识分享对创新行为的跨层次效应研究》，博士学位论文，电子科技大学，2016年。

张慧霞：《契约执行效率、融资成本与企业价值创造能力》，《财会通讯》2020年第23期。

张璟：《基于B2B背景的价值共创研究：动因、过程与结果》，博士学位论文，对外经济贸易大学，2016年。

张明立、樊华、于秋红：《顾客价值的内涵、特征及类型》，《管理科学》2005年第2期。

张强、孙宁、张璐等：《机会窗口驱动下的互联网创业企业合法化机制研究》，《科研管理》2020年第8期。

张艳霞：《虚拟品牌社区特征对顾客价值共创意愿的影响机制分析》，《商业经济研究》2019年第9期。

张焱、李冰鑫、刘进平：《网络环境下顾客参与品牌价值共创模式与机制研究——以小米手机为例》，《北京工商大学学报（社会科学版）》2017年第1期。

张长江、施宇宁、温作民：《环境经营如何助推企业价值创造？——基于宝钢环境经营的案例分析》，《生态经济》2019年第7期。

张正、孟庆春：《技术创新、网络效应对供应链价值创造影响研究》，《软科学》2017年第12期。

张正荣、肖文丽：《虚实价值链耦合视角下的跨境电商价值创造机制——基于扎根理论的案例分析》，《管理案例研究与评论》2020年第6期。

张振刚、许亚敏、罗泰晔：《大数据时代企业动态能力对价值链重构路径的影响——基于格力电器的案例研究》，《管理评论》2021年第3期。

张志华、章锦河、刘泽华：《旅游研究中的问卷调查法应用规范》，《地理科学进展》2016年第3期。

赵岩：《企业创新生态系统下双元创新对价值共创的影响研究》，《当代财经》2020年第5期。

赵振、彭毫《"互联网+"跨界经营——基于价值创造的理论构建》，《科研管理》2018年第9期。

赵振：《"互联网+"跨界经营：创造性破坏视角》，《中国工业经济》2015年第10期。

钟振东、唐守廉、Vialle P.：《商品主导逻辑与服务主导逻辑对比研究——基于顾客价值》，《管理现代化》2013年第6期。

钟振东：《后工业化时期服务业及价值创造研究》，博士学位论文，北京邮电大学，2014年，第67-83页。

周煊、程立茹：《跨国公司价值网络形成机理研究：基于价值链理论的拓展》，《经济管理》2004 年第 22 期。

朱开明、周镔、罗青军：《顾客价值创新战略：原理、模式与流程》，《软科学》2005 年第 3 期。

邹伏霞：《旅行社顾客资产价值影响因素实证研究》，《企业经济》2011 年第 12 期。

Adner Ron and Rahul Kapoor，"Value Creation in Innovation Ecosystems：How the Structure of Technological Interdependence Affects Firm Performance in New Technology Generations"，*Strategic Management Journal*，Vol. 31，No. 3，2010，pp. 306-333.

Afuan Allan，*Business Models：A Strategic Management Approach*，New York：Irwin/McGraw-Hill，2004.

Agrawala Amit Kumar，Arun Kumar Kaushikb，and Zillur Rahmanc，"Co-creation of Social Value through Integration of Stakeholders"，*Procedia - Social and Behavioral Sciences*，Vol. 189，No. 2，2015，pp. 442-448.

Alan C.，"Pool Business Customer Knowledge"，*Management and Marketing Strategy*，Vol. 6，No. 3，1998，pp. 45-53.

Albrecht Karl，"Customer Value：Arrogance Blocks Us from Knowing Our Customers"，*Executive Excellence*，Vol. 11，No. 9，1994，pp. 14-15.

Amit Raphael and Xu Han，"Value Creation through Novel Resource Configuration in a Digitally Enabled World"，*Strategic Entrepreneurship Journal*，Vol. 11，No. 3，2017，pp. 228-242.

Amit Raphael and Christoph Zott，"Creation Value through Business Model Innovation"，*Sloan Management Review*，Vol. 53，No. 2，2012，pp. 41-49.

Amit Raphael and Christoph Zott，"Value Creation in E-business"，*Strategic Management Journal*，Vol. 22，No. 6，2001，pp. 493-520.

Anderson James C.，"Customer Value Propositions in Business Markets"，*Harvard Business Review*，Vol. 84，No. 3，2006，p. 90.

Anitsal Ismet，*Technology-Based Self-Service：From Customer Productivity toward*

Customer Value, Knoxville: The University of Tennessee Press, 2005.

Augier Mie and David J. Teece, "Dynamic Capabilities and the Role of Managers in Business Strategy and Economic Performance", *Organization Science*, Vol. 20, No. 4, 2009, pp. 410-421.

Bagozzi Richard P., Massimo Bergami, Gian Luca Marzocchi, et al., "Customer-organization Relationships: Development and Test of a Theory of Extended Identities", *Journal of Applied Psychology*, Vol. 97, No. 1, 2012, pp. 63-76.

Baldwin Carliss and Eric Von Hippel, "Modeling a Paradigm Shift: From Producer Innovation to User and Open Collaborative Innovation", *Organization Science*, Vol. 22, No. 6, 2011, pp. 1399-1417.

Ballantyne David and Richard J. Varey, "Creating Value-In-Use through Marketing Interaction: The Exchange Logic of Relating, Communicating and Knowing", *Marketing Theory*, Vol. 6, No. 3, 2006, pp. 335-348.

Barney Jay B., "Firm Resources and Sustained Competitive Advantage", *Journal of Management*, Vol. 17, No. 1, 1991, pp. 99-120.

Bonnemaizon Audrey and Wided Batat, "How Competent Are Consumers? The Case of the Energy Sector in France", *International Journal of Consumer Studies*, Vol. 35, No. 3, 2011, pp. 348-358.

Boudreau Kevin J., "Open Platforms Strategies and Innovation: Granting Accesses Devolving Control", *Management Science*, Vol. 56, No. 10, 2010, pp. 1849-1872.

Brabham Daren C., "Moving the Crowd at iStock Photo: The Composition of the Crowd and Motivations for Participation in a Crowd-sourcing Application", *First Monday*, Vol. 13, No. 6, 2008, pp. 2-3.

Brandenburger Adam M. and Harborne W. Stuart Jr., "Value-based Business Strategy", *Journal of Economics and Management Strategy*, Vol. 5, No. 1, 1996, pp. 5-24.

Brugmann Jeb and Coimbatore K. Prahalad, "Co-creatingBusiness's New Social Compact", *Harvard Business Review*, Vol. 85, No. 2, 2007, pp. 80-90.

Bell Emma, Alan Bryman, and Bill Harley, *Business Research Methods*, London: Oxford University Press, 2018.

Burnham Thomas A., Judy K. Frels, and Vijay Mahajan, "Consumer Switching Costs: A Typology, Antecedents, and Consequences", *Journal of the Academy of Marketing Science*, Vol. 31, No. 2, 2003, pp. 109-126.

Butz Jr, Howard E., and Leonard D. Goodstein, "Measuring Customer Value: Gaining the Strategic Advantage", *Organizational Dynamics*, Vol. 24, No. 3, 1996, pp. 63-77.

Casadesus-Masanell Ramon and Feng Zhu, "Business Model Innovation and Competitive Imitation: The Case of Sponsor-based Business Models", *Strategic Management Journal*, Vol. 34, No. 4, 2013, pp. 464-482.

Cermak Dianne S. P., Karen Maru File, and Russ Alan Prince, "Customer Participation in Service Specification and Delivery", *Journal of Applied Business Research*, Vol. 10, No. 2, 1994, pp. 90-97.

Cerra, Ms Valerie, and Mrs Anuradha Dayal-Gulati, *China's Trade Flows: Changing Price Sensitiveness and the Reform Process*, China: International Monetary Fund, 1999.

Chandler, Jennifer D., and Robert F. Lusch, "Service Systems: A Broadened Framework and Research Agenda on Value Propositions, Engagement, and Service Experience", *Journal of Service Research*, Vol. 18, No. 1, 2015, pp. 6-22.

Chandon Pierre, Brian Wansink, and Gilles Laurent, "A Benefit Congruency Framework of Sales Promotion Effectiveness", *Journal of Marketing*, Vol. 64, No. 4, 2000, pp. 65-81.

Chesbrough Henry, "Business Model Innovation: Opportunities and Barriers", *Long Range Planning*, Vol. 43, No. 2, 2010, pp. 54-363.

Chesbrough Henry and Richard S. Rosenbloom, "The Role of the Business Model in Capturing Value from Innovation: Evidence from Xeros Gorporation's Technology Spin - off Companies", *Industrial and Corporate Change*, Vol. 11, No. 3, 2002, pp. 529-555.

Cheung Christy M. K. and Matthew K. O. Lee, "The Asymmetric Effect of Web Site Attribute Performance on Web Satisfaction: An Empirical Study", *E-Service Journal*, Vol. 30, No. 3, 2005, pp. 65-86.

Chodúr Miroslav and Přemysl Pálka, "Application of the Customer Value Concept for Measurement and Value Chain Processes Management", *Proceedings of the 6th European Conference on Management Leadership and Governance: Academic Conferences and Publishing International (ACPI)*, 2010, pp. 439-442.

Christopher Martin, "Value-in-use Pricing", *European Journal of Marketing*, Vol. 16, No. 5, 1982, pp. 35-46.

Conner Kathleen R. , "A Historical Comparison of Resource - based Theory and Five Schools of thought within Industrial Organization Economics: Do We Have a Theory of the Firm", *Journal of Management*, Vol. 17, No. 1, 1991, pp. 121-154.

Corsaro Daniela, "Capturing the Broader Picture of Value Co-creation Management", *European Management Journal*, Vol. 37, No. 2, 2019, pp. 99-116.

Dabholkar Pratibha A. , "How to Improve Perceived Service Quality by Improving Customer Participation", *Developments in Marketing Science*, Vol. 3, No. 5, 1990, pp. 483-487.

Davidson Hugh J. , "Transforming the Value of Company Reports through Marketing Measurement", *Journal of Marketing Management*, Vol. 15, No. 8, 1999, pp. 757-777.

Day George S. , "The Capabilities of Market-Driven Organizations", *The Journal of Marketing*, Vol. 58, No. 4, 1994, pp. 37-52.

Dholakia Utpal M. , Richard P. Bagozzi, and Lisa Klein Pearo, "A Social Influence

Model of Consumer Participation in Network and Small Group-based Virtual Communities", *International Journal of Research in Marketing*, Vol. 21, No. 3, 2004, pp. 88-95.

Eisenhardt Kathleen M. and Jeffrey A. Martin, "Dynamic Capabilities: What Are They", *Strategic Management Journal*, Vol. 21, No. 10-11, 2000, pp. 1105-1121.

Eisenmann Thomas, Geoffrey Parker, and Marshall W. Van Alstyne, "Strategies for Two-sided Markets", *Harvard Business Review*, Vol. 84, No. 10, 2006, pp. 92-101.

Flint Daniel J., Everth Larsson, and Britta Gammelgaard, "Exploring Processes for Customer Value Insights, Supply Chain Learning and Innovation: An International Study", *Journal of Business Logistics*, Vol. 29, No. 1, 2008, pp. 257-281.

Foss Nicolai J. and Tina Saebi, "Fifteen Years of Research on Business Model Innovation: How Far Have We Come, and Where Should We Go?", *Journal of Management*, Vol. 43, No. 1, 2017, pp. 200-227.

Gawer Annabelle, "Bridging Differing Perspectives on Technological Platforms: Toward an Integrative Framework", *Research Policy*, Vol. 43, No. 1, 2014, pp. 1239-1249.

Grant Robert M., "The Resource-based Theory of Competitive Advantage: Implications for Strategy Formulation", *California Management Review*, Vol. 33, No. 3, 1991, pp. 114-135.

Grönroos Christian, "Service Logic Revisited: Who Creates Value? And Who Co-creates?", *European Business Review*, Vol. 20, No. 4, 2008, pp. 298-314.

Grönroos Christian, *Service Management and Marketing: A Customer Relationship Management Approach* (2th ed.), New York: John Wiley and Sons, 2000.

Grönroos Christian, "Value Co-creation in Service Logic: A Critical Analysis", *Marketing Theory*, Vol. 11, No. 3, 2011, pp. 279-301.

Gulati R., Nohria N., Zaheer A., "Strategic Network", *Strategic Management Journal*, Vol. 21, No. 3, 2000, pp. 203–215.

Gummesson Evert and Cristina Mele, "Marketing as Value Co-creation through Net Work in Teraction and Resource Integration", *Journal of Business Market Management*, Vol. 4, No. 4, 2010, pp. 181–198.

Hafeez Khalid, YanBing Zhang, and Naila Malak, "Core Competence for Sustainable Competitive Advantage: A Structured Methodology for Identifying Core Competence", *IEEE Transactions on Engineering Management*, Vol. 49, No. 1, 2002, pp. 28–35.

Hamel Gary and John D. Trudel, "Leading the Revolution", *The Journal of Product Innovation Management*, Vol. 3, No. 18, 2001, pp. 212–213.

Haumann Till, Pascal Güntürkün, and Laura Marie Schons, et al., "Engaging Customers in Coproduction Processes: How Value-enhancing and Intensity-reducing Communication Strategies Mitigate the Negative Effects of Coproduction Intensity", *Journal of Marketing*, Vol. 79, No. 6, 2015, pp. 17–33.

Hein Andreas, Jörg Weking, and Maximilian Schreieck, et al., "Value Co-creation Practices in Business-to-business Platform Ecosystems", *Electronic Markets*, Vol. 29, No. 3, 2019, pp. 503–518.

Heinonen Kristina, Tore Strandvik, and Karl-Jacob Mickelsson, et al., "A Customer Dominant Logic of Service", *Journal of Service Management*, Vol. 21, No. 4, 2010, pp. 155–173.

Heinonen Kristina, Tore Strandvik, and Karl-Jacob Mickelsson, et al., "Rethinking Service Companies' Business Logic: Do We Need a Customer-dominant Logic as a Guideline?", *Working Paper No. 546, Hanken School of Economics*, 2009, pp. 1–18.

Helfat Constance E. and Jeffrey A. Martin, "Dynamic Managerial Capabilities: Review and Assessment of Managerial Impact on Strategic Change", *Journal of Management*, Vol. 41, No. 5, 2015, pp. 1281–1312.

Helfat Constance E. and Ruth S. Raubitschek, "Dynamic and Integrative Capabilities for Profiting from Innovation in Digital Platform−based Ecosystems", *Research Policy*, Vol. 47, No. 8, 2018, pp. 1391−1399.

Holbrook Morris B. , "Consumption Experience, Customer Value, and Subjective Personal Introspection: An Illustrative Photographic Essay", *Journal of Business Research*, Vol. 59, No. 6, 2006, pp. 714−725.

Hou Lun, and Xiaowo Tang, "Gap Model for Dual Customer Values", *Tsinghua Science and Technology*, Vol. 3, No. 6, 2007, pp. 394−399.

Iyanna, Shilpa, "Insights into Consumer Resource Integration and Value Co−creation Process", *Journal of Applied Business Research*, Vol. 32, No. 3, 2016, pp. 717−728.

Johnson Mark W. , Clayton M. Christensen, and Henning Kagermann, "Reinventing Your Business Model", *Harvard Business Review*, Vol. 86, No. 12, 2008, pp. 2−11.

Karpen Ingo O. , Liliana L. Bove, and Bryan A. Lukas, "Linking Service−Dominant Logic and Strategic Business Practice: A Conceptual Model of a Service−Dominant Orientation", *Journal of Service Research*, Vol. 15, No. 1, 2012, pp. 21−38.

Kelley Scott W. , James H. Donnelly Jr, and Steven J. Skinner, "Customer Participation in Service Production and Delivery", *Journal of Retailing*, Vol. 66, No. 3, 1990, pp. 315−335.

Kim W. Chan and Renée Mauborgne, "Value Innovation: The Strategic Logic of High Growth", *IEEE Engineering Management Review*, Vol. 26, No. 2, 1998, pp. 8−16.

Kohli Rajiv and Nigel P. Melville, "Digital Innovation: A Review and Synthesis", *Information Systems Journal*, Vol. 29, No. 1, 2019, pp. 200−223.

Kotler Philip, "Customer Value Management", *Journal of Creating Value*, Vol. 3, No. 2, 2017, pp. 170−172.

Kotler Philip and Kevin Lane Keller, *Marketing Management*, New York: Prentice Hall Inc. , 1997.

Krishnan Viswanathan and Karl T. Ulrich, "Product Development Decisions: A Review of the Literature", *Management Science*, Vol. 47, No. 1, 2001, pp. 1–21.

Kumar V. , "A Theory of Customer Valuation: Concepts, Metrics, Strategy, and Implementation", *Journal of Marketing*, Vol. 82, No. 1, 2018, pp. 1–19.

Laurie Donald L. , Yves L. Doz, and Claude P. Sheer, "Creating New Growth Platforms", *Harvard Business Review*, Vol. 8, No. 5, 2006, pp. 80–90.

Lepak David P. , Ken G. Smith, and M. Susan Taylor, "Value Creation and Value Capture: A Multilevel Perspective", *Academy of Management Review*, Vol. 32, No. 1, 2007, pp. 180–194.

Lin C. H. , and C. H. Peng, "The Cultural Dimension of Technology Readiness on Customer Value Chain in Technology-Based Service Encounters", *The Journal of American Academy of Business*, Vol. 7, No. 1, 2005, pp. 176–180.

Madhavaram Sreedhar and Shelby D. Hunt, "The Service-dominant Logic and Hierarchy of Operant Resources: Developing Masterful Operant Resources and Implications for Marketing Strategy", *Journal of the Academy of Marketing Science*, Vol. 36, No. 1, 2008, pp. 67–82.

Maine Elicia and Elizabeth Garnsey, "Commercializing Generic Technology: The Case of Advanced Materials Ventures", *Research Policy*, Vol. 35, No. 3, 2006, pp. 375–393.

Martins Luis L. , Violina P. Rindova, and Bruce E. Greenbaum, "Unlocking the Hidden Value of Concepts: A Cognitive Approach to Business Model Innovation", *Strategic Entrepreneurship Journal*, Vol. 9, No. 1, 2015, pp. 99–117.

McAlexander James H. , John W. Schouten, and Harold F. Koenig, "Building Brand Community", *Journal of Marketing*, Vol. 66, No. 1, 2002, pp. 38–54.

Murtagh Fionn and André Heck, *Multivariate Data Analysis*, Vol. 131, No. 1,

Springer Science & Business Media, 2012, pp. 125-175.

Nadeem Waqar, MariJuntunena, and FaridShirazib, et al., "Consumers' Value Co-creation in Sharing Economy: The Role of Social Support, Consumers' Ethical Perceptions and Relationship Quality", *Technological Forecasting & Social Change*, Vol. 151, No. 2, 2020, pp. 1-13.

Nambisan Satish, "Designing Virtual Customer Environments for New Product Development: Toward a Theory", *Academy of Management Review*, Vol. 27, No. 3, 2002, pp. 392-413.

Neghina Carmen, Marjolein C. J. Caniëls, and Josée M. M. Bloemer, et al., "Value Cocreation in Service Interactions: Dimensions and Antecedents", *Marketing Theory*, *MEMO*, No. 10, 2014, pp. 1-22.

Ngo Liem Viet and Aron O' Cass, "Creating Value Offerings Via Operant Resource - Based Capabilities", *Industrial Marketing Management*, Vol. 38, No. 1, 2009, pp. 45-59.

Nätti Satu and Jukka Ojasalo, "What Prevents Effective Utilization of Customer Knowledge in Professional B to B Services? An Empirical Study", *The Service Industries Journal*, Vol. 28, No. 9, 2008, pp. 1-19.

O' cass Aron and Liem Viet Ngo, "Creating Superior Customer Value for B2B Firms through Supplier Firm Capabilities", *Industrial Marketing Management*, Vol. 41, No. 1, 2012, pp. 125-135.

Patzelt Holger, Dodo Zu Knyphausen-Aufse ß, and Petra Nikol, "Top Management Teams, Business Models, and Performance of Biotechnology Ventures: An Upper Echelon Perspective", *British Journal of Management*, Vol. 19, No. 1, 2008, pp. 205-221.

Payne Adrian F., Kaj Storbacka, and Pennie Frow, "Managing the Co-creation of Value", *Journal of the Academy of Marketing Science*, Vol. 36, No. 1, 2008, pp. 83-96.

Payne Adrian and Sue Holt, "Diagnosing Customer Value: Integrating the Value

Process and Relationship Marketing", *British Journal of Management*, Vol. 12, No. 2, 2001, pp. 159-182.

Pera Rebecca, Nicoletta Occhiocupo, and Jackie Clarke, "Motives and Resources for Value Co-creation in a Multi-stakeholder Ecosystem: A Managerial Perspective", *Journal of Business Research*, Vol. 69, No. 10, 2016, pp. 4033-4041.

Porter Michael E. , *Competitive Advantage: Creating Sustaining Superior Performance*, London: The Free Press, 1985.

Powers Thomas L. , Shibin Sheng, and Julie Juan Li, "Provider and Relational Determinants of Customer Solution Performance", *Industrial Marketing Management*, Vol. 56, No. 2, 2016, pp. 14-23.

Prahalad Coimbatore K. and Venkatram Ramaswamy, "Co-opting Customer Competence", *Harvard Business Review*, Vol. 78, No. 1, 2000, pp. 79-87.

Prahalad Coimbatore K. and Venkatram Ramaswamy, "Co-creation Experiences: The Next Practice in Value Creation", *Journal of Interactive Marketing*, Vol. 3, No. 1, 2004, pp. 5-14.

Priem Richard L. , "Consumer Perspective on Value Creation", *The Academy of Management Review*, Vol. 32, No. 1, 2007, pp. 219-235.

Ravald Annika and Christian Grönroos, "The Value Concept and Relationship Marketing", *European Journal of Marketing*, Vol. 30, No. 2, 1996, pp. 19-30.

Rayport Jeffrey F. and John J. Sviokla, "Exploiting the Virtual Value Chain", *Harvard Business Review*, Vol. 11, No. 2, 1995, pp. 75-85.

Reichheld Frederick F. and W. Earl Sasser, "Zero Defections: Quality Comes to Services", *Harvard Business Review*, Vol. 68, No. 2, 1990, pp. 25-38.

Shafer Scott M. , H. Jeff Smith, and Jane C. Linder, "The Power of Business Models", *Business Horizon*, Vol. 48, No. 3, 2005, pp. 199-207.

Sheth Jagdish N. , Bruce I. Newman, and Barbara L. Gross, "Why Buy What We Buy: A Theory of Consumption Value", *Journal of Business Research*, MEMO, No. 22, 1991, pp. 159-170.

Sheth Jagdish N. and Can Uslay, "Implications of the Revised Definition of Marketing: From Exchange to Value Creation", *Public Policy and Marketing*, Vol. 26, No. 2, 2007, pp. 302-307.

Silpakit P. and R. P. Fisk, "Participating the Service Encounter: A Theoretical Framework", *Services Marketing in a Changing Environment*, Vol. 24, No. 1, 1985, pp. 117-121.

Sirmon David G. , Michael A. Hitt, and R. Duane Ireland, "Managing Firm Resources in Dynamic Environments to Create Value Looking Inside the Black Box", *Academy of Management Review*, Vol. 32, No. 1, 2007, pp. 273-292.

Skarmeas Dionysis, Athina Zeriti, and George Baltas, "Relationship Value: Drivers and Outcomes in International Marketing Channels", *Journal of International Marketing*, Vol. 24, No. 1, 2016, pp. 22-40.

Smith J. Brock and Mark Colgate, "Customer Value Creation: A Practical Framework", *Journal of Marketing Theory and Practice*, Vol. 15, No. 1, 2007, pp. 7-34.

Sorenson Ritch L. , Cathleen A. Folker, and Keith H. Brigham, et al. , "The Collaborative Network Orientation: Achieving Business Success through Collaborative Relationships", *Entrepreneurship Theory and Practice*, Vol. 32, No. 4, 2008, pp. 615-634.

Stahl Heinz K. , Kurt Matzler, and Hans H. Hinterhuber, "Linking Customer Lifetime Value with Shareholder Value", *Industrial Marketing Management*, Vol. 32, No. 4, 2003, pp. 267-279.

Strauss A. and J. Corbin, *Basics of Qualitative Research: Grounded Theory Procedures and Techniques*, Thousand Oaks: Sage, 1990.

Strauss Judy, Raymond Frost, and Nilanjana Sinha, *E - Marketing*, Prentice Hall, 2001.

Suarez Fernando F. , Michael A. Cusumano, and Steven J. Kahl, "Services and the Business Models of Product Firms: An Empirical Analysis of the Software

Industry", *Management Science*, Vol. 59, No. 2, 2013, pp. 420-435.

Teece David J. , "Explicating Dynamic Capabilities: The Nature and Microfoundations of (Sustainable) Enterprise Performance", *Strategic Management Journal*, Vol. 28, No. 13, 2007, pp. 1319-1350.

Teece David J. , "The Foundations of Enterprise Performance: Dynamic and Ordinary Capabilities in an (Economic) Theory of Firms", *Academy of Management Perspectives*, Vol. 28, No. 4, 2014, pp. 328-352.

Teece David J. and Gary Pisano, "The Dynamic Capabilities of Firms: An Introduction", *Industrial & Corporate Change*, Vol. 3, No. 3, 1994, pp. 537-556.

Teece David J. , Gary Pisano, and Amy Shuen, "Dynamic Capabilities and Strategic Management", *Strategic Management Journal*, Vol. 18, No. 7, 1997, pp. 509-533.

Tretyak Olga A. and Igor Sloev, "Customer Flow: Evaluating the Long-term Impact of Marketing on Value Creation", *Journal of Business & Industrial Marketing*, Vol. 28, No. 3, 2013, pp. 221-228.

Ulaga Wolfgang, "Capturing Value Creation in Business Relationships: A Customer Perspective", *Industrial Marketing Management*, Vol. 32, No. 8, 2003, pp. 677-693.

Van Doorn Jenny, Katherine N. Lemon, and Vikas Mittal, et al. , "Customer Engagement Behavior: Theoretical Foundations and Research Directions", *Journal of Service Research*, Vol. 13, No. 3, 2010, pp. 253-266.

Vargo Stephen L. and Robert F. Lusch, "Evolving to a New Dominant Logic for Marketing", *Journal of Marketing*, Vol. 68, No. 1, 2004, pp. 1-17.

Vargo Stephen L. and Robert F. Lusch, "Service-dominant Logic: Continuing the Evolution", *Journal of the Academy of Marketing Science*, Vol. 36, No. 1, 2008, pp. 1-10.

Vargo Stephen L. and Robert F. Lusch, "The Nature and Understanding of Value: A Service-dominant Logice Perspective", *Review of Marketing Re-*

search, Vol. 9, No. 1, 2012, pp. 1-12.

Vargo Stephen L. and Robert F. Lusch, "Service-Dominant Logic: Continuing the Evolution", *Journal of the Academy of Marketing Science*, Vol. 36, No. 1, 2008, pp. 1-10.

Verhoef Peter C. and Katherine N. Lemon, "Successful Customer Value Management: Key Lessons and Emerging Trends", *European Management Journal*, Vol. 31, No. 1, 2013, pp. 1-15.

Vial Gregory, "Understanding Digital Transformation: A Review and a Research Agenda", *The Journal of Strategic Information Systems*, Vol. 28, No. 2, 2019, pp. 118-144.

Wang Catherine L. and Pervaiz K. Ahmed, "Dynamic Capabilities: A Review and Research Agenda", *International Journal of Management Reviews*, Vol. 9, No. 1, 2007, pp. 31-51.

Watts Duncan J. and Peter Sheridan Dodds, "Influentials, Networks, and Public Opinion Formation", *Journal of Consumer Research*, Vol. 34, No. 4, 2007, pp. 441-458.

Woodruff Robert B., "Customer Value: The Next Source for Competitive Advantage", *Journal of the Academy of Marketing Science*, Vol. 25, No. 2, 1997, pp. 139-153.

Wu Lei-Yu, "Entrepreneurial Resources, Dynamic Capabilities and Start up Performance of Taiwan's High-tech Firms", *Journal of Business Research*, Vol. 60, No. 5, 2007, pp. 549-555.

Yang Ching-Chow, Ping-Shun Chen, and Yu-Hui Chien, "Customer Expertise, Affective Commitment, Customer Participation, and Loyalty in B&B Services", *International Journal of Organizational Innovation* (online), Vol. 6, No. 4, 2014, p. 174.

Yi Youjae and Taeshik Gong, "Customer Value Co-creation Behavior: Scale Development and Validation", *Journal of Business Research*, Vol. 66, No. 9,

2013, pp. 1279-1284.

Zahra Shaker A. , Harry J. Sapienza, and Per Davidsson, "Entrepreneurship and Dynamic Capabilities: A Review, Model and Research Agenda", *Journal of Management Studies*, Vol. 43, No. 4, 2006, pp. 917-955.

Zeithaml Valarie A. , "Consumer Perceptions of Price, Quality, and Value: A Means-End Model and Synthesis of Evidence", *The Journal of Marketing*, Vol. 52, No. 3, 1988, pp. 2-22.

Zwass Vladimir, "Co-creation: Toward a Taxonomy and an Integrated Research Perspective", *International Journal of Electronic Commerce*, Vol. 15, No. 1, 2010, pp. 11-48.

索 引

附　录

数字经济时代制造业顾客价值
创造的测量问卷（B2C 价值）

尊敬的先生/女士：

您好！感谢您能在百忙之中抽出时间接受本次问卷调查。本书旨在分析制造业为顾客创造的价值，为企业竞争力提升和可持续发展提供对策建议。问卷需要采取不记名方式，所获信息也只用于学术研究。

您最近一次购买的手机是_____公司生产的_____。

请根据您对这款手机及手机厂商的理解和认识回答以下问题，所有选项均无对错之分，请您选择您认为最符合您情况的答案，请勿遗漏。再次感谢您对本书的热心支持！

以下为量表部分，数字 1~5 分别代表从"非常同意"到"非常不同意"的程度，请根据您对贵公司顾客的评价，逐项选择您认同的数字。（1. 非常同意；2. 同意；3. 中立；4. 不同意；5. 非常不同意）

一、请您对目前所使用的手机厂商在价值创造中的行为表现作出评价

测量题项	1 非常同意	2 同意	3 中立	4 不同意	5 非常不同意
B11 手机厂商提供的产品能满足我的需求	1	2	3	4	5
B12 手机厂商经常推出新的产品与服务	1	2	3	4	5
B13 手机厂商会通过网络途径积极提供解决问题的资源与方法	1	2	3	4	5
B21 手机厂商重视顾客对产品和服务的满意程度	1	2	3	4	5
B22 同类产品中，我会优先考虑该厂商的手机	1	2	3	4	5
B23 与竞争对手相比，我所使用的手机厂商强调提供差异化的产品	1	2	3	4	5
B31 该手机厂商通过网络搭建了互动平台为顾客提供相关支持服务	1	2	3	4	5
B32 该手机厂商会在平台中为顾客提供产品资讯，共享信息	1	2	3	4	5
B33 该手机厂商成立品牌社群方便顾客交流产品体验心得	1	2	3	4	5
B41 该手机厂商能深入参与顾客的消费体验过程，了解顾客的意见	1	2	3	4	5
B42 该手机厂商会向顾客传递正确的资讯，影响顾客对产品和企业的认知	1	2	3	4	5

二、请您对目前所使用的手机厂商为您提供的价值进行评价

测量题项	1 非常同意	2 同意	3 中立	4 不同意	5 非常不同意
C11 该品牌的手机质量很好	1	2	3	4	5

续表

测量题项	1 非常同意	2 同意	3 中立	4 不同意	5 非常不同意
C12 该品牌的手机外观设计很好					
C13 该品牌的手机使用便利	1	2	3	4	5
C14 该品牌的手机在同类手机中更专业	1	2	3	4	5
C21 与其他同类手机相比，使用该品牌的手机让我感到更快乐	1	2	3	4	5
C22 我选择该品牌的手机不是因为我不得不，而是因为我愿意	1	2	3	4	5
C23 购买该品牌的手机是我明智的选择	1	2	3	4	5
C24 使用该品牌的手机让我获得了精神上的享受	1	2	3	4	5
C25 该品牌的手机是新奇和有趣的	1	2	3	4	5

三、请您对目前所使用的手机厂商的动态能力作出评价

测量题项	1 非常同意	2 同意	3 中立	4 不同意	5 非常不同意
A11 该手机厂商会周期性地对顾客、竞争对手的现状进行系统评估	1	2	3	4	5
A12 该手机厂商对手机产业的现状和发展趋势有较为准确的认识	1	2	3	4	5
A13 该手机厂商能够及时察觉市场需求的重要变化	1	2	3	4	5
A14 该手机厂商的决策是建立在对市场信息充分收集和利用的基础上的	1	2	3	4	5
A21 该手机厂商能够快速回应外界环境的变化	1	2	3	4	5
A22 该手机厂商的重要决策能根据顾客与市场的变化进行调整	1	2	3	4	5
A23 该手机厂商具有较强的保持战略弹性的能力	1	2	3	4	5
A24 该手机厂商能够根据顾客和市场的变化调整自己	1	2	3	4	5
A31 该手机厂商有较强的协调和整合内外部资源的能力	1	2	3	4	5

测量题项	1非常同意	2同意	3中立	4不同意	5非常不同意
A32 该手机厂商与各利益相关主体具有较强的沟通能力	1	2	3	4	5
A33 该手机厂商能够用整合的资源提升工作效率和效能	1	2	3	4	5
A34 该手机厂商对跨部门的资源共享和有效协作很满意	1	2	3	4	5
A41 该手机厂商与社会网络成员（如供应商、分销商、顾客等）保持良好的关系	1	2	3	4	5
A42 该手机厂商与社会网络成员的联系交流比较频繁	1	2	3	4	5
A43 该手机厂商重视与社会网络成员之间保持紧密联系	1	2	3	4	5
A44 该手机厂商和社会网络成员之间能够维持长久的合作关系	1	2	3	4	5

四、您的基本信息

1. 您的性别（　　）

A. 男　B. 女

2. 您的年龄（　　）

A. 20 岁及以下　B. 21~30 岁　C. 31~40 岁　D. 41~50 岁　E. 51 岁及以上

3. 您目前从事的职业是（　　）

A. 政府机关职员　B. 事业单位职员　C. 外企职员　D. 国企职员 E. 私企职员　F. 自由职业者　G. 学生　H. 其他

4. 您的教育程度（　　）

A. 初中及以下　B. 高中/中专/技校　C. 大专　D. 本科　E. 硕士及以上

5. 您的月收入（　　）

A. 3000 元及以下　B. 3001~5000 元　C. 5001~8000 元　D. 8001 元及以上

五、您认为手机厂商的哪些能力能提高您对该品牌的认可度?

_____

六、您认为手机厂商提供哪些行为能提高您对该品牌的认可度?

_____

问卷结束,再次感谢您的大力支持!

数字经济时代制造业顾客价值创造的
测量问卷（C2B 价值）

尊敬的制造业企业客服/销售部领导:

您好!感谢您能在百忙之中抽出时间接受本次问卷调查。本书旨在分析顾客为企业创造的价值,为企业竞争力提升和可持续发展提供对策建议。问卷需要采取不记名方式,内容不涉及贵公司的商业机密,所获信息也只用于学术研究。所有选项均无对错之分,请您选择您认为最符合本公司情况的答案,请勿遗漏。再次感谢您对本书的热心支持!

一、您所在企业的基本信息

1. 企业成立时间:_____年_____月
2. 企业所在地区:_____省_____市（县）

3. 企业主营业务所属行业：＿＿＿＿＿＿＿＿

4. 企业员工数量（X，单位：人）（　　）

A. X<20　　　B. 20≤X<300　　　C. 300≤X<1000　　　D. X≥1000

5. 近年来的营业收入（Y，单位：万元）（　　）

A. Y<300　　　　　　　　　　B. 300≤Y<2000

C. 2000≤Y<4000　　　　　　　D. Y≥40000

6. 企业所有制形式（　　）

A. 国有企业　　　　　　　　　B. 私营企业

C. 外资企业　　　　　　　　　D. 其他＿＿＿＿＿＿

以下为量表部分，数字 1～5 分别代表从"非常同意"到"非常不同意"的程度，请根据您对贵公司顾客的评价，逐项选择您认同的数字。（1. 非常同意；2. 同意；3. 中立；4. 不同意；5. 非常不同意）

二、请您对贵公司顾客能力作出评价

测量题项	1非常同意	2同意	3中立	4不同意	5非常不同意
D11 多数顾客具有专科及以上学历	1	2	3	4	5
D12 多数顾客能了解所要购买产品的优缺点及产品的关键性能指标	1	2	3	4	5
D13 多数顾客能对有过使用体验后购买的产品有更大信心	1	2	3	4	5
D21 多数顾客有很多创新的点子和想法	1	2	3	4	5
D22 多数顾客喜欢用独特的方法去做事	1	2	3	4	5
D23 多数顾客喜欢具有创造性思维的任务	1	2	3	4	5
D31 多数顾客有很强的表达能力，能准确地向贵公司传达自己的需求	1	2	3	4	5
D32 多数顾客有很强的沟通能力，能够与贵公司及其他顾客进行有效沟通	1	2	3	4	5

三、请您对顾客在创造价值中的行为表现作出评价

测量题项	1 非常同意	2 同意	3 中立	4 不同意	5 非常不同意
E11 顾客会自己决定投入多少资源以及自己决定何时投入	1	2	3	4	5
E12 顾客在消费体验产品时会自己选择需要的各种资源	1	2	3	4	5
E13 顾客会有选择性地接收企业提供的信息	1	2	3	4	5
E21 顾客会按照自己的想法设计产品的使用体验过程	1	2	3	4	5
E22 顾客通过真诚的消费所购买的产品获得更好的效用效果	1	2	3	4	5
E23 顾客通过自己的设计与创造得到更理想的产品与服务	1	2	3	4	5
E31 顾客在不同的环境中使用同样的产品获得的感觉体验不一样	1	2	3	4	5
E32 顾客对产品的偏好总是不断在变化	1	2	3	4	5
E41 顾客愿意与其他顾客进行产品相关信息交流	1	2	3	4	5
E42 顾客之间存在共同感兴趣的主题	1	2	3	4	5
E43 顾客之间可以充分地进行交流，且交流的内容很容易理解	1	2	3	4	5

四、请您对顾客为贵公司创造的价值进行评价

测量题项	1 非常同意	2 同意	3 中立	4 不同意	5 非常不同意
F111 销售给顾客的终端产品收入在本公司营业收入中的占比很大	1	2	3	4	5
F112 除终端产品外，顾客还会购买我们产品的零配件	1	2	3	4	5
F113 除终端产品外，顾客还会购买我们的售后服务	1	2	3	4	5
F12 顾客愿意为我们的产品做正面的宣传	1	2	3	4	5

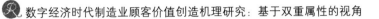

续表

测量题项	1 非常同意	2 同意	3 中立	4 不同意	5 非常不同意
F13 顾客的数据信息为我们产品研发、生产、销售等环节提供了很大的帮助	1	2	3	4	5
F14 顾客愿意通过自我收集、查阅资料了解我们的产品	1	2	3	4	5
F15 顾客会通过转卖、联合销售等方式扩宽我们的市场范围	1	2	3	4	5
F21 顾客愿意向他们的亲朋好友推荐我们的产品	1	2	3	4	5
F22 顾客可以让我们获得经济利润以外的额外价值	1	2	3	4	5
F23 如有需要，顾客愿意再次购买我们的产品	1	2	3	4	5
F24 顾客能够为我们提供有益的参考信息	1	2	3	4	5

五、您认为顾客的哪些能力有助于提高他们对贵公司的价值？

_____

六、您认为顾客的哪些行为有助于提高他们对贵公司的价值？

_____

问卷结束，再次感谢您的大力支持！

后 记

制造业是稳定世界经济增长的重要"压舱石";制造业高质量发展更是实现中国式现代化的关键支撑,是构建现代化产业体系的重要支撑。在数字经济时代,制造业如何实现价值创造,以实现制造业在新生态体系发展中的话语权和主动权,是世界各国面临的战略问题。在数字时代,顾客资源已然成为企业核心竞争力的关键来源。如何创造高质量的顾客价值,是制造业企业实现可持续竞争优势的不二法门。为此,本书尝试从顾客价值双重属性的综合视角出发,探究数字经济时代制造业顾客价值创造的机理。

本书以本人的博士后出站报告为基础,几经打磨,终得以面世。这期间,我得到了太多人的无私关爱和扶持。感谢我的博士后合作导师卢福财教授。他严谨细致的治学态度、清晰敏锐的学术思维让我受益匪浅,每得老师指点,犹如醍醐灌顶。

感谢江西财经大学罗世华教授、胡海波教授、胡大立教授、王自力教授、陈明教授、吴昌南教授等在本书理论模型构建及调查问卷设计中提供的指导和帮助。感谢国务院发展研究中心企业所副所长马源、南昌市政务服务数据管理局局长李鑫,宜丰县委组织部部长黎建林,江西省发展和改革委员会余海青、罗军,南昌临空经济区招商部顾恒山,广州市南沙区商务局饶静婷等在问卷调查过程中提供的支持和帮助。

感谢《中国社会科学博士后文库》主办方对本书的资助;感谢经济管理出版社第六编辑部为本书出版做出的贡献,编辑部宋娜主任经常加班加点,耐心细致地核对书稿出版的相关细节,在此对他们的帮助和付出表示诚挚的感谢。本成果也获得国家社会科学基金项目(23BJY052)、国家自然科学基金项目（71863012）等项目的资助，在此一并表示感谢。

　　本书虽凝结了我多年的心血，但由于本人才疏学浅，书中疏漏与不足之处在所难免，敬请读者批评指正。若能为中国正在加快推进的制造业强国建设提供些许参考，实属欣慰！

占　佳

2023 年 12 月于蛟桥园

专家推荐表

第十一批《中国社会科学博士后文库》专家推荐表1

  《中国社会科学博士后文库》由中国社会科学院与全国博士后管理委员会共同设立，旨在集中推出选题立意高、成果质量高、真正反映当前我国哲学社会科学领域博士后研究最高学术水准的创新成果，充分发挥哲学社会科学优秀博士后科研成果和优秀博士后人才的引领示范作用，让《文库》著作真正成为时代的符号、学术的示范。

推荐专家姓名	卢福财	电 话	
专业技术职务	教授	研究专长	产业经济
工作单位	江西财经大学	行政职务	校党委书记
推荐成果名称	数字经济时代制造业顾客价值创造机理研究：基于双重属性的视角		
成果作者姓名	占佳		

（对书稿的学术创新、理论价值、现实意义、政治理论倾向及是否具有出版价值等方面做出全面评价，并指出其不足之处）

  制造业行稳致远是经济高质量发展的重要压舱石，特别是在全球贸易保护主义抬头、外部环境不确定性加剧以及疫情蔓延的背景下，制造业对中国经济健康有序发展、社会就业大局稳定起到了重要支撑作用。然而在全球范围内，制造业均出现了不同程度的衰退现象，如何促进制造业实现价值创造，促进制造业可持续发展，是全球面临的共同战略难题。本书以顾客价值创造为抓手，基于顾客价值的企业属性和顾客属性这一综合的研究视角，通过理论模型构建和实证分析相结合的方式，深入系统地研究了制造业顾客价值创造的机理问题，具有重要的理论意义和现实意义，同时也具有重要的创新意义。

  本书选题新颖，政治理论倾向正确，层次清晰，结构合理，研究方法科学，逻辑严谨，写作规范，研究结论与对策建议具有较强的现实针对性和实践指导价值，达到了出版水平。作为占佳的博士后合作导师，本人同意推荐该作品申请《中国社会科学博士后文库》。

签字：卢福财

2022 年 2 月 28 日

说明：该推荐表须由具有正高级专业技术职务的同行专家填写，并由推荐人亲自签字，一旦推荐，须承担个人信誉责任。如推荐书稿入选《文库》，推荐专家姓名及推荐意见将印入著作。

数字经济时代制造业顾客价值创造机理研究：基于双重属性的视角

第十一批《中国社会科学博士后文库》专家推荐表 2

　　《中国社会科学博士后文库》由中国社会科学院与全国博士后管理委员会共同设立，旨在集中推出选题立意高、成果质量高、真正反映当前我国哲学社会科学领域博士后研究最高学术水准的创新成果，充分发挥哲学社会科学优秀博士后科研成果和优秀博士后人才的引领示范作用，让《文库》著作真正成为时代的符号、学术的示范。

推荐专家姓名	罗世华	电　话	
专业技术职务	教授	研究专长	应用统计
工作单位	江西财经大学	行政职务	研究生院院长
推荐成果名称	数字经济时代制造业顾客价值创造机理研究：基于双重属性的视角		
成果作者姓名	占佳		

（对书稿的学术创新、理论价值、现实意义、政治理论倾向及是否具有出版价值等方面做出全面评价，并指出其不足之处）

　　在数字经济时代，互联网与制造业的深度融合发展正在深刻变革制造业的基础理念，制造业价值创造在影响因素、模式、路径等方面也呈现出与以往经济形态下价值创造不同的特点。顾客资源是企业核心竞争力的关键来源。因此，研究制造业顾客价值创造和实现问题，具有重要的理论意义和现实意义。本书遵循管理学中价值创造研究的基本范式，通过理论与实证相结合的方式展开研究，研究工作具有一定的挑战性，同时也具有重要的创新性。

　　本书选题新颖，政治理论倾向正确，层次清晰，结构合理，研究方法科学，逻辑严谨，写作规范，研究结论与对策建议具有较强的现实针对性和实践指导价值，达到了出版水平。本人同意推荐该作品申请《中国社会科学博士后文库》。

签字：

2022 年 2 月 28 日

说明：该推荐表须由具有正高级专业技术职务的同行专家填写，并由推荐人亲自签字，一旦推荐，须承担个人信誉责任。如推荐书稿入选《文库》，推荐专家姓名及推荐意见将印入著作。

276 ·

经济管理出版社
《中国社会科学博士后文库》
成果目录

第一批《中国社会科学博士后文库》

序号	书　名	作　者
1	《"中国式"分权的一个理论探索》	汤玉刚
2	《独立审计信用监管机制研究》	王　慧
3	《对冲基金监管制度研究》	王　刚
4	《公开与透明：国有大企业信息披露制度研究》	郭媛媛
5	《公司转型：中国公司制度改革的新视角》	安青松
6	《基于社会资本视角的创业研究》	刘兴国
7	《金融效率与中国产业发展问题研究》	余　剑
8	《进入方式、内部贸易与外资企业绩效研究》	王进猛
9	《旅游生态位理论、方法与应用研究》	向延平
10	《农村经济管理研究的新视角》	孟　涛
11	《生产性服务业与中国产业结构演变关系的量化研究》	沈家文
12	《提升企业创新能力及其组织绩效研究》	王　涛
13	《体制转轨视角下的企业家精神及其对经济增长的影响》	董　昀
14	《刑事经济性处分研究》	向　燕
15	《中国行业收入差距问题研究》	武　鹏
16	《中国土地法体系构建与制度创新研究》	吴春岐
17	《转型经济条件下中国自然垄断产业的有效竞争研究》	胡德宝

第二批《中国社会科学博士后文库》

序号	书　名	作　者
1	《国有大型企业制度改造的理论与实践》	董仕军
2	《后福特制生产方式下的流通组织理论研究》	宋宪萍
3	《基于场景理论的我国城市择居行为及房价空间差异问题研究》	吴　迪
4	《基于能力方法的福利经济学》	汪毅霖
5	《金融发展与企业家创业》	张龙耀
6	《金融危机、影子银行与中国银行业发展研究》	郭春松
7	《经济周期、经济转型与商业银行系统性风险管理》	李关政
8	《境内企业境外上市监管问题研究》	刘　轶
9	《生态维度下土地规划管理及其法制考量》	胡耘通
10	《市场预期、利率期限结构与间接货币政策转型》	李宏瑾
11	《直线幕僚体系、异常管理决策与企业动态能力》	杜长征
12	《中国产业转移的区域福利效应研究》	孙浩进
13	《中国低碳经济发展与低碳金融机制研究》	乔海曙
14	《中国地方政府绩效管理研究》	朱衍强
15	《中国工业经济运行效益分析与评价》	张航燕
16	《中国经济增长：一个"破坏性创造"的内生增长模型》	韩忠亮
17	《中国老年收入保障体系研究》	梅　哲
18	《中国农民工的住房问题研究》	董　昕
19	《中美高管薪酬制度比较研究》	胡　玲
20	《转型与整合：跨国物流集团业务升级战略研究》	杜培枫

第三批《中国社会科学博士后文库》

序号	书 名	作 者
1	《程序正义与人的存在》	朱 丹
2	《高技术服务业外商直接投资对东道国制造业效率影响的研究》	华广敏
3	《国际货币体系多元化与人民币汇率动态研究》	林 楠
4	《基于经常项目失衡的金融危机研究》	匡可可
5	《金融创新与监管及其宏观效应研究》	薛昊旸
6	《金融服务县域经济发展研究》	郭兴平
7	《军事供应链集成》	曾 勇
8	《科技型中小企业金融服务研究》	刘 飞
9	《农村基层医疗卫生机构运行机制研究》	张奎力
10	《农村信贷风险研究》	高雄伟
11	《评级与监管》	武 钰
12	《企业吸收能力与技术创新关系实证研究》	孙 婧
13	《统筹城乡发展背景下的农民工返乡创业研究》	唐 杰
14	《我国购买美国国债策略研究》	王 立
15	《我国行业反垄断和公共行政改革研究》	谢国旺
16	《我国农村剩余劳动力向城镇转移的制度约束研究》	王海全
17	《我国吸引和有效发挥高端人才作用的对策研究》	张 瑾
18	《系统重要性金融机构的识别与监管研究》	钟 震
19	《中国地区经济发展差距与地区生产率差距研究》	李晓萍
20	《我国国有企业对外直接投资的微观效应研究》	常玉春
21	《中国可再生能源决策支持系统中的数据、方法与模型研究》	代春艳
22	《中国劳动力素质提升对产业升级的促进作用分析》	梁泳梅
23	《中国少数民族犯罪及其对策研究》	吴大华
24	《中国西部地区优势产业发展与促进政策》	赵果庆
25	《主权财富基金监管研究》	李 虹
26	《专家对第三人责任论》	周友军

第五批《中国社会科学博士后文库》

序号	书　名	作　者
1	《财务灵活性对上市公司财务政策的影响机制研究》	张玮婷
2	《财政分权、地方政府行为与经济发展》	杨志宏
3	《城市化进程中的劳动力流动与犯罪：实证研究与公共政策》	陈春良
4	《公司债券融资需求、工具选择和机制设计》	李　湛
5	《互补营销研究》	周　沛
6	《基于拍卖与金融契约的地方政府自行发债机制设计研究》	王治国
7	《经济学能够成为硬科学吗？》	汪毅霖
8	《科学知识网络理论与实践》	吕鹏辉
9	《欧盟社会养老保险开放性协调机制研究》	王美桃
10	《司法体制改革进程中的控权机制研究》	武晓慧
11	《我国商业银行资产管理业务的发展趋势与生态环境研究》	姚　良
12	《异质性企业国际化路径选择研究》	李春顶
13	《中国大学技术转移与知识产权制度关系演进的案例研究》	张　寒
14	《中国垄断性行业的政府管制体系研究》	陈　林

第六批《中国社会科学博士后文库》

序号	书　名	作　者
1	《城市化进程中土地资源配置的效率与平等》	戴媛媛
2	《高技术服务业进口对制造业效率影响研究》	华广敏
3	《环境监管中的"数字减排"困局及其成因机理研究》	董　阳
4	《基于竞争情报的战略联盟关系风险管理研究》	张　超
5	《基于劳动力迁移的城市规模增长研究》	王　宁
6	《金融支持战略性新兴产业发展研究》	余　剑
7	《粮食流通与市场整合——以乾隆时期长江中游为中心的考察》	赵伟洪
8	《文物保护绩效管理研究》	满　莉
9	《我国开放式基金绩效研究》	苏　辛
10	《医疗市场、医疗组织与激励动机研究》	方　燕
11	《中国的影子银行与股票市场：内在关联与作用机理》	李锦成
12	《中国应急预算管理与改革》	陈建华
13	《资本账户开放的金融风险及管理研究》	陈创练
14	《组织超越——企业如何克服组织惰性与实现持续成长》	白景坤

第七批《中国社会科学博士后文库》

序号	书　名	作　者
1	《行为金融视角下的人民币汇率形成机理及最优波动区间研究》	陈　华
2	《设计、制造与互联网"三业"融合创新与制造业转型升级研究》	赖红波
3	《复杂投资行为与资本市场异象——计算实验金融研究》	隆云滔
4	《长期经济增长的趋势与动力研究：国际比较与中国实证》	楠　玉
5	《流动性过剩与宏观资产负债表研究：基于流量存量一致性框架》	邵　宇
6	《绩效视角下我国政府执行力提升研究》	王福波
7	《互联网消费信贷：模式、风险与证券化》	王晋之
8	《农业低碳生产综合评价与技术采用研究——以施肥和保护性耕作为例》	王珊珊
9	《数字金融产业创新发展、传导效应与风险监管研究》	姚　博
10	《"互联网+"时代互联网产业相关市场界定研究》	占　佳
11	《我国面向西南开放的图书馆联盟战略研究》	赵益民
12	《全球价值链背景下中国服务外包产业竞争力测算及溢出效应研究》	朱福林
13	《债务、风险与监管——实体经济债务变化与金融系统性风险监管研究》	朱太辉

第八批《中国社会科学博士后文库》

序号	书　名	作　者
1	《分配正义的实证之维——实证社会选择的中国应用》	汪毅霖
2	《金融网络视角下的系统风险与宏观审慎政策》	贾彦东
3	《基于大数据的人口流动流量、流向新变化研究》	周晓津
4	《我国电力产业成本监管的机制设计——防范规制合谋视角》	杨菲菲
5	《货币政策、债务期限结构与企业投资行为研究》	钟　凯
6	《基层政区改革视野下的社区治理优化路径研究：以上海为例》	熊　竞
7	《大国版图：中国工业化 70 年空间格局演变》	胡　伟
8	《国家审计与预算绩效研究——基于服务国家治理的视角》	谢柳芳
9	《包容型领导对下属创造力的影响机制研究》	古银华
10	《国际传播范式的中国探索与策略重构——基于会展国际传播的研究》	郭　立
11	《唐代东都职官制度研究》	王　苗

第九批《中国社会科学博士后文库》

序号	书　名	作　者
1	《中度偏离单位根过程前沿理论研究》	郭刚正
2	《金融监管权"三维配置"体系研究》	钟　震
3	《大股东违规减持及其治理机制研究》	吴先聪
4	《阶段性技术进步细分与技术创新效率随机变动研究》	王必好
5	《养老金融发展及政策支持研究》	娄飞鹏
6	《中等收入转型特征与路径：基于新结构经济学的理论与实证分析》	朱　兰
7	《空间视角下产业平衡充分发展：理论探索与经验分析》	董亚宁
8	《中国城市住房金融化论》	李　嘉
9	《实验宏观经济学的理论框架与政策应用研究》	付婷婷

第十批《中国社会科学博士后文库》

序号	书　名	作　者
1	《中国服务业集聚研究：特征、成因及影响》	王　猛
2	《中国出口低加成率之谜：形成机制与优化路径》	许　明
3	《易地扶贫搬迁中的农户搬迁决策研究》	周君璧
4	《中国政府和社会资本合作发展评估》	程　哲
5	《公共转移支付、私人转移支付与反贫困》	解　垩
6	《基于知识整合的企业双元性创新平衡机制与组织实现研究》	李俊华
7	《我国流域水资源治理协同绩效及实现机制研究》	陈新明
8	《现代中央银行视角下的货币政策规则：理论基础、国际经验与中国的政策方向》	苏乃芳
9	《警察行政执法中法律规范适用的制度逻辑》	刘冰捷
10	《军事物流网络级联失效及抗毁性研究》	曾　勇
11	《基于铸牢中华民族共同体意识的苗族经济史研究》	孙　咏

第十一批《中国社会科学博士后文库》

序号	书 名	作 者
1	不完全契约视角下土地确权影响农户土地规模经营的机制及新趋势研究	韩家彬
2	国家资产负债表与国家治理能力现代化	杨志宏
3	减税降费提振经济新动能的机制与路径研究	汤旖璆
4	多元利益主体视角下旅游生态标签认证的感知、态度及信号传递效应	姚治国
5	法律制度差异和文化距离对外资企业资本结构作用机制研究	王进猛
6	数字经济时代制造业顾客价值创造机理研究：基于双重属性的视角	占 佳
7	中国城市知识合作网络演化研究：结构特征与影响机制	曹 湛

《中国社会科学博士后文库》
征稿通知

　　为繁荣发展我国哲学社会科学领域博士后事业，打造集中展示哲学社会科学领域博士后优秀研究成果的学术平台，全国博士后管理委员会和中国社会科学院共同设立了《中国社会科学博士后文库》（以下简称《文库》），计划每年在全国范围内择优出版博士后成果。凡入选成果，将由《文库》设立单位予以资助出版，入选者同时将获得全国博士后管理委员会（省部级）颁发的"优秀博士后学术成果"证书。

　　《文库》现面向全国哲学社会科学领域的博士后科研流动站、工作站及广大博士后，征集代表博士后人员最高学术研究水平的相关学术著作。征稿长期有效，随时投稿，每年集中评选。征稿范围及具体要求参见《文库》征稿函。

　　联系人：宋　娜

　　联系电话：13911627532

　　电子邮箱：epostdoctoral@126.com

　　通讯地址：北京市海淀区北蜂窝 8 号中雅大厦 A 座 11 层经济管理出版社《中国社会科学博士后文库》编辑部

　　邮编：100038

经济管理出版社